AI 도시부동산 프로젝트 투자금융

- 가상사례로 배우는 AI 투자금융 시뮬레이션 -

원제무

PnC
publishing and culture
피앤씨미디어

머리말

21세기 디지털 혁명의 한복판에서, 우리는 도시부동산 투자금융 분야의 패러다임 전환을 목격하고 있다. 인공지능(AI)과 빅데이터 기술의 급속한 발전은 전통적인 부동산 투자 방식의 근본적 한계를 극복하고, 새로운 차원의 투자 기회를 창출하고 있다. 이러한 변화의 물결 속에서 도시계획, 부동산, 도시공학을 전공하는 대학생들과 일반 독자들에게 실무적이면서도 미래지향적인 투자금융 지식을 제공하고자 이 책을 집필하게 되었다.

과거 우리는 경험과 직관이라는 낡은 지도에 의지해 이 도시라는 유기체의 미래를 탐색하고, 그 안에서 투자의 기회를 찾아왔다. 하지만 이제 우리는 인공지능(AI)이라는 혁신적인 나침반을 손에 쥐게 되었다. AI 시대의 부동산 투자는 실시간 빅데이터 분석, 머신 러닝 예측모델, 디지털 트윈 시뮬레이션을 통해 보다 정확하고 체계적인 의사결정을 가능하게 한다. 특히 스마트시티 구축이 가속화되는 현 시점에서, IoT 센서 네트워크, 5G 인프라, 블록체인 기술과 연계된 부동산 금융 모델은 투자의 투명성과 효율성을 혁신적으로 개선하고 있다.

AI는 도시의 숨겨진 맥락을 읽어내고, 미래의 풍경을 예측하며, 투자금융의 패러다임을 근본적으로 바꾸어 놓고 있다. 이 책은 바로 그 거대한 변화의 중심에서, 도시계획, 부동산, 도시공학을 공부하는 미래의 전문가들과 새로운 투자 기회를 찾는 일반 독자들을 위해 쓰였다. 복잡한 이론의 나열이나 추상적인 담론에서 벗어나, '가상사례 시뮬레이션'이라는 구체적이고 생생한 경험을 통해 AI가 어떻게 도시부동산 프로젝트 투자금융의 세계를 재창조하는지를 보여주고자 한다.

책의 여정은 AI가 전통적 부동산 투자의 한계를 어떻게 극복하는지 살펴보는 것에서 시작한다. 빅데이터와 디지털 트윈 기술이 어떻게 부동산의 가치를 재평가하고, 보이지 않던 투자의 기회를 발굴하는지를 가상의 사례를 통해 직접 확인하게 될 것이다. 나아가 딥러닝 모델이 어떻게 도시의 수익률을 예측하고, 블록체인 기술이 자금 흐름을 투명하게 하며, 최적의 금융 구조를 스스로 설계해 내는지 그 경이로운 과정을 따라가게 된다.

제1장부터 제2장까지는 AI가 도시부동산 투자금융에 가져온 패러다임 변화와 자금조달 전략을 다루며, 제3장과 제4장에서는 스마트시티 환경에서의 융합모델과 AI 기반 가치평가 시스템을 심도 있게 분석한다. 제5장부터 제7장까지는 프로젝트 타당성 분석과 리스크 관리에 AI를 적용하는 실무적 방법론을 제시하고, 제8장과 제9장에서는 포트폴리오 이론과 부동산 증권화에서의 AI 활용 방안을 탐구한다.

각 장마다 제시되는 가상사례들은 실제 투자 상황을 모사한 시뮬레이션으로, 독자들이 이론을 실무에 적용할 수 있는 실용적 지식을 습득할 수 있도록 설계되었다. 특히 멀티모달 AI, 생성형 AI, 블록체인 토큰화 등 최신 기술 트렌드를 반영한 사례들은 미래 부동산 투자 전문가로 성장하는 데 필요한 통찰력을 제공할 것이다.

독자 여러분은 이 책을 통해 가상의 프로젝트 매니저가 되어 AI 기반 사업 타당성 보고서로 금융기관을 설득하고, 투자자의 성향을 분석하여 맞춤형 금융상품을 제안하게 될 것이다. 또한, 스마트시티의 디지털 트윈 위에서 미래의 수익성을 시뮬레이션하고, 컴퓨터 비전으로 건물의 가치를 평가하며, 소셜 미디어 데이터 속에서 시장의 감성을 읽어내는 혁신적인 경험을 하게 될 것이다. 생성형 AI를 활용해 수만 가지의 사업 시나리오를 검토하고, 법률 문서에 숨겨진 리스크를 자동으로 찾아내며, 시장의 충격에도 흔들리지 않는 최적의 부동산 포트폴리오를 구축하는 일련의 과정은 더 이상 영화 속 이야기가 아님을 깨닫게 될 것이다.

이 책은 단순히 이론을 설명하는 데 머물지 않는다. 각 장마다 실제와 같은 가상사례를 통해 AI 기반 투자금융이 어떻게 작동하는지를 생생하게 보여주고자 한다. 도시부동산 프로젝트의 자금조달, 타당성 분석, 리스크 관리, 그리고 포트폴리오 구성까지, AI는 프로젝트의 모든 단계에서 새로운 가능성을 열어준다. 독자들은 책을 따라가며 마치 금융 시뮬레이션 게임을 즐기듯, 도시부동산 프로젝트의 투자 의사결정을 경험하게 될 것이다.

이 책이 도시부동산 분야의 학습자들과 실무진들에게 AI 시대의 새로운 투자금융 패러다임을 이해하고, 혁신적인 금융 솔루션을 개발하는 데 실질적인 도움이 되기를 기대한다. 급변하는 디지털 환경 속에서 부동산 투자의 새로운 지평을 열어가는 모든 이들에게 이 책이 나침반 역할을 할 수 있기를 바란다.

이 책과 함께하는 시뮬레이션 여정이 끝날 때쯤, 독자 여러분은 AI라는 강력한 도구를 손에 쥐고 도시부동산 투자금융의 미래를 설계하며, 그 속에서 새로운 도시부동산의 가치를 창출하는 주인공으로 거듭나게 될 것이다. 이제, AI와 함께 환상적인 도시부동산 투자금융의 세계로 떠날 시간이다.

차 례

제 5 장 도시부동산 프로젝트 타당성 분석과 AI 시뮬레이션

제 6 장 AI 기반 도시부동산 사업 타당성 분석의 새로운 지평

제 7 장 프로젝트 금융(PF)의 리스크, AI로 통제한다

제 1 장

AI가 변화시키는 도시부동산 투자금융의 새로운 패러다임

1. 전통적 부동산 투자방식의 한계 및 AI 도입의 필연성과 가상사례

1.1. 전통적 투자 결정 방식의 가장 큰 한계는 '과거 데이터에 대한 의존성'과 '제한된 변수만을 고려'하는데 있다.

우리가 서 있는 이 도시는 살아 숨 쉬는 유기체와 같다. 수많은 사람의 욕망과 활동이 실핏줄처럼 얽혀 끊임없이 변화하고 성장하며, 때로는 쇠락하기도 한다. 이러한 도시의 특정 공간에 막대한 자본을 투입하는 부동산 프로젝트 투자는 오랫동안 '경험'과 '직관'이라는 나침반에 의존해 온 항해술과 같았다.

과거의 성공 데이터, 저명한 전문가의 통찰력, 그리고 '입지가 모든 것을 결정한다'는 불문율이 투자의 성패를 가르는 핵심 변수였다. 그러나 4차 산업혁명의 거대한 파도가 도시의 지형을 바꾸고 있는 지금, 이 낡은 나침반은 더 이상 안전한 길을 알려주지 못한다. 이제 우리는 전통적 부동산 투자방식이 가진 명백한 한계를 직시하고, AI라는 새로운 항해술의 도입이 왜 필연적인지를 논해야 한다.

전통적 투자 결정 방식의 가장 큰 한계는 '과거 데이터에 대한 의존성'과 '제한된 변수의 고려'에 있다. 과거 10년간의 지가 상승률, 인구 유입 통계, 대규모 교통망 건설 계획 등은 분명 중요한 지표이다. 하지만 이러한 거시적이고 정형화된 데이터는 도시의 미세한 변화, 즉 사람들의 라이프스타일 변화, 새로운 문화의 형성, 소셜미디어 상에서의 잠재적 가치 확산과 같은 비정형적 데이터를 담아내지 못한다. 도시의 가치는 더 이상 물리적 개발 계획만으로 결정되지 않는다.

특정 골목길에 들어선 개성 있는 상점들, 젊은 예술가들의 활동, 배달 서비스의 활성화, 공유 오피스 수요의 증가와 같은 '보이지 않는 힘'이 지역의 잠재력을 완전히 바꾸어 놓는 시대가 된 것이다. 전통적 방식은 이러한 복합적이고 유동적인 도시의 맥락(Context)을 읽어내는 데 구조적인 결함을 가진다.

또한, 인간 전문가의 직관은 귀중한 자산이지만, 동시에 '인지적 편향(Cognitive Bias)'이라는 위험에 노출되어 있다. 성공했던 과거의 경험에 집착하거나, 시장의 특정 신호만을 과도하게 해석하는 경향은 급변하는 시장 상황에서 치명적인 오판으로 이어질 수 있다. 정보의 비대칭성 역시 전통적 시장의 고질적인 문제이다. 소수의 전문가와 기관만이 고급 정보에 접근할

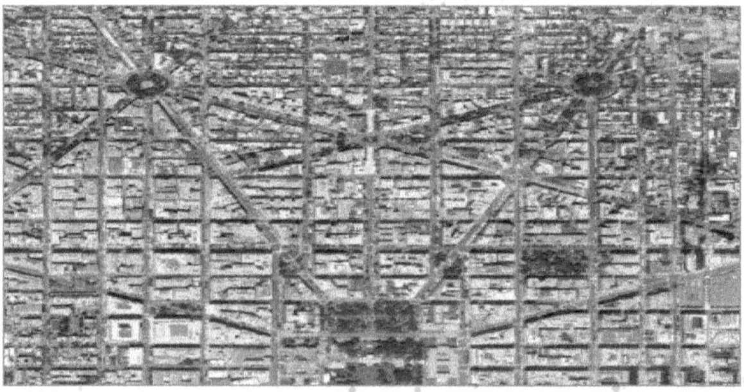

위에서 본 도시/도시 위성사진: 네이버 블로그(https://m.blog.naver.com)

수 있었고, 이는 시장의 투명성을 저해하고 합리적인 의사결정을 방해하는 요인이 된다. 불확실성의 시대에 과거의 데이터와 소수의 직관에만 의존하는 투자는 안개 속에서 감으로만 배를 모는 것과 다름없는 것이다.

이러한 한계를 극복하고 도시부동산 투자의 패러다임을 전환할 열쇠가 바로 AI이다. AI는 인간이 따라갈 수 없는 속도와 규모로 도시의 '모든 것'을 데이터로 흡수하고 분석한다. 위성 이미지, 유동인구 데이터, 신용카드 사용 내역, 소셜미디어 버즈, 건축물 에너지 사용량 등 과거에는 상상할 수 없었던 방대한 비정형 데이터를 실시간으로 분석하여 도시의 변화를 예측하고 숨겨진 기회를 발견한다. AI는 상관관계를 넘어 복잡한 인과관계를 학습하며, 인간의 편향을 최소화한 객관적이고 확률적인 근거를 제시한다. 이는 투자의 '감'을 '과학'의 영역으로 끌어올리는 혁명적인 변화이다. 이제 가상의 사례를 통해 전통적 방식과 AI 기반 방식의 차이가 얼마나 극적인 결과로 이어지는지 확인해 볼 것이다.

■ 전통적 투자방식의 한계와 AI 도입 필요성 비교

전통적 도시부동산 투자결정방식의 한계	AI 도입의 필요성
데이터의 한계: 과거의 거시적이고 정형화된 데이터(지가, 인구통계 등)에 의존하여 현재의 미시적 변화를 포착하지 못한다.	데이터의 확장성: 위성 이미지, 유동인구, 소셜미디어 등 방대한 비정형 데이터를 실시간으로 분석하여 도시의 살아있는 맥락과 잠재력을 파악한다.
분석의 한계: 전문가의 경험과 직관에 의존하며, 이는 인지적 편향에 노출될 위험이 있고 복잡한 변수 간의 상호작용을 간과하게 된다.	분석의 과학화: 인간의 편향을 최소화하고 데이터 기반의 객관적 근거를 제시하며, 복잡한 인과관계를 학습하여 미래가치를 과학적으로 예측한다.
변수의 한계: 입지, 교통 호재 등 제한된 물리적 변수를 중심으로 가치를 평가하며, 라이프스타일, 문화, 상권 등 사회적 변수를 반영하기 어렵다.	변수의 다각화: 물리적 변수를 넘어 도시의 사회·문화적 DNA까지 분석하여 기존 방식으로는 발견할 수 없었던 새로운 투자 기회를 발굴한다.
정보의 한계: 소수 전문가에게 정보가 집중되는 정보 비대칭성으로 인해 시장의 투명성이 저해되고 합리적 의사결정이 제한된다.	정보의 민주화: 데이터 접근성을 높이고 과학적 분석 결과를 제공함으로써 시장의 투명성을 제고하고 보다 합리적인 투자 의사결정을 지원한다.

1.2. [가상사례] 잠자는 공업지구, 골든 크로스를 찾아라!

서울 접경지역, 외곽순환도로변 신규 분양(https://www.donga.com/news)

1) 상황: 2026년, 유망한 투자처를 찾고 있는 부동산 개발사 '미래도시개발'은 서울 외곽의 두 지역, A지구와 B지구를 두고 최종 투자 결정을 앞두고 있다. 두 지구의 개발 총 투자비는 1,000억 원으로 동일하다.

(1) A지구: 전통적인 유망 투자 지역. 지난 5년간 연평균 7%의 꾸준한 지가 상승률을 보였고, 대규모 아파트 단지가 인접해 있으며, 3년 후 지하철 노선 연장이 확정된 곳이다. 인구 밀도와 평균 소득 수준도 안정적이다.

(2) B지구: 낡은 소규모 공장과 창고가 밀집한 준공업지역. 지난 5년간 지가 상승률은 연평균 1%에 불과했고, 가시적인 대규모 개발 계획도 없다. 주거 환경이 열악하여 인구 유출이 미미하게 발생하고 있다.

2) 전통적 투자분석 방식의 결론

'미래도시개발'의 베테랑 투자분석팀은 전통적인 방식으로 두 지구를 분석했다.

분석 항목	A지구(우수)	B지구(미흡)
과거 5년 지가 상승률	연평균 7%	연평균 1%
개발 호재	지하철 연장(확정)	없음
인구 통계	안정적, 소득 수준 양호	미미한 인구 유출
전문가 의견	안정적인 투자처	높은 불확실성, 투자 부적격
예상 투자수익률(5년 후)	12%	3%

분석팀의 결론은 명확했다. 모든 정량적 지표와 전문가의 경험이 A지구를 가리키고 있었다. B지구는 리스크가 너무 큰, 고려할 가치가 없는 대안으로 평가된다. 최종 투자 결정은 'A지구'로 기우는 것이 당연한 것이다.

3) AI 기반 투자분석 방식의 결론

그러나 '미래도시개발'은 새로 도입한 AI 기반 도시 분석 솔루션 'Urban-X'를 통해 두 지구를 재분석했다. Urban-X는 전통적 데이터 외에 다음과 같은 비정형 데이터를 함께 분석한다.

(1) **소셜미디어 분석**: Urban-X는 지난 1년간 B지구와 관련된 인스타그램, 블로그 게시물에서 '공방', '갤러리', '디자이너', '독립서점', '스페셜티 커피'와 같은 키워드 언급 량이 400% 폭증한 사실을 포착한다. A지구의 키워드는 '학군', '교통', '분양가' 등 전통적 키워드에 머물러 있었다.

(2) **유동인구 패턴 분석**: 통신사 데이터를 분석한 결과, B지구의 주말 낮 시간대 유동인구가 1년 전에 비해 80% 증가했으며, 방문자의 연령대가 30대 후반에서 20대 중반으로 급격히 젊어 지고 체류 시간 또한 2.5배 길어 졌음을 발견한다. 이는 창의적 계층의 새로운 문화 거점이 형성되고 있음을 시사하는 것이다.

(3) **신용카드 매출 데이터 분석**: B지구 내 소규모 F&B(식음료) 및 리테일 매장의 카드 매출액이 전년 동기 대비 150% 성장했다. 특히 객단가가 높은 디자인샵, 편집샵의 성장이 두드러진다. 이는 B지구의 상권이 질적으로 변화하고 있다는 강력한 증거이다.

(4) **위성 이미지 분석**: 야간 위성 이미지 분석을 통해 B지구의 특정 골목들을 중심으로 조도(빛의 밝기)가 1년 전에 비해 60% 이상 밝아진 것을 확인한다. 이는 낡은 공장들이 리모델링을 통해 상업 및 문화 공간으로 바뀌며 야간 활동이 활발해지고 있음을 의미한다.

Urban-X는 이러한 데이터를 종합하여 새로운 결론을 도출한다.

AI 분석 항목	A지구	B지구
소셜미디어 버즈량	정체	400% 급증(긍정)
창의계층 유입 지수	낮음	높음(선도 지표)
상권 성장 잠재력	성숙기(포화 가능성)	성장 초기(폭발적 잠재력)
예측 모델링 결과	안정적이나, 추가 상승 여력 제한적	단기적 변동성 있으나, 2~3년 내 급격한 가치 상승 예측
AI 예측 투자수익률 (5년 후)	9% (고평가 및 경쟁 심화 리스크 반영)	25% (젠트리피케이션 초기 단계 진입 예측)

AI는 A지구가 이미 시장에 많이 알려져 가치가 선 반영되었고, 곧 성장 정체기에 들어설 가능성을 예측한다. 반면, B지구는 비록 현재의 지표는 초라하지만, 도시의 트렌드를 주도하는 창의적 계층의 유입과 새로운 문화 생태계의 형성이 임계점을 넘어서고 있으며, 이는 2~3년 내 폭발적인 지가 상승과 상권 활성화로 이어질 '골든 크로스' 직전의 신호임을 밝혀낸다.

4) 결론 및 시사점: '미래도시개발'은 AI의 분석을 신뢰하여 모두의 예상을 깨고 B지구에 1,000억 원의 투자를 결정한다. 3년 후, B지구는 언론과 대중에게 '제2의 성수동'으로 불리며 서울에서 가장 '힙한' 지역으로 떠오르고, 지가는 3배 이상 폭등한다. 반면 A지구는 지하철 개통에도 불구하고 공급 과잉과 시장의 관심 이동으로 예상보다 낮은 수익률을 기록하게 된다.

이 가상사례는 전통적 방식의 눈에는 보이지 않던 도시의 미세한 맥동과 잠재력을 AI가 어떻게 발견해 내는지를 명확히 보여준다. AI는 더 이상 선택이 아닌, 복잡하고 역동적인 현대 도시에서 부동산 투자의 본질을 꿰뚫어 보고 미래 가치를 선점하기 위한 필수불가결한 도구가 된 것이다.

2. 전통적 프로젝트 금융분석과 AI 기반 프로젝트 금융분석의 차이 비교와 가상사례

2.1. 전통적 프로젝트 금융분석과 AI 기반 프로젝트 금융분석의 차이 비교

도시의 스카이라인을 바꾸는 거대한 부동산 프로젝트는 어떻게 자금을 조달하고 미래의 수익성을 예측할까? 전통적으로 프로젝트 금융(Project Finance, PF) 분석은 복잡한 엑셀 시트와 분석가의 경험적 판단에 크게 의존해왔다. 하지만 인공지능(AI) 기술의 등장은 이러한 분석의 패러다임을 근본적으로 바꾸고 있다. 본 글에서는 전통적 방식과 AI 기반 방식의 차이점을 비교하고, 가상 사례를 통해 AI가 도시부동산 프로젝트 금융의 미래를 어떻게 바꾸어 놓을 수 있는지를 생생하게 보여주고자 한다.

■ 전통적 프로젝트 금융분석과 AI 기반 프로젝트 금융분석 비교

구분	전통적 프로젝트 금융 분석 (Traditional Project Finance Analysis)	AI 기반 프로젝트 금융 분석 (AI-based Project Finance Analysis)
목표	과거 데이터와 전문가의 경험에 기반하여 프로젝트의 사업 타당성을 검토하고 안정적인 미래 현금흐름을 추정하는 것을 목표로 한다.	빅데이터와 머신 러닝을 활용하여 다차원적 변수를 종합 분석하고, 미래 시장의 불확실성을 최소화하며 투자 수익을 극대화하는 예측적 최적화를 목표로 한다.
분석 방법 및 기술	• 현금흐름할인법(DCF) • 시장비교접근법 • 민감도 분석 및 시나리오 분석 • 엑셀(Excel) 기반의 재무 모델링을 주로 활용한다.	• 머신 러닝 회귀/분류 알고리즘(예: 랜덤포레스트, XGBoost) • 딥러닝 인공신경망(ANN, RNN) • 자연어 처리(NLP)를 통한 시장 여론 및 정책 분석 • 컴퓨터 비전을 활용한 위성/항공 이미지 분석을 활용한다.
역할	과거 데이터와 시장에 대한 경험적 지식을 바탕으로 재무 모델의 핵심 가정을 수립하고, 분석 결과를 해석하는 주관적 의사결정자의 역할을 수행한다.	AI 모델을 설계, 학습, 검증하고, 모델이 도출한 예측 결과와 데이터 패턴을 해석하여 최종 전략적 의사결정을 지원하는 데이터 과학자 및 전략가의 역할을 수행한다.
장점	• 분석 방법론이 정형화되어 있고 이해하기 쉽다. • 오랜 기간 사용되어 시장에서 신뢰성이 검증되었다. • 데이터가 부족한 상황에서도 전문가의 직관을 통해 분석이 가능하다.	• 방대한 정형/비정형 데이터 분석을 통해 높은 예측 정확도를 달성한다. • 분석가의 주관적 편향을 최소화하고 객관적 분석을 수행한다. • 수많은 변수 간의 복잡한 비선형 관계를 파악하고, 숨겨진 패턴을 발견한다.
단점	• 분석가의 주관과 편향이 개입될 여지가 크다. • 처리할 수 있는 변수의 수가 제한적이며, 복잡한 시장 상황을 반영하기 어렵다. • 실시간으로 변화하는 시장 동향을 즉각적으로 반영하는 데 한계가 있다.	• AI 모델의 예측 과정이 불투명한 '블랙박스' 문제가 발생할 수 있다. • 모델의 성능이 학습 데이터의 양과 질에 크게 의존한다. • 시스템 구축 및 전문가 확보를 위한 초기 도입 비용이 높다.
주요 AI 분석 도구	해당 없음(주로 MS Excel 활용)	• 프로그래밍 언어: Python, R • 라이브러리/프레임워크: TensorFlow, PyTorch, Scikit-learn, Keras • 플랫폼: Google AI Platform, AWS SageMaker, MS Azure ML

도시부동산 활용 예시	• 과거 공급사례 및 인구통계 기반의 신규 아파트 단지 사업성 검토 • 유사 상업시설의 과거 임대료 데이터를 활용한 신축 쇼핑몰의 수익성 분석 • 거시경제지표(GDP, 금리) 변화에 따른 부동산 개발 프로젝트의 민감도 분석	• 위성사진과 유동인구 데이터를 결합한 최적의 상업시설 입지 선정 • 소셜 데이터와 뉴스 기사를 분석하여 특정 지역의 젠트리피케이션 가능성 예측 • 실시간 시장 데이터를 기반으로 오피스 빌딩의 동적 임대료 책정(Dynamic Pricing) 모델 개발

2.2. 가상 사례: 스마트시티 복합단지 '넥서스 플라자(Nexus Plaza)' 개발 프로젝트

1) 가상 프로젝트 개요:

- 프로젝트명: 넥서스 플라자(Nexus Plaza)
- 위치: 대한민국 수도권 신도시 중심 상업지구
- 사업 내용: 연면적 500,000㎡ 규모의 주상복합단지 개발 (스마트오피스, AI 기반 쇼핑몰, 친환경 주거 공간, 데이터 센터 포함)
- 총 사업비: 1조 원
- 사업 기간: 5년 (건설 3년, 운영 2년 후 매각)

2) 전통적 분석 vs AI 기반 분석 비교

금융 주관사는 '넥서스 플라자' 프로젝트의 사업 타당성을 검토하기 위해 전통적 분석팀과 AI 기반 분석팀에 각각 분석을 의뢰했다.

3) 시장 수요 예측

통적 분석팀은 과거 10년간의 수도권 오피스 및 상가 공실률, 임대료 추이, 인구 증가율 데이터를 기반으로 미래 수요를 예측했다.

(1) 전통적 분석:

- 가정: 연평균 3%의 꾸준한 임대료 상승과 5% 이내의 안정적인 공실률을 가정한다.

- 결론: 5년 후 매각 시점의 예상 매각가는 1조 5,000억 원이며, 자기자본수익률(ROE)은 15%로 예측된다.

반면, AI 기반 분석팀은 전통적인 데이터 외에 다음과 같은 비정형 데이터를 추가로 분석했다.

- 소셜 미디어 데이터: '신도시', '스마트 오피스', '친환경 주거' 관련 키워드 언급량 및 감성 분석
- 모바일 유동인구 데이터: 프로젝트 부지 주변 시간대별/연령대별 유동인구 패턴 분석
- 뉴스 및 정책 데이터: 정부의 스마트시티 정책, IT 기업의 데이터 센터 확장 계획 관련 뉴스 분석

(2) AI 기반 분석:

- 예측: AI 모델은 '친환경 주거'와 '데이터 센터'에 대한 잠재 수요가 폭발적으로 증가할 것을 예측했다. 특히, 글로벌 IT 기업들의 데이터 센터 수요가 예측에 큰 영향을 미쳤다.
- 결론: 5년 후 예상 매각가는 1조 8,000억 원이며, ROE는 25%로 훨씬 높게 예측된다. 또한, 초기 1년간 상업 시설의 공실률이 예상보다 높을 수 있다는 단기 리스크도 함께 제시한다.

분석 항목	전통적 금융 분석	AI 기반 금융 분석
분석 데이터	과거 부동산 시장 데이터, 거시 경제 지표	전통적 데이터 + 소셜 미디어, 유동인구, 뉴스, 위성 이미지 등 비정형 데이터
수요 예측 근거	과거 추세의 선형적 연장	다변량 회귀분석, 자연어 처리, 이미지 인식 기반의 복합적 수요 예측 모델
예상 매각가	1조 5,000억 원	1조 8,000억 원
예상 ROE	15%	25%

주요 리스크	금리 인상, 시장 침체 등 거시적 리스크	초기 상업시설 공실률, 데이터 센터 전력 수급 문제 등 미시적/구체적 리스크

4) 리스크 분석 및 자금 조달 구조 최적화

전통적 분석팀은 금리 인상, 공사 기간 지연, 초기 분양률 저조 등 몇 가지 주요 변수에 대한 민감도 분석을 수행했다.

(1) **전통적 분석:**

- 분석 방식: 금리가 1% 상승할 경우, 공사 기간이 6개월 지연될 경우의 수익률 변화를 계산하는 시나리오 분석을 수행한다.
- 자금 조달 구조: 안정성을 고려하여 선순위 대출 60%, 후순위 대출 20%, 자기자본 20%의 표준적인 구조를 제안한다.

AI 기반 분석팀은 몬테카를로 시뮬레이션을 통해 수만 가지의 가능한 시나리오를 생성하고, 각 시나리오가 프로젝트 수익률에 미치는 영향을 종합적으로 분석했다.

(2) **AI 기반 분석:**

- 분석 방식: 금리, 공사 기간, 분양률 뿐만 아니라, 원자재 가격 변동, 경쟁 프로젝트 출현, 정부 정책 변화 등 수십 개의 변수가 동시에 상호작용하는 복합적인 상황을 시뮬레이션 한다.
- 결과: 시뮬레이션 결과, '공사 기간 지연'보다 '글로벌 IT 기업의 데이터 센터 입주 계약 불발'이 프로젝트 수익률에 훨씬 치명적인 영향을 미친다는 사실을 발견한다.
- 자금 조달 구조 최적화: AI는 이러한 리스크 분석 결과를 바탕으로, 프로젝트 초기에 브릿지론의 비중을 높이고, 데이터 센터 임차 계약이 확정되는 시점에 장기 대출로 전환하는 것이

전체 금융 비용을 최소화하고 안정성을 높일 수 있다는 최적화된 자금 조달 방안을 제시한다.

구분	전통적 금융 분석	AI 기반 금융 분석
리스크 분석	주요 변수에 대한 민감도 분석 (시나리오 기반)	수십 개 변수의 상호작용을 고려한 몬테카를로 시뮬레이션(확률 기반)
주요 발견 리스크	금리 변동, 공사 기간 지연	데이터 센터 임차 계약 불발, 원자재 가격 급등
자금 조달 구조	선순위 60%, 후순위 20%, 자기자본 20%(정형적 구조)	브릿지론 후 장기 대출 전환, 옵션부 대출 등(리스크 연동 최적화 구조)
금융 비용 절감 효과	기준	약 5% ~ 10% 절감 예상

5) 결론 및 시사점: 결론적으로, AI 기반 프로젝트 금융 분석은 전통적 방식의 한계를 넘어 데이터에 기반한 객관적이고 정밀한 예측을 가능하게 한다. 이는 단순히 수익률을 높이는 것을 넘어, 잠재된 리스크를 사전에 식별하고 최적의 의사결정을 내릴 수 있도록 돕는 강력한 도구가 될 것이다. AI는 더 이상 미래의 기술이 아니다. 도시의 미래를 설계하고 만들어 나가는 도시부동산 프로젝트 금융 분야에서 가장 혁신적인 현재의 도구인 것이다.

3. 도시부동산 금융에서 빅데이터 활용 및 응용과 가상사례

3.1. 기존의 금융 모델이 활용하던 숫자 중심의 '정형 데이터(Structured Data)'와 달리, 빅데이터의 핵심은 텍스트, 이미지, 위치정보 등 '비정형 데이터(Unstructured Data)'를 포함한다는 데 있다.

자료 유형	설명
정형 데이터 (Structured Data)	Structured란 단어에서 알 수 있듯이, '틀이 잡혀있는', '체계화 된' 데이터로, 우리가 흔히 엑셀에 정리된 자료를 생각하면 된다. 이미 해당 자료 수집 목적에 맞게 정리된 데이터 이기에 데이터 분석에 용이한 자료 형태이다.
비정형 데이터 (Unstructured Data)	구조화 되지 않은 데이터로 텍스트, 그림, 비디오 등이 있으며, 추가적인 분석을 위해서는 구조화된 형태로 변환해야 된다.
반정형 데이터 (Semi-Structured Data)	HTML, JSON, Log 형태가 대표적으로 흔히 정형 데이터와 같은 구조의 정리된 데이터 모델을 준수하진 않지만 태그와 기타 마커 등을 통해 데이터 내의 레코드와 필드 계층이 구분된 데이터이다.

탐색적 자료 분석 EDA Part1. [데이터 유형] (https://medium.com)

도시부동산 금융은 오랫동안 '가시적인 것'에 대한 믿음을 기반으로 작동해왔다. 눈에 보이는 입지, 정부가 발표한 개발 계획, 통계청의 인구 데이터와 같은 잘 정제된 정보들이 금융기관의 대출 및 투자 결정에 절대적인 기준이 되었다.

이는 마치 의사가 환자의 체온과 혈압만을 가지고 건강 상태를 진단하는 것과 같다. 물론 중요한 지표이지만, 그것 만으로는 피부 아래에서 진행되는 복잡한 생명 활동이나 잠재된 질병의 징후를 파악할 수 없다. 오늘날 도시부동산 금융이 마주한 빅데이터의 활용은, CT나 MRI와 같은 첨단 영상 장비를 통해 도시의 혈류와 신경망, 세포의 활동까지 들여다보는 혁신적인 진단 방식에 비유할 수 있다.

빅데이터는 단순히 데이터의 양이 방대하다는 의미를 넘어선다. 기존의 금융 모델이 활용하던 숫자 중심의 '정형 데이터(Structured Data)'와 달리, 빅데이터의 핵심은 텍스트, 이미지, 위치정보 등 형태가 불분명한 '비정형 데이터(Unstructured Data)'를 포함한다는 데 있다.

■ 도시부동산 금융의 맥락에서 빅데이터의 분류

구분	공간 데이터(Geospatial Data)
목표	특정 지역의 물리적, 객관적 상태 및 변화를 정량적으로 파악한다.
분석 방법 및 기술	이미지 프로세싱, 객체 탐지(Object Detection), GIS 공간 분석, 원격 탐사(Remote Sensing) 기술을 활용한다.
역할	개발 현황, 환경 변화 등 거시적이고 객관적인 현황 정보를 제공하는 핵심 기반 데이터의 역할을 한다.
장점	객관성이 높고 광범위한 지역을 포괄하며, 시계열(Time-series) 분석에 유리하다.
단점	데이터 수집 및 처리의 초기 비용이 높고, 인간의 미시적 활동이나 인식 분석에는 한계를 가진다.
도시부동산 활용 예시	위성 이미지를 통해 신규 개발 프로젝트의 공정률을 추적하거나, 야간 조도 데이터를 분석하여 상권의 야간 활성화 정도를 추정한다.

구분	이동 데이터(Mobility Data)
목표	사람들의 실질적인 동선과 공간적 상호작용 패턴을 파악하여 도시의 역동성을 측정한다.
분석 방법 및 기술	기종점(Origin-Destination) 분석, 네트워크 분석, 시공간 클러스터링(Spatio-temporal Clustering) 기법을 적용한다.
역할	지역의 실질적인 활력도와 다른 지역과의 연계성을 측정하고 상권의 유효 영향권(Catchment Area)을 규명하는 역할을 수행한다.
장점	유동인구 및 상권 영향권 분석의 정확도가 높고, 도시의 동적인 정보를 실시간으로 제공한다.
단점	개인정보보호 이슈가 존재하며, 특정 통신사나 앱 사용자 위주로 데이터가 편향될 수 있다.
도시부동산 활용 예시	지하철 및 버스 이용 데이터를 분석하여 특정 상권을 지지하는 핵심 배후 주거지를 파악하거나, 내비게이션 데이터를 통해 신흥 핫플레이스 골목을 발굴한다.

구분	소셜 데이터(Social Data)
목표	지역에 대한 대중의 인식, 감성, 트렌드 등 정성적 가치를 정량화하여 잠재력을 예측한다.
분석 방법 및 기술	자연어 처리(NLP), 감성 분석(Sentiment Analysis), 토픽 모델링(Topic Modeling), 텍스트 마이닝(Text Mining) 기술을 이용한다.
역할	대중의 관심과 인식을 포착하여 공식 통계에 나타나지 않는 지역 가치 변화의 선행지표(Leading Indicator) 역할을 한다.
장점	실시간 트렌드와 정성적 가치를 포착할 수 있으며, 조기 경보 및 기회 발견에 유용하다.
단점	데이터에 노이즈가 많고 특정 집단의 여론으로 편향될 수 있으며, 의미 있는 정보 추출을 위해 고도의 분석 기술이 요구된다.
도시부동산 활용 예시	블로그에서 '살기 좋다', '아이 키우기 좋다' 등 키워드를 분석하여 주거 만족도를 측정하거나, 인스타그램 해시태그 증감 추이를 추적하여 신흥 문화 거점을 식별한다.

구분	소비 데이터(Consumption Data)
목표	상권의 경제적 활력과 소비 계층의 특성을 직접적으로 측정하여 사업성을 검증한다.
분석 방법 및 기술	시계열 분석, 코호트 분석(Cohort Analysis), 장바구니 분석(Market Basket Analysis), 이상치 탐지(Anomaly Detection) 기법을 사용한다.
역할	상권의 실제 성과와 안정성을 증명하는 가장 직접적인 증거자료로서, 금융기관의 리스크 관리 및 대출 심사의 객관적 근거가 된다.
장점	데이터 접근이 제한적이고 비용이 발생하며, 카드 결제 내역에 한정되어 현금 거래 등을 반영하지 못한다.
단점	개인정보보호 이슈가 존재하며, 특정 통신사나 앱 사용자 위주로 데이터가 편향될 수 있다.
도시부동산 활용 예시	리테일 개발 사업의 대출 승인 전, 해당 상권의 동종 업종 신용카드 매출 데이터를 분석하여 예상 매출의 안정성과 사업 타당성을 검증한다.

이러한 빅데이터는 AI의 분석 알고리즘과 결합하여 도시부동산 금융의 의사결정 방식을 근본적으로 바꾸어 놓는다. 과거 데이터 기반의 리스크 평가를 넘어, 미래 수요를 예측하고, 숨겨진 투자 기회를 발굴하며, 잠재적 위험을 사전에 경고하는 '예측 금융(Predictive Finance)'을 가능하

게 하는 것이다. 이제 가상사례를 통해 빅데이터가 어떻게 금융기관의 프로젝트 파이낸싱(PF) 결정에 혁명적인 영향을 미치는지 살펴볼 것이다.

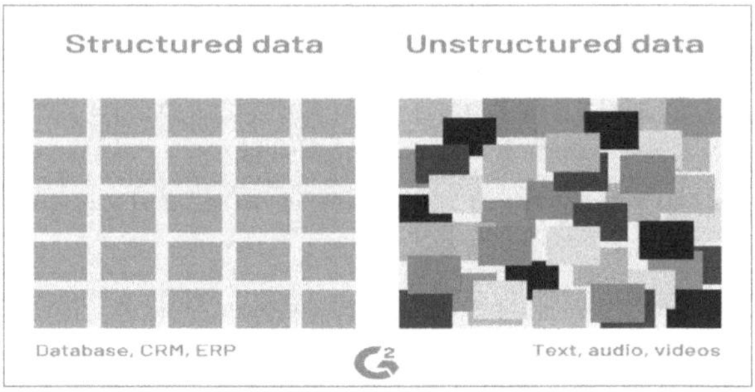

[DB] 정형, 반정형, 비정형 데이터(https://kingofbackend.tistory.com)

3.2. [가상사례] 데이터는 알고 있다: 어느 쇼핑몰에 투자할 것인가?

리조트형 쇼핑몰 '롯데몰 송도'(https://www.hansbiz.co.kr)

1) **상황:** 2025년, 대형 금융기관인 '스마트 캐피탈'은 두 개의 신규 쇼핑몰 개발 프로젝트에 대한 2,000억 원 규모의 프로젝트 파이낸싱(PF) 제안을 받았다. 자금 여력상 한 곳에만 투자가 가능한 상황이다.

- **프로젝트 A(캐슬몰):** 전통적 부촌으로 평가받는 신도시 중심상업지구에 들어서는 대규모 복합 쇼핑몰이다. 반경 3km 내 배후 인구가

20만 명에 달하고, 세대 평균 소득이 전국 상위 10%에 속한다. 전통적인 입지 분석과 상권 분석 보고서상으로는 완벽에 가까운 조건을 갖추고 있다.

- 프로젝트 B(모자이크몰): 구도심의 오래된 공장 지대를 재개발하여 조성되는 중규모 '라이프스타일' 쇼핑몰이다. 주변 인구는 10만 명으로 적고 평균 소득도 중산층 수준이지만, 최근 20~30대 크리에이터와 스타트업 종사자들이 모여들며 독특한 문화가 형성되고 있는 지역이다.

2) 전통적 금융심사 방식의 결론

'스마트 캐피탈'의 PF 심사팀은 기존의 방식으로 두 프로젝트의 사업성을 평가했다.

분석 항목	프로젝트 A(캐슬몰)	프로젝트 B(모자이크몰)
배후 인구 및 소득 수준	매우 우수	보통
교통 접근성(도로망)	우수	보통
공시지가 및 주변 시세	높음(안정적)	낮음(불확실)
개발사 신용등급	AAA	A
예상 내부수익률(IRR)	15%(안정적 고수익)	8%(저수익, 고위험)

심사팀의 결론은 만장일치로 '프로젝트 A'였다. 모든 공식적인 데이터와 재무 지표가 A의 압도적인 안정성과 수익성을 증명하고 있었다. B는 잠재력은 있으나 객관적 데이터가 부족하고 불확실성이 너무 크다고 판단된다. PF 승인은 '프로젝트 A'로 결정되는 것이 당연한 수순이다.

3) 빅데이터 기반 금융심사 방식의 결론

그러나 '스마트 캐피탈'의 데이터 분석팀은 자체 AI 기반 시장 분석 시스템을 통해 두 프로젝트 지역의 빅데이터를 심층 분석한다.

(1) **이동 데이터 분석:** 통신사 데이터를 분석한 결과, A지역의 유동 인구는 주중, 주말 모두 안정적이지만 대부분 쇼핑몰 부지를 '통과'하는 차량 및 도보 인구의 비중이 높다. 반면, B지역은 절대 유동인구는 적으나, 주말에 방문하는 20~30대 방문객의 '평균 체류 시간'이 A지역보다 3배 길고, 방문 범위가 특정 골목길에 집중되는 '목적성 방문' 패턴이 뚜렷하게 나타난다.

(2) **소비 데이터 분석:** A지역의 카드 매출은 대형마트, 유명 프랜차이즈에 집중되어 있으나, 최근 1년간 성장률은 5%에 머무르고 온라인 쇼핑으로의 이탈 징후가 보인다. 반면 B지역의 카드 매출은 절대 규모는 작지만, 독립 디자이너샵, F&B, 체험형 공방 등의 업종에서 전년 대비 120%의 폭발적인 성장세를 보인다. 특히 SNS와 연계된 소비 경향이 강하게 나타난다.

(3) **소셜 데이터 분석:** A지역 관련 소셜미디어 키워드는 '주차', '세일', '마트' 등 기능적 단어가 대부분이다. 하지만 B지역은 '경험', '데이트코스', '인생샷', '힙스터' 등 감성적이고 문화적인 키워드가 최근 6개월간 500% 급증하며 긍정적 여론을 형성하고 있다.

데이터 분석팀은 이러한 분석을 통해 기존의 재무 모델을 재조정한다.

AI/빅데이터 분석 항목	프로젝트 A(캐슬몰)	프로젝트 B(모자이크몰)
실질 유효 유동인구	높으나, 성장 정체	낮으나, 고밀도/고성장
상권 소비 활력도	안정적이나, 온라인에 잠식 우려	폭발적 성장 초기 단계
미래가치(문화/트렌드)	낮음	매우 높음(트렌드 선도)
AI 예측 내부수익률 (IRR)	10%(과대평가 리스크 반영)	22%(잠재 성장성 극대화)

AI 분석 결과는 충격적이었다. A프로젝트(캐슬몰)는 겉보기에는 완벽하지만, 그 성장 동력은 이미 정점에 달했으며 온라인 쇼핑의 확산에 취약한 구조임이 드러난다. 반면 B프로젝트(모자이크몰)는 공식 통계 너머에서 새로운 소비 주체와 문화가 폭발적으로 성장하고 있으며, 이는 미래의 압도적인 자산 가치 상승으로 이어질 것임을 강력하게 시사한다. 데이터는 B지역이 단순한 상업 공간을 넘어 '경험을 소비하는 목적지'로 진화하고 있음을 증명한 것이다.

4) 결론 및 시사점: '스마트 캐피탈'은 내부의 격렬한 토론 끝에 데이터 분석팀의 보고서를 채택, 최종적으로 '프로젝트 B(모자이크몰)'에 대한 PF를 승인한다. 3년 후, 모자이크몰은 MZ세대의 성지로 불리며 전국적인 명소로 떠오르고, 자산 가치는 예상을 뛰어넘어 폭등한다. 캐슬몰은 준공 초기 높은 분양률에도 불구하고, 급변하는 소비 트렌드에 대응하지 못해 공실률이 점차 증가하며 기대 이하의 수익률을 기록하게 된다.

이 사례는 빅데이터가 도시의 숨겨진 가치를 어떻게 발굴하고, 금융기관의 의사결정 리스크를 줄이며 새로운 부의 지도를 그려 나가는지를 명확히 보여주는 것이다. 도시부동산 금융에서 빅데이터의 활용은 더 이상 미래의 선택지가 아닌, 현재의 생존과 성장을 위한 필수적인 역량이다.

4. 빅데이터와 AI가 만드는 혁신적인 부동산 가치평가 방법과 가상사례

4.1. 거래사례비교법, 원가법, 수익환원법 등 전통적인 가치평가 방식은 지난 수십 년간 시장의 표준으로 자리 잡아왔다. 그러나 이 방법들은 본질적으로 '과거'를 바라보는 거울과 같다.

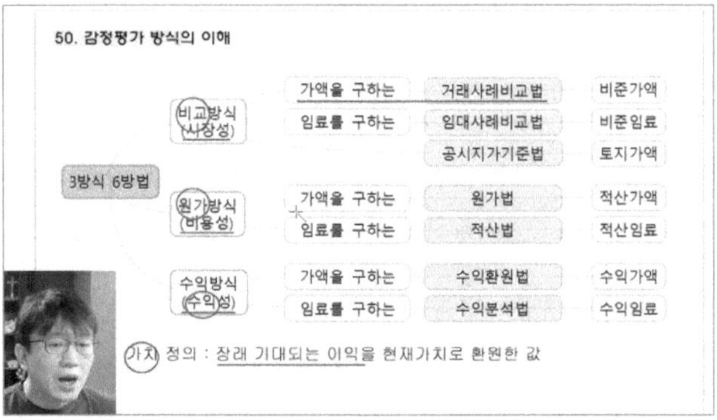

암기코드 ll 강의노트 50. 3방식 6방법 YouTube

부동산의 가치를 평가하는 것은 오랫동안 예술가의 작품을 감정하는 일과 유사했다. 감정평가사의 전문적 안목, 주변 유사 작품(부동산)과의 비교, 그리고 과거 거래 기록이라는 제한된 정보의 캔버스 위에서 가치라는 그림이 그려졌다. 거래사례비교법, 원가법, 수익환원법 등 전통적인 가치평가 3방식은 지난 수십 년간 시장의 표준으로 자리 잡아왔다. 그러나 이 방법들은 본질적으로 '과거'를 바라보는 거울과 같다. 이미 일어난 거래, 이미 지어진 건물의 원가, 이미 발생한 임대수익을 기반으로 하기에, 도시의 미래 잠재력이나 눈에 보이지 않는 가치의 흐름을 담아 내기에는 근본적인 한계를 가진다. 이제 빅데이터와 인공지능(AI)은 이 정적인 캔버스를 동적인 3D 홀로그램으로 바꾸는 혁신을 이끌고 있다.

AI 기반의 부동산 가치평가는 단순히 기존의 평가 업무를 자동화하는 것을 넘어, 가치평가의 철학 자체를 바꾸는 패러다임의 전환이다. 그 핵심에는 '동적 가치평가 모델(Dynamic Valuation Model)'이 있다. 이는 특정 부동산의 고정된 물리적 특성 뿐만 아니라, 그 부동산을 둘러싼 도시의 사회·경제적 맥박을 실시간으로 측정하고 미래의 변화까지 예측하여 가치에 반영하는 새로운 방법론이다. AI는 수십, 수백 가지의 이질적인 빅데이터 속에서 인간의 눈으로는 발견할 수 없는 복잡한 패턴과 상관관계를 학습한다.

예를 들어, 전통적 평가에서는 '지하철역과의 거리'가 중요한 변수였다. 하지만 AI 모델은 한 걸음 더 나아가, 해당 역을 이용하는 사람들의 직업 군(빅데이터 분석), 주된 목적지, 시간대별 유동인구의 변화, 주변 상권의 객단가 변화까지 분석하여 동일한 거리라도 실질적인 가치의 차이를 계산해낸다. 건물의 가치는 더 이상 고정된 좌표가 아니라, 주변 도시의 활동과 상호작용하며 끊임없이 변화하는 '살아있는 지수(Live Index)'가 되는 것이다.

소셜미디어의 긍정적 언급량, 주변 지역의 배달 주문 건수 증가, 공유오피스 입주 기업의 성장세, 인근 스타트 업의 투자 유치 소식 등 과거에는 가치평가의 영역에서 고려되지 않았던 무형의 데이터들이 AI를 통해 부동산의 미래 수익성을 예측하는 핵심 변수로 재탄생한다.

■ 빅데이터·AI 기반 혁신적 부동산 가치평가 방법 유형별 특징 비교

구분	AVM 고도화 모델	미래가치 예측 모델	입지 잠재력 분석 모델
목표	개별 부동산의 현재 시장가치를 신속·정확하고 객관적으로 산출하는 것을 목표로 한다.	도시의 변화를 이끄는 동적 변수와 선행지표를 분석하여 부동산의 미래(1~3년 후) 가치를 예측하는 것을 목표로 한다.	개별 부동산을 넘어, 특정 지역(District)이나 블록(Block) 단위의 성장 잠재력을 종합적으로 진단하고 등급 화한다.
분석 방법 및 기술	머신러닝(랜덤 포레스트, XGBoost 등), 빅데이터 기반 헤도닉 가격 모형(Hedonic Price Model)을 사용하여 수많은 변수를 동시에 학습한다.	시계열 분석(ARIMA 등), 딥러닝(LSTM 등 순환신경망), 인과추론 모델을 활용하여 미래가치에 영향을 미치는 핵심 동인을 찾아내고 그 효과를 예측한다.	GIS를 활용한 공간 분석, 네트워크 분석, 클러스터링 알고리즘을 통해 유동인구, 상권, 문화, 기업 생태계 등을 종합한 '지역 잠재력 지수'를 생성한다.
역할	전통적 감정평가를 자동화·객관화하고, 대량의 부동산 가치 산정 및 금융 심사의 기초 자료(Baseline)로 활용된다.	정적인 가치 평가를 동적인 미래 예측으로 전환시켜, 투자 및 개발 의사결정을 과거가 아닌 미래를 기반으로 하도록 선제적으로 지원하는 역할을 한다.	대규모 개발, 도시계획, 신규 출점 등 거시적 관점의 입지 선정 의사결정을 지원하며, 미개발지나 저평가된 지역의 숨겨진 가치를 발굴하는 역할을 한다.
장점	산정 속도가 매우 빠르고 비용이 저렴하며, 평가자의 주관을 배제하여 객관성을 확보한다.	성장 잠재력이 높은 대상을 선별할 수 있으며, 미래가치를 계량적으로 제시하여 투자 수익성 분석의 정확도를 높인다.	단편적 분석을 넘어 종합적인 시각을 제공하며, 장기적·전략적 의사결정에 매우 유용하다.
단점	과거 거래 데이터에 대한 의존도가 높고, 개별 부동산의 특수성이나 급격한 시장 변화를 즉각 반영하기 어렵다.	예측은 확률에 기반하여 불확실성을 내포하며, 모델의 복잡성이 높고 시계열을 갖춘 고품질의 데이터가 요구된다.	'잠재력'에 대한 정의가 주관적일 수 있으며, 분석에 요구되는 데이터의 범위가 매우 광범위하고 복잡하다.
도시부동산 활용예시	은행이 수천 건의 아파트 담보물 가치를 실시간으로 산정하여 주택담보대출(LTV) 한도를 신속하게 결정한다.	자산운용사가 특정 지역의 테크 기업 및 고급 인재 유입 데이터를 기반으로, 미래 임대료 상승률이 가장 높을 오피스 빌딩을 예측하여 선제적으로 매입한다.	대형 유통사가 신규 점포 출점 시, 현재 상권 규모가 아닌 미래 성장 잠재력이 가장 높다고 예측된 신흥 주거지역을 AI 분석을 통해 선정한다.

4.2. [가상사례] 쌍둥이 빌딩의 서로 다른 미래 가치

서울 청계천 변에 20층짜리 쌍둥이 빌딩 세운다 | 문화일보(https://www.munhwa.com)

1) **상황:** 2025년, 한 자산운용사는 서울의 업무지구에 위치한 두 오피스 빌딩, 'A 타워'와 'B 타워'의 인수를 검토하고 있다. 두 빌딩은 준공 연도, 연면적, 층수, 현재 임대료 수준과 공실률이 거의 동일하여 '쌍둥이 빌딩'으로 불린다.

- A 타워: 전통적인 금융 중심지(YBD)에 위치한다. 주변에는 대형 금융사와 관공서가 밀집해 있어 안정적인 임차 수요가 보장된다.
- B 타워: 신흥 IT 밸리(GBD 인근)에 위치한다. 주변에는 대기업 본사보다는 중소형 테크 기업, 스타트업, 공유 오피스가 많아 임차인 변동이 상대적으로 잦은 편이다.

2) 전통적 가치평가 방식의 결론

자산운용사는 국내 최고 감정평가법인에 두 빌딩의 가치평가를 의뢰했다. 감정평가법인은 주로 수익환원법(Income Approach)과 거래사례비교법(Sales Comparison Approach)을 활용했다.

평가 항목	A 타워(YBD)	B 타워(GBD 인근)
현재 연간 임대수익	100억 원	98억 원
적정 환원율(자본화율)	4.8%(안정성 반영)	5.0%(불확실성 반영)
수익환원가치 (임대수익/환원율)	약 2,083억 원	약 1,960억 원
주변 거래사례 비교	유사 사례 다수, 시세 안정적	유사 사례 부족, 시세 변동성 존재
최종 평가액	2,100억 원	1,950억 원

전통적 평가의 결론은 명확했다. A 타워는 안정적인 입지와 높은 임대수익을 바탕으로 B 타워보다 약 150억 원 높은 가치를 인정받았다. B 타워는 상대적으로 높은 공실 리스크와 불확실성으로 인해 가치가 절하된 것이다. 합리적인 투자 결정은 당연히 'A 타워'를 인수하는 것이다.

3) AI 기반 동적 가치평가 모델의 결론

자산운용사는 자체 개발한 AI 가치평가 모델 'Value-Scouter'를 통해 두 빌딩의 미래가치를 재평가했다. 이 모델은 전통적 데이터 외에 다음과 같은 동적 변수를 학습하여 미래 임대료 상승률과 공실률 변화를 예측한다.

(1) **기업 성장성 데이터:** AI는 B 타워 반경 1km 내 입주한 스타트 업들의 최근 3년간 투자 유치 총액이 A 타워 주변 기업들보다 5배 많고, 이 기업들의 고용 증가율이 연평균 30%에 달한다는 사실을 분석한다. 이는 미래의 폭발적인 사무실 수요 증가를 예고하는 강력한 신호이다.

(2) **인재 이동 데이터:** 직장인 익명 커뮤니티와 채용 플랫폼 데이터를 분석한 결과, 'AI 개발자', '데이터 사이언티스트' 등 4차 산업혁명

핵심 인재들의 주 활동 무대가 A 타워가 위치한 YBD에서 B 타워가 위치한 GBD 인근으로 빠르게 이동하고 있음을 포착한다. 이는 고급 인재들이 선호하는 업무 환경의 변화를 의미한다.

(3) **교통 및 소비 데이터:** B 타워 주변의 심야 택시 호출 건수와 법인카드 점심시간대 결제액이 최근 1년간 40% 이상 급증했다. 이는 해당 지역의 업무 밀도가 실질적으로 높아지고 있으며, 고소득 직장인들의 활동이 왕성해지고 있음을 증명한다.

Value-Scouter는 이러한 동적 변수들을 종합하여 새로운 결론을 도출한다.

AI 평가 항목	A 타워(YBD)	B 타워(GBD 인근)
미래 임대료 상승 잠재력	연 1%(시장 평균 수준)	연 4%(혁신 기업 클러스터 효과)
미래 공실률 리스크	낮음(현재) → 보통(산업 구조 변화)	보통(현재) → 매우 낮음(수요 폭증 예상)
혁신 생태계 지수	6.5 / 10	9.5 / 10
AI 예측 미래가치(3년 후)	2,150억 원	2,500억 원

AI 모델은 A 타워의 안정성이 오히려 미래 성장성을 저해하는 '성숙기의 한계'를 보인다고 분석한다. 반면 B 타워는 현재의 작은 불확실성 너머에 '혁신 산업 생태계'라는 거대한 미래가치를 품고 있다고 평가한다. 현재의 가치는 A가 높지만, 미래가치의 성장 잠재력은 B가 압도적인 것이다.

4) **결론 및 시사점:** 자산운용사는 AI의 예측을 믿고, 시장의 예상을 뒤엎고 B 타워를 2,000억 원에 인수한다. 2년 후, B 타워 주변의 스타트업 중 한 곳이 유니콘 기업으로 성장하고 대규모 사옥 확장에 나서면서 B 타워의 임대료는 폭등하고 공실률은 제로에 가까워진다. B 타워

의 자산 가치는 2,600억 원을 넘어서며 운용사에 막대한 수익을 안겨주게 된다.

이 사례는 AI 기반 가치평가가 어떻게 부동산의 숨겨진 미래를 발견하는지를 보여준다. 이제 부동산 가치평가는 과거의 기록을 정리하는 정적인 행위를 넘어, 도시의 미래 동력을 예측하고 투자 기회를 창출하는 동적인 과학으로 발전하고 있다.

5. 디지털 트윈 기술을 활용한 도시부동산 시뮬레이션의 투자적 활용과 가상사례

5.1. 디지털 트윈은 현실 세계의 도시, 건물, 인프라를 가상 공간에 거울처럼 동일하게 구현하고, 현실의 데이터를 실시간으로 연동하여 시뮬레이션 하는 기술이다.

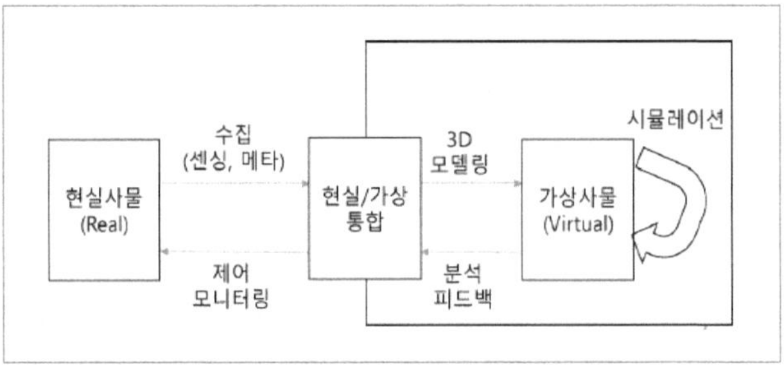

디지털 트윈(Digital Twin) 〈도리의 디지털라이프〉 (https://blog.skby.net)

과거의 도시계획과 부동산 개발이 정교한 축소 모형을 만들고 그 위에서 최적의 안을 구상하는 과정이었다면, 오늘날 우리가 마주한 디지털 트윈(Digital Twin) 기술은 단순히 도시를 복제하는 것을 넘어, 살아 숨 쉬는 가상의 실험실을 창조하는 것에 가깝다. 디지털 트윈은 현실 세계의 도시,

건물, 인프라를 가상 공간에 거울처럼 동일하게 구현하고, 현실의 데이터를 실시간으로 연동하여 시뮬레이션 하는 기술이다. 이는 단순한 3D 모델링을 뛰어넘어, 현실의 물리적 제약 없이 수많은 '만약(What-if)' 시나리오를 실험하고 그 결과를 미리 예측할 수 있는 강력한 도구가 된다.

도시부동산 금융의 관점에서 디지털 트윈은 불확실성이라는 가장 큰 적과 싸울 수 있는 궁극의 무기이다. 막대한 자본이 투입되는 부동산 프로젝트는 한번 실행되면 되돌리기 어려운 비가역적 특성을 가진다. 그러나 디지털 트윈 환경에서는 아직 지어지지 않은 건물을 미리 올려보고, 다양한 설계안에 따라 일조권, 조망권, 교통 흐름, 상권 활력도, 에너지 효율, 심지어 재난 상황에서의 안전성까지 수치로 시뮬레이션 할 수 있다. 이는 투자자가 직관과 경험에 의존하던 의사결정 과정을 데이터 기반의 과학적 검증 과정으로 바꾸어 놓는다.

예를 들어, 특정 부지에 새로운 복합 쇼핑몰을 개발하는 프로젝트가 있다면, 투자자는 디지털 트윈을 통해 다음과 같은 질문에 대한 답을 미리 얻을 수 있다. 출입구의 위치를 바꾸면 주변 교통 체증이 얼마나 개선되는가? 중앙 광장의 크기와 형태에 따라 방문객들의 평균 체류 시간은 어떻게 변하는가? 특정 위치의 점포가 다른 곳보다 광고 노출 효과가 얼마나 더 높은가? 기후 변화로 인한 국지성 호우 발생 시, 건물의 침수 위험은 없는가? 이러한 시뮬레이션은 개발 단계에서 발생할 수 있는 시행착오를 최소화하고, 건물의 운영 효율성과 자산 가치를 극대화하는 최적의 설계안을 도출하게 한다. 즉, 디지털 트윈은 미래에 발생할 리스크를 가상 세계에서 미리 경험하고 제거함으로써, 투자 성공의 확률을 비약적으로 높이는 혁신적인 솔루션인 것이다.

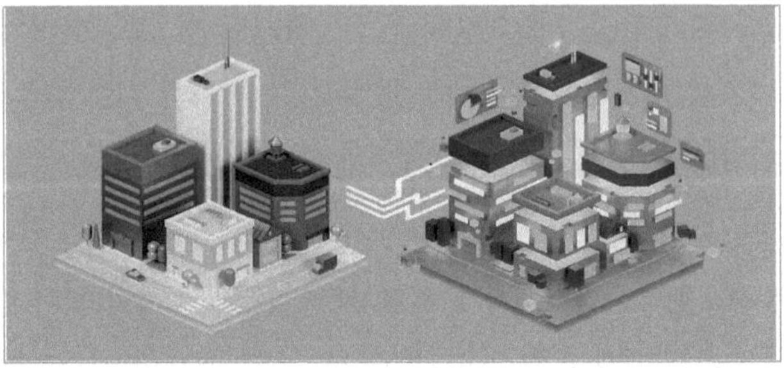

Digital Twins Explained: A Guide for the Built Environment(https://www.12dsynergy.com)

■ 빅데이터·AI 기반 혁신적 부동산 가치평가 방법 유형별 특징 비교

구분	개발 프로젝트 최적화 시뮬레이션	도시정책 영향 분석 시뮬레이션	재난 및 환경 리스크 시뮬레이션
목표	신규 개발 프로젝트의 설계 단계에서 다양한 변수를 사전 테스트하여 사업 가치를 극대화하는 최적 설계안을 도출한다.	용도지역 변경, 교통 인프라 확충 등 도시계획 및 정책 변화가 특정 지역의 부동산 자산 가치에 미칠 영향을 선제적으로 예측한다.	자연재해 및 기후변화가 부동산 자산에 미칠 물리적, 재무적 손실을 정량적으로 평가하고 포트폴리오의 취약성을 진단한다.
분석 방법 및 기술	에이전트 기반 모델링(ABM)을 통한 보행 및 상업 활동 분석, 전산유체역학(CFD)을 통한 바람길 분석, BIM 연동, 일조 및 조망권 분석 기술을 활용한다.	디지털 트윈의 공간 데이터와 결합된 회귀분석, 공간 계량경제 모델, 네트워크 분석 기법을 사용하여 정책 변화의 파급 효과를 시뮬레이션한다.	침수 및 홍수 모델링, 지진파 영향 시뮬레이션, 도시 열섬 현상 분석, 건물 에너지 성능 시뮬레이션(BEMS) 기술을 적용한다.
역할	개발 프로젝트의 '가상 리허설' 역할을 수행하여, 시행착오를 최소화하고 완공 후 운영 효율성과 장기적 자산 가치를 극대화한다.	거시적 관점에서 규제 및 정책 리스크를 정량화 가능한 투자 기회로 전환시키고, 미래 시장 변화에 대응하는 나침반 역할을 한다.	ESG(환경·사회·지배구조) 요소를 투자 의사결정에 통합하고, 자산의 장기적 안정성과 회복탄력성을 검증하는 리스크 관리 도구의 역할을 수행한다.
장점	설계 오류 및 준공 후 운영 리스크를 획기적으로 줄이며, 투자자 설득을 위한 객관적 데이터를 제공한다.	미래 정책 변화에 기반한 선제적 투자 전략 수립을 가능하게 하고, 거시적 시장 동향을 파악하게 한다.	장기적 관점의 포트폴리오 안정성을 강화하고, ESG 투자에 대한 시장의 요구에 부응한다.

단점	디지털 트윈 구축과 시뮬레이션을 위한 초기 비용과 시간이 많이 소요된다.	시뮬레이션의 정확도가 정책 정보의 신뢰도와 경제 모델의 가정에 크게 의존한다.	매우 전문적인 데이터(기후, 지질 등)가 필요하며, 특정 재난의 발생 확률을 정확히 예측하기 어렵다.
도시부동산 활용예시	복합용도빌딩 개발 시, 1층 상가의 다양한 레이아웃을 시뮬레이션 하여 유동 동선과 임대 수익을 극대화하는 최적의 설계를 확정한다.	자산운용사가 신규 지하철 노선 계획이 발표된 후, 노선 주변 필지들의 접근성 개선 효과를 시뮬레이션 하여 가장 수혜가 클 지역에 선제적으로 투자한다.	부동산 투자신탁(REITs)이 보유한 물류창고 자산에 대해, 예상 강수량 증가에 따른 침수 위험을 시뮬레이션하고 방재 설비 투자 우선순위를 결정한다.

5.2. [가상사례] 넥서스 포인트: 두 개의 미래, 하나의 선택

1) **상황**: 2025년, 유력 개발 컨소시엄인 '미래도시 파트너스'는 서울시 외곽의 대규모 유휴 부지에 '넥서스 포인트'라는 이름의 스마트 복합단지를 개발할 계획을 세운다. 총사업비 1조 원이 투입되는 이 프로젝트를 위해 두 개의 최종 설계안, 'A안(센트럴 플라자)'과 'B안(그린 코리도어)'이 경쟁하게 된다.

- A안(센트럴 플라자): 중앙에 50층 규모의 랜드마크 오피스 타워를 배치하고, 그 주변을 저층의 대형 쇼핑몰과 아파트 단지가 둘러싸는 전통적이고 효율성을 강조한 설계이다.

안양시, 인덕원·관양고 일대 '스마트 복합단지' 조성 (https://www.ajunews.com)

• B안(그린 코리도어): 중앙에 대규모 공원을 조성하고, 20층 내외의 중층 건물 여러 개를 녹지축(코리도어)으로 연결하는 분산형·친환경적 설계이다. 초기 건축비는 A안보다 5% 더 높다.

2) 전통적 사업성 검토의 결론

컨소시엄은 전통적인 방식(투시도, 건축 개요, 예상 임대수익 분석)으로 두 안을 검토한다.

검토 항목	A안(센트럴 플라자)	B안(그린 코리도어)
연면적 및 용적률	우수(고밀 개발)	보통(중밀 개발)
예상 건축비	5,000억 원	5,250억 원
예상 초기 임대수익	높음(랜드마크 효과)	상대적 낮음
전통적 분석 결론	사업성 우위	사업성 열위

분석 결과, A안이 더 적은 비용으로 더 높은 임대 면적을 확보할 수 있어 초기 수익성 측면에서 명백한 우위를 가진다고 평가된다. 금융 조달 및 투자 결정은 'A안'으로 기우는 것이 합리적인 선택이다.

3) 디지털 트윈 시뮬레이션 기반의 종합 검토

그러나 '미래도시 파트너스'는 최종 결정을 내리기 전, 해당 부지를 포함한 반경 5km 지역의 디지털 트윈을 구축하여 두 설계안에 대한 복합 시뮬레이션을 1개월간 수행한다.

(1) **교통 및 보행 환경 시뮬레이션:** A안의 경우, 출퇴근 시간대에 중앙 타워로 진입하는 주 도로에서 극심한 교통 정체가 발생하며, 단지 내 평균 차량 속도가 시속 5km 이하로 떨어지는 현상이 예측된다. 반면 B안은 분산된 건물 배치로 교통량이 자연스럽게 분산되고, 녹지 축을 따라 형성된 보행자 도로의 이용률이 A

안 대비 200% 높게 나타난다.

(2) **상업 가치 시뮬레이션(에이전트 기반 모델링)**: 가상의 방문객 10만 명을 투입하여 시뮬레이션한 결과, A안의 대형 쇼핑몰은 소수의 핵심 점포에만 방문객이 집중(트래픽 점유율 65%)되는 반면, B안은 공원을 따라 배치된 여러 상업 시설에 방문객들이 고르게 퍼져 나가며 더 오래 체류하는 패턴을 보인다. 이를 기반으로 예측한 점포당 평균 매출액은 B안이 A안보다 25% 높게 산출된다.

(3) **환경 및 에너지 시뮬레이션**: A안의 중앙 타워는 동절기에 주변 아파트 단지 30%에 긴 그림자를 드리워 일조권을 침해하는 것으로 분석된다. 또한, B안의 녹지 축과 옥상 녹화는 여름철 단지 내 평균 온도를 A안 대비 1.5℃ 낮추는 도시 열섬 현상 저감 효과가 있는 것으로 확인된다. 이는 장기적으로 냉방 에너지 비용을 8% 절감하는 효과로 이어진다.

디지털 트윈은 눈에 보이지 않던 각 설계안의 장기적 가치를 다음과 같이 수치로 보여준다.

시뮬레이션 기반 예측	A안(센트럴 플라자)	B안(그린 코리도어)
준공 5년 후, 교통 혼잡 비용	연간 50억 원	연간 10억 원
준공 5년 후, 상업시설 공실률	15%	4%
준공 5년 후, 주거단지 만족도	6.8 / 10	8.9 / 10
최종 시뮬레이션 기반 프로젝트 순현재가치(NPV)	1,200억 원	2,500억 원

4) **결론 및 시사점**: 초기 비용과 단기 수익성에서는 A안이 우세해 보였지만, 디지털 트윈 시뮬레이션은 B안이 교통, 상업, 환경 등 모든 측

면에서 지속가능한 가치를 창출하며 장기적으로 훨씬 높은 투자 수익을 가져다 줄 것임을 명확하게 증명한다. '미래도시 파트너스'는 이 시뮬레이션 결과를 바탕으로 만장일치로*'B안(그린 코리도어)'을 최종 채택한다. 또한, 이 객관적인 시뮬레이션 데이터는 투자자들을 설득하는 가장 강력한 근거 자료가 되어 성공적으로 프로젝트 파이낸싱을 이끌어내게 된다.

이처럼 디지털 트윈은 상상 속의 미래 도시를 가상현실 속에서 미리 살아보고 최적의 의사결정을 내리게 하는 강력한 예지 도구이다. 이는 도시부동산 투자가 더 이상 '감'이 아닌 '데이터'와 '시뮬레이션'에 기반한 과학의 영역으로 진입하고 있음을 보여주는 결정적 증거가 된다.

6. AI 기반 도시부동산 프로젝트 금융 의사결정 지원 방법과 가상사례

6.1. AI 기반 의사결정 지원 시스템은 빅데이터 분석, 혁신적 가치평가, 디지털 트윈 시뮬레이션 등 모든 기술을 하나의 유기적인 시스템으로 통합하여, 금융 의사결정자에게 '강화된 지능'을 제공하는 역할을 한다.

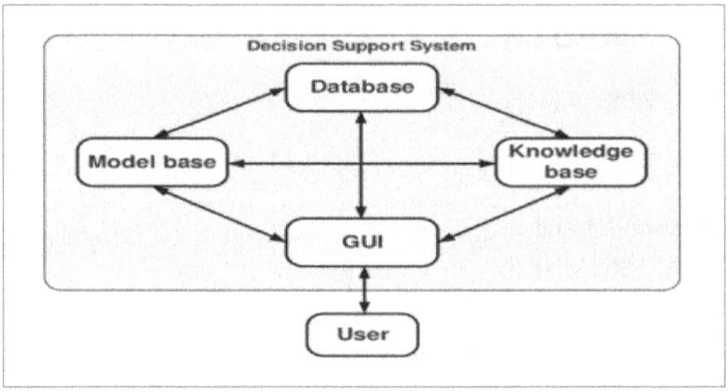

AI-Based Decision Support Systems in Industry 4.0 (https://www.sciencedirect.com)

"위 그림에서 GUI는 '그래픽 사용자 인터페이스(Graphical User Interface)의 약자로, 사용자가 아이콘, 버튼, 메뉴 등 그래픽 요소를 통해 컴퓨터나 디지털 기기와 상호작용할 수 있도록 하는 시각적인 인터페이스를 말한다"

도시부동산 프로젝트 금융(PF)의 의사결정 과정은 마치 한 치 앞을 내다보기 힘든 바다를 항해하는 선장의 역할과 같다. 시장의 흐름을 읽는 경험, 위험을 감수하는 결단력, 그리고 수많은 변수 속에서 최적의 항로를 찾아내는 직관이 성공적인 투자를 이끄는 핵심 역량이었다.

그러나 오늘날의 도시부동산 시장은 예측 불가능한 해류와 갑작스러운 폭풍이 몰아치는 더욱 복잡하고 위험한 바다가 되었다. 이러한 환경에서 인간의 경험과 직관만으로는 더 이상 안전한 항해를 담보할 수 없다. 이제 금융기관들은 인공지능(AI)이라는 최첨단 항해 시스템을 도입하여 인간 의사결정자를 지원하는 새로운 패러다임을 맞이하고 있다.

AI 기반 의사결정 지원 시스템(Decision Support System, DSS)은 단순히 데이터를 분석하고 보고서를 생성하는 수준을 넘어선다. 이는 빅데이터 분석, 혁신적 가치평가, 디지털 트윈 시뮬레이션 등 앞서 논의된 모든 기술을 하나의 유기적인 시스템으로 통합하여, 금융 의사결정자에게 '강화된 지능(Augmented Intelligence)'을 제공하는 역할을 한다. 이 시스템은 프로젝트의 사업계획서가 제출되는 순간부터 작동을 시작한다.

먼저, 시스템은 제출된 사업계획서의 데이터를 기반으로 수백 개의 외부 빅데이터(시장, 정책, 소셜, 환경 등)를 실시간으로 연동하여 사업성의 다각적인 검증을 수행한다. 개발사가 제시한 장밋빛 분양률 전망이 실제 시장의 수요 예측 데이터와 얼마나 일치하는지, 예상 공사 기간이 과거 유사 프로젝트들의 실제 데이터와 비교하여 합리적인지 등을 순식간에 교차 검증한다.

다음으로, 시스템은 해당 프로젝트가 내포한 잠재적 리스크를 종합적으로 식별하고 이를 정량 화한다. 예를 들어, 금리 인상 가능성, 건설 원자재 가격 변동, 예상치 못한 정책 변화 등이 프로젝트 수익률에 미칠 영향을 몬테카를로 시뮬레이션(Monte Carlo Simulation)과 같은 통계적 기법을 통해 수만 번의 가상 시나리오로 실행해 본다. 그 결과, '예상 수익률 10%'라는 단 하나의 점이 아닌, '수익률이 5% 이하일 확률 20%, 15% 이상일 확률 10%'와 같은 확률적 분포를 제시하여 의사결정자가 리스크의 구체적인 모습을 입체적으로 이해하게 돕는다.

궁극적으로 AI 의사결정 지원 시스템은 '대출 승인/거절'이라는 이분법적 결론을 넘어, '리스크를 줄이기 위해 대출한도를 조정해야 한다', '특정 조건의 선분양이 완료되면 금리를 인하해 줄 수 있다' 등과 같은 최적의 대안을 추천한다. 이는 AI가 인간을 대체하는 것이 아니라, 인간이 더 깊고 넓은 통찰력을 바탕으로 현명한 결정을 내릴 수 있도록 지원하는 최고의 파트너가 됨을 의미하는 것이다.

■ **AI 기반 도시부동산 PF 의사결정 지원 시스템(DSS) 유형별 특징 비교**

구분	시장분석 및 사업성 자동검증 시스템	통합 리스크 정량화 시스템	최적 금융구조 추천 시스템
목표	개발사가 제출한 사업계획서의 핵심 지표(분양가, 임대료 등)를 실시간 시장 데이터와 교차 검증하여 사업성의 초기 타당성을 신속하게 진단한다.	시장, 공사, 정책, 환경 등 프로젝트에 내재된 다차원적 리스크를 식별하고, 각 리스크의 발생 확률과 재무적 영향을 구체적인 수치로 정량화한다.	분석된 리스크와 기대수익률을 바탕으로, 해당 프로젝트에 가장 적합한 대출한도(LTV), 금리, 대출 조건(Covenants) 등 최적의 금융 구조를 추천한다.

분석 방법 및 기술	빅데이터 처리 기술, 비교 분석 알고리즘, 이상치 탐지(Anomaly Detection) 기술을 활용하여 데이터의 일관성과 현실성을 자동으로 검증한다.	머신 러닝 기반 예측 모델링, 몬테카를로 시뮬레이션, 시나리오 분석 및 스트레스 테스트(Stress Testing) 기법을 사용하여 리스크의 확률 분포를 도출한다.	최적화 알고리즘, 강화학습(Reinforcement Learning), 리스크-보상 모델링(Risk-Reward Modeling)을 활용하여 주어진 조건 하에서 최적의 해법을 탐색한다.
역할	초기 심사 단계에서 비현실적이거나 오류가 있는 사업계획을 걸러내는 '1차 필터' 역할을 수행하여 금융기관의 심사 자원 낭비를 막고 효율성을 높인다.	추상적인 리스크를 데이터 기반의 '통합 리스크 프로파일'로 전환시켜, 금융사가 프로젝트를 입체적으로 이해하고 합리적인 판단을 내리도록 돕는 '분석 전문가'의 역할을 한다.	단순 승인/거절을 넘어, 리스크를 통제하면서도 거래를 성사시킬 수 있는 데이터 기반의 대안을 제시하는 '전략적 조언자(Strategic Advisor)'의 역할을 한다.
장점	심사 초기 단계의 효율성을 극대화하고, 인간의 주관적 판단을 배제하여 일관된 기준을 적용한다.	리스크에 대한 깊이 있는 이해를 제공하고, 단일 예측이 아닌 확률 기반의 의사결정을 가능하게 한다.	금융사와 사업주 간의 건설적인 협상을 가능하게 하며, 상호 이익이 되는 금융 구조를 설계하는 데 도움을 준다.
단점	제시된 데이터의 검증에 국한되며, 미래의 잠재적 리스크를 예측하거나 대안을 제시하지는 못한다.	방대하고 정제된 데이터를 필요로 하며, 모델이 복잡하여 결과에 대한 해석 및 설명이 중요해진다.	추천안은 모델에 설정된 목표 함수에 기반하므로, 실제 협상 과정의 모든 변수를 반영하지는 못할 수 있다.
도시부동산 활용예시	PF 심사 시스템이 특정 주택개발사업계획서에 제시된 예상 분양가가 AI가 예측한 해당 지역의 실거래가 상한선보다 20% 높다는 점을 자동으로 경고하여 심사역에게 통보한다.	호텔 개발 프로젝트에 대해 1만 번의 시뮬레이션을 실행한 결과, 향후 경기 침체 시 객실 점유율이 원리금 상환을 위협하는 수준 이하로 떨어질 확률이 30%임을 구체적인 수치로 제시한다.	시장 리스크가 높은 프로젝트에 대해, 시스템은 단순 금리 인상 대신 초기 금리는 낮추되 사업 성공 시 은행이 초과이익을 공유하는 조건(Equity Kicker)을 추가하는 구조를 추천한다.

6.2. [가상사례] 프로젝트 오라클: AI가 밝혀낸 물류센터의 숨겨진 리스크

화성에 상온 및 저온 시설 갖춘 다목적 물류센터 생긴다 (https://www.inewspeople.co.kr)

1) **상황**: 2026년 8월, 국내 굴지의 KDB은행(K-Digital Bank) PF(프로젝트 금융)팀은 수도권 남부 지역에 들어설 최첨단 상온 물류센터 '하이퍼-로지스 허브'의 3,000억 원 규모 PF 대출 신청서를 접수한다. 개발사가 제출한 사업계획서는 최근 몇 년간의 폭발적인 이커머스 시장 성장을 근거로 매우 낙관적인 임대료와 100%에 가까운 임차율을 전망하고 있다.

2) 전통적 심사 방식의 잠정 결론

PF팀의 베테랑 심사역은 개발사의 신용도, 제시된 사업 부지의 입지, 그리고 최근 물류센터 시장의 평균적인 임대료 수준을 검토한다. 모든 것이 표면적으로는 양호해 보인다.

검토 항목	개발사 제출 내용	심사역 잠정 평가
예상 임대료	3.3㎡당 월 40,000원	시장 평균 부합, 합리적
예상 임차율 (준공 후 1년)	98%	최근 시장 호황 고려 시, 다소 낙관적이나 가능성 있음
예상 사업수지(IRR)	12%	양호
잠정 결론	'긍정적 검토' 후 대출 승인 추진	

전통적 방식에 따르면, 일부 수치를 조정하더라도 충분히 사업성이 있다고 판단된다. 심사팀의 내부 분위기는 대출 승인 쪽으로 흐른다.

3) AI 의사결정 지원 시스템 '프로젝트 오라클'의 분석

그러나 KDB은행은 최종 결정 전, 모든 PF 심사 건을 AI 의사결정 지원 시스템인 '프로젝트 오라클'을 통해 분석해야 하는 내부 규정이 있다. PF팀은 사업계획서 데이터를 시스템에 입력한다.

■ 1단계: 시장 데이터 교차 검증 및 이상 신호 탐지

'오라클'은 개발사의 자료 뿐만 아니라, 건축 인허가 데이터, 위성사진을 통한 공사 현황 데이터, 주요 이커머스 및 물류 기업들의 실적 발표 자료 등을 종합 분석한다. 그 결과, 해당 프로젝트 부지 반경 20km 내에서 신규 허가된 경쟁 물류센터의 총면적이 향후 2년 내 현재 공급량의 40%에 달한다는 사실을 포착한다. 이는 개발사가 제시한 시장 분석 자료가 간과한 '공급 과잉' 리스크의 강력한 경고 신호이다.

■ 2단계: 다차원 리스크 정량화

시스템은 탐지된 리스크를 구체적인 수치로 변환한다.

- 시장 리스크: 2년 내 공급 과잉이 현실화될 확률을 70%로 예측한다. 이 경우, 예상 임대료는 개발사 제안 대비 15% 하락하고, 안정 임차율 달성 시점은 1년 이상 지연될 것으로 분석한다.(리스크 점수: 8.5/10 - 심각)
- 사업주체 리스크: 개발사의 과거 프로젝트 데이터를 분석하여, 평균 공사 기간이 계획 대비 12% 지연되는 패턴을 발견하고 이를 현금흐름 예측에 반영한다.(리스크 점수: 6.0/10 - 보통)

■ 3단계: 몬테카를로 시뮬레이션(10,000회 수행)

'오라클'은 위 리스크 변수들을 조합하여 10,000개의 미래 시나리오를 시뮬레이션 한다.

- 개발사가 제시한 단일 예상 수익률(IRR): 12%
- '오라클' 시뮬레이션 결과: 평균 IRR 6.5%, IRR이 은행의 최소 요구 수익률인 5% 미만으로 떨어질 확률 35%, 최악의 경우(Worst Case) 채무 불이행(Default)에 이를 확률 8%

■ 4단계: 최종 평가 및 의사결정 추천

시스템의 대시보드는 이 모든 분석 결과를 시각 화하여 보여준다.

- 프로젝트 종합 점수: 48/100(투자 부적격)
- 1차 추천: 대출 거절(Reject)
- 2차 추천(조건부 승인 방안):
  - LTV(담보인정비율) 조정: 대출금을 3,000억 원에서 2,200억 원으로 하향 조정하여 은행의 리스크 노출을 줄일 것을 제안한다.
  - 임차인 유치 조건(Covenant) 추가: 전체 면적의 40% 이상에 대한 '선임차 계약'을 체결하는 조건으로 대출을 집행할 것을 제안한다.
  - 금리 조정: 리스크 프리미엄을 0.7%p 추가하여 금리를 재 산정할 것을 제안한다.

4) 결론 및 시사점: AI의 분석 결과는 심사팀에 큰 충격을 주었다. 인간의 눈으로는 놓치기 쉬웠던 거시적 시장의 공급 리스크를 AI가 명확한 데이터로 증명한 것이다. PF팀은 '오라클'의 추천안을 바탕으로 개발사와 재협상에 들어간다. 개발사는 공급 과잉 리스크에 대한 객관적

데이터를 확인하고, 은행의 조건부 승인 방안 중 '40% 선임차 계약' 조건을 수용한다. 이로써 프로젝트의 가장 큰 리스크가 사전에 통제되었고, 은행은 한층 안전해진 구조로 대출을 승인한다. 2년 후, 실제로 물류센터 공급 과잉이 현실화되었지만, '하이퍼-로지스 허브'는 이미 확보한 선임차 계약 덕분에 안정적으로 사업을 이어가게 된다.

이 사례는 AI 의사결정 지원 시스템이 어떻게 금융기관을 잠재적 부실의 늪에서 구하고, 더 나아가 건전하고 지속가능한 프로젝트를 선별해 내는 '현명한 조언자'의 역할을 수행하는지를 명확히 보여준다.

7. 글로벌 스마트시티 프로젝트에서의 AI 투자금융의 유형과 가상사례

7.1. 스마트시티 금융은 도시 데이터, 네트워크 효과, 알고리즘의 효율성 등 '디지털 자산(Digital Assets)'의 가치를 평가하고 미래의 현금흐름을 창출해야 한다.

스마트시티는 단순히 첨단 기술이 집약된 도시를 의미하는 것을 넘어선다. 그것은 도시 전체가 하나의 거대한 데이터 플랫폼이 되고, 그 위에서 AI가 도시의 혈류인 교통, 에너지, 행정, 복지 등을 최적화하는 살아있는 유기체이다. 이러한 스마트시티 프로젝트에 자본을 투입하는 투자금융은 기존의 부동산 및 인프라 금융과는 근본적으로 다른 접근법을 요구한다.

전통적인 금융이 도로, 항만, 건물 등 눈에 보이는 '물리적 자산(Tangible Assets)'의 가치를 평가하고 수익을 예측했다면, 스마트시티 금융은 도시 데이터, 네트워크 효과, 알고리즘의 효율성 등 눈에 보이지 않는 '디지털 자산(Digital Assets)'의 가치를 평가하고 미래의 현금흐름을 창출해야 하는 과제를 안고 있다. 이 복잡하고 방대한 과제를 해결하는 열쇠가 바로 인공지능(AI)이다.

글로벌 스마트시티 프로젝트에서 AI 투자금융은 크게 세 가지 유형으로 발전하고 있다. 이는 프로젝트의 각기 다른 구성 요소를 대상으로 하며, 가치를 평가하고 수익을 창출하는 방식에서 뚜렷한 차이를 보인다.

■ **글로벌 스마트시티 프로젝트에서 AI 투자금융의 세 가지 유형**

구분	지능형 인프라 금융	도시 데이터 플랫폼 금융	공공-민간-시민 파트너십(PPCP) 금융
목표	AI가 내장된 물리적 인프라의 장기적 운영비용 절감 및 효율 증대 효과를 정밀하게 예측하여 투자의사결정의 객관적 근거를 마련한다.	스마트시티의 데이터 플랫폼이라는 무형자산 위에서 창출될 미래 서비스들의 총체적인 경제적 파급효과를 시뮬레이션하여 플랫폼의 잠재 가치를 평가한다.	시민이 제공하는 데이터의 경제적 가치를 AI로 산출하고, 그 가치를 시민에게 혜택으로 환원하는 지속가능한 금융 모델을 설계한다.
분석 방법 및 기술	디지털 트윈 시뮬레이션, 예측 보전(Predictive Maintenance) 알고리즘, 에너지 소비 모델링, 교통 흐름 최적화 모델을 활용한다.	시스템 다이내믹스 모델링, 에이전트 기반 경제 시뮬레이션, 네트워크 효과 분석, 실물옵션평가(Real Options Valuation) 기법을 사용한다.	데이터 가치평가 모델, 블록체인 기반의 투명한 수익 분배 시스템, 프라이버시 강화 기술(PET), 토큰 이코노미 설계 기술을 적용한다.
역할	스마트 인프라의 높은 초기 투자 비용을 장기적인 운영수익으로 상쇄할 수 있음을 데이터로 증명하여, 전통적 인프라 투자 유치를 용이하게 한다.	도시의 '디지털 인프라'라는 새로운 투자 자산군을 정의하여, 기술 기업 및 벤처 캐피탈 등 새로운 유형의 투자자들을 유치하는 역할을 한다.	스마트시티의 장기적 데이터 확보와 운영에 필수적인 시민의 참여와 신뢰를 구축하는 사회적 계약의 기반을 마련하는 역할을 한다.
장점	투자 대상(물리적 자산)이 명확하고, 다른 유형에 비해 직접적인 투자수익률(ROI) 측정이 비교적 용이하다.	성장 잠재력이 매우 높으며, 스마트시티 생태계의 핵심 가치를 포착할 수 있다.	프로젝트에 대한 시민의 수용성과 참여도를 높이며, 지속가능하고 윤리적인 데이터 생태계를 조성한다.

단점	장기 운영에 대한 예측 모델의 정확도에 수익성이 크게 의존하며, 기술의 빠른 발전으로 인한 진부화 리스크가 존재한다.	수익의 불확실성이 매우 높고, 전통적 방식으로는 가치 평가가 어려우며 투자 회수 기간이 길다.	이해관계자가 많아 실행이 복잡하고, 민감한 개인정보보호 이슈를 다루며, 새로운 법적·제도적 장치가 요구된다.
도시부동산 활용예시	AI 기반의 지능형 빌딩 공조 시스템(HVAC)이 20년간 100억 원의 에너지 비용을 절감할 것을 AI 모델이 예측하고, 이를 근거로 20억 원의 추가 공사비 투입을 정당화한다.	AI 시뮬레이션이 특정 도시의 통합교통서비스(MaaS) 플랫폼이 연간 500억 원의 교통 혼잡 비용을 절감시킬 것으로 예측하고, 투자 펀드는 이 절감 효과의 일부를 수익으로 배분 받는 조건으로 플랫폼 구축 자금을 지원한다.	스마트시티가 익명 화된 에너지 사용 데이터 제공에 동의한 주민에게 '데이터 배당'을 지급한다. AI가 이 데이터를 활용해 도시 전력망을 최적화하고, 여기서 발생한 절감액을 지역 화폐로 주민에게 배당한다.

7.2. [가상사례] 사막의 신기루를 현실로: AI 금융이 건설한 스마트시티 '솔라리스'

삼성물산, 중동판 스마트시티 에너지 인프라 맡는다 | 중앙일보 (https://www.joongang.co.kr)

1) **상황:** 2026년, 한 글로벌 컨소시엄이 중동의 사막 지역에 탄소중립 신재생에너지 기반의 스마트시티 '솔라리스(Solaris)'를 건설하는 500억 달러 규모의 초대형 프로젝트를 발표한다. 하지만 막대한 초기 투자비와 기존에 없던 기술(스마트 그리드, 도시 OS 등)에 대한 불확실성 때문

에 전통적인 금융기관들은 투자를 망설인다. 이때, 혁신 금융 솔루션으로 명성을 얻은 투자은행 '이노베이트 캐피탈'이 AI 기반의 다층적 금융 구조화를 제안한다.

2) AI 기반 다층적 금융 솔루션:

- 1단계: 지능형 인프라 금융 - '스마트 그리드 수익 연계 채권'

  솔라리스의 핵심 인프라는 AI 기반의 지능형 전력망인 '스마트 그리드'이다. 총 투자비는 100억 달러로, 이는 전통적인 전력망 구축 비용보다 20억 달러나 더 비싸다. '이노베이트 캐피탈'의 AI 시뮬레이션 모델은 이 스마트 그리드가 도시의 전력 사용 패턴을 실시간으로 분석하고 예측하여, 향후 20년간 총 50억 달러의 에너지 운영 비용을 절감하고, 잉여 태양광 에너지를 인근 도시에 판매하여 추가로 20억 달러의 수익을 창출할 것임을 예측한다. 은행은 이 예측된 미래 수익(총 70억 달러)을 담보로 '솔라리스 녹색에너지 채권(Green Energy Bond)'을 발행하여, ESG(환경·사회·지배구조) 투자를 선호하는 글로벌 연기금들의 투자를 유치하는 데 성공한다.

- 2단계: 도시 데이터 플랫폼 금융 - '도시 OS 성장 연계 펀드'

  솔라리스의 두뇌 역할을 할 도시 통합 운영 시스템 '솔라리스 OS'의 개발에는 30억 달러가 필요하다. 이 투자금을 유치하기 위해, AI 모델은 '솔라리스 OS'가 도시 내 기업들에게 실시간 교통, 물류, 재고 데이터를 제공함으로써 향후 10년간 총 80억 달러 규모의 신규 경제 가치를 창출할 것임을 시뮬레이션한다. 이를 근거로, '이노베이트 캐피탈'은 '솔라리스 디지털 인프라 펀드'를 조성한다. 이 펀드는 미래에 발생할 데이터 라이선스 수익과 플랫폼 기반 신규 사업의 지분을 공유하는 조건으로, 구글, 아마존과 같은 빅테크 기업들과 기술 전문 벤처캐피탈의 투자를 이끌어낸다.

- 3단계: PPC-P 금융 - '시민 데이터 배당 프로그램'

  자율주행 셔틀, 원격 진료 등 최첨단 공공 서비스를 위해서는 시민들의 익명화된 이동 및 건강 데이터가 필수적이다. '이노베이트 캐피탈'은 AI 알고리즘을 통해 시민 1인당 제공하는 데이터의 연간 경제적 가치가 평균 400달러에 달한다고 산출한다. 솔라리스는 '데이터 제공 동의 프로그램'을 만들어, 참여하는 시민에게는 이 가치를 기반으로 **매년 400달러 상당의 공공요금 할인 또는 지역 내에서만 사용 가능한 '솔라-코인'**을 지급한다. 이는 시민들의 자발적인 데이터 제공을 유도하고, 공공 서비스 운영 재원을 확보하는 동시에 지역 경제를 활성화하는 1석 3조의 효과를 낳는다.

3) 결론 및 시사점: '이노베이트 캐피탈'은 AI 기반의 다층적 금융 기법을 통해, 단일 방식으로는 불가능했던 500억 달러의 자금 조달을 성공적으로 완수한다. 안정성을 추구하는 연기금부터 고위험-고수익을 노리는 벤처캐피탈, 그리고 도시의 주인인 시민에 이르기까지 각기 다른 투자 주체들을 스마트시티라는 거대한 비전 아래 하나로 묶어낸 것이다. 이 사례는 미래 스마트시티의 건설이 단순히 기술의 혁신에만 달려있는 것이 아니라, 그 가치를 정확히 평가하고 지속가능한 금융 구조를 설계하는 AI의 역할에 달려있음을 명확히 보여준다.

제2장

금융을 일으키는 힘, AI 기반 자금조달 전략

1. AI 기반 도시부동산 사업 타당성 리포트를 통한 금융기관의 신뢰도 확보와 가상사례

1.1. AI 기반 사업 타당성 보고서는 '증명'의 역할을 수행하는 새로운 표준이다. 이는 살아있는 데이터와 수만 번의 시뮬레이션으로 무장한 동적인 분석 플랫폼에 가깝다.

부동산 개발 프로젝트가 금융기관의 문을 두드릴 때, 가장 중요한 서류는 단연 사업 타당성 보고서이다. 전통적인 보고서는 개발사의 비전과 시장에 대한 긍정적 전망을 담아 금융기관을 '설득'하는 데 초점을 맞추었다. 이는 마치 잘 쓰인 한 편의 논설문과 같다. 논리적이고 타당해 보이지만, 그 근거는 과거의 특정 데이터를 선택적으로 해석하거나, 전문가의 주관적 의견에 크게 의존하는 경향이 있었다. 그러나 AI 시대의 금융기관은 더 이상 아름다운 청사진이나 설득의 논리에만 의존하지 않는다. 그들은 냉철한 데이터와 확률적 검증을 통해 프로젝트의 성공 가능성을 '증명'할 것을 요구한다.

AI 기반 사업 타당성 보고서는 바로 이 '증명'의 역할을 수행하는 새로운 표준이다. 이는 단순한 문서가 아니라, 살아있는 데이터와 수만 번의 시뮬레이션으로 무장한 동적인 분석 플랫폼에 가깝다.

■ **AI 기반 사업 타당성 보고서의 금융기관 신뢰도 확보 방안별 목표, 분석방법 및 기술, 역할, 장단점, 도시부동산 활용예시**

구분	데이터 기반 객관성 확보	동적 시장 예측	리스크의 확률적 시뮬레이션	설명가능 AI(XAI)를 통한 투명성
목표	개발사의 주관적 기대를 배제하고, 포괄적이고 검증된 데이터를 기반으로 사업 타당성의 객관적 토대를 마련하여 분석의 신뢰도를 근본적으로 높인다.	과거 데이터 분석을 넘어, 다양한 선행지표를 활용하여 미래 시장의 수요, 가격, 트렌드 변화를 정량적으로 예측하고 프로젝트의 미래 성장성을 입증한다.	'시장 침체'와 같은 추상적 리스크를 '수익률 5% 하락 확률 20%'와 같이 구체적인 확률과 재무적 영향으로 정량 화하여 프로젝트의 재무적 안정성을 증명한다.	AI의 분석 과정과 결론 도출의 핵심 근거를 명확히 제시하여 '블랙박스' 문제를 해결하고, AI가 내린 결론에 대한 금융기관의 최종적인 신뢰를 확보한다.
분석 방법 및 기술	빅데이터 통합 플랫폼, 데이터 정제(Data Cleansing) 알고리즘, 데이터 교차 검증 시스템을 활용하여 데이터의 편향성과 오류를 최소화한다.	머신러닝 시계열 예측 모델(LSTM 등), 소셜·유동인구 등 대안 데이터 분석, 예측 분석(Predictive Analytics) 기술을 적용한다.	몬테카를로 시뮬레이션, 시나리오 분석, 스트레스 테스트, VaR(Value at Risk) 모델링 기법을 활용하여 수만 개의 가능한 미래 시나리오를 검증한다.	LIME, SHAP과 같은 XAI(Explainable AI) 기술, 변수 중요도(Feature Importance) 분석 기법을 적용하여 AI의 판단 과정을 시각화하고 해석한다.
역할	선별된 데이터가 아닌, 전체 데이터를 기반으로 분석했음을 보여줌으로써 금융기관과의 초기 신뢰를 형성하는 '신뢰의 주춧돌' 역할을 수행한다.	금융기관이 과거가 아닌 미래 잠재력에 기반하여 프로젝트를 평가하도록 설득하는 '미래 예측 나침반' 역할을 하여 잠재력 높은 사업의 가치를 부각시킨다.	금융기관의 최대 관심사인 '손실 위험'에 대해 통계적 데이터로 답변함으로써, 투자의 안정성을 증명하는 '재무적 안전망' 역할을 한다.	복잡한 AI 기술과 인간 의사결정자 사이의 간극을 메우는 '통역가' 역할을 수행하여, AI의 판단 근거를 논리적으로 설명하고 최종적인 의사결정을 돕는다.
장점	분석 결과의 신뢰도가 매우 높으며, 모든 후속 분석의 단단한 기초가 된다.	전통적 분석으로는 발견할 수 없는 잠재력 높은 기회를 발굴할 수 있다.	리스크 관리를 중시하는 금융기관의 신뢰를 얻는 데 가장 효과적이며, 리스크 완화 전략 수립의 근거가 된다.	AI의 결론이 단순한 '기계의 추측'으로 치부되는 것을 방지하고, 건설적인 논의를 가능하게 한다.

단점	데이터 수집 및 정제, 인프라 구축에 상당한 초기 비용이 발생한다.	모든 예측은 확률에 기반하므로, 일정 수준의 오차와 불확실성을 내포한다.	시뮬레이션 결과의 품질이 입력되는 변수와 가정의 정확성에 크게 좌우된다.	기술적 구현이 복잡하고, 때로는 모델의 예측 정확도와 설명가능성 간에 상충 관계가 발생할 수 있다.
도시부동산 활용예시	주택사업 타당성 보고서에 성공적인 분양 사례 뿐만 아니라, 해당 지역의 모든 미분양 및 할인 분양 데이터까지 포함하여 시장을 객관적으로 분석한다.	특정 업무지구 내 스타트 업에 대한 벤처캐피탈 투자액이 50% 증가한 것을 선행지표로 삼아, 향후 3년 내 해당 지역의 오피스 임대료가 15% 상승할 것을 예측한다.	공사비가 20% 급등하는 최악의 시나리오에서도, 프로젝트의 총수익률이 은행의 최소 요구 수익률을 상회할 확률이 98%임을 시뮬레이션으로 증명한다.	AI가 특정 부지의 가치를 높게 평가하며, 그 근거로 '신규 R&D 센터와의 접근성(60%)', '주변 거주민의 높은 교육 수준(30%)'이 순서대로 가장 큰 영향을 미쳤음을 명시적으로 설명한다.

이러한 AI 보고서는 개발사와 금융기관 사이의 정보 비대칭성을 해소하고, 공통의 데이터 언어로 소통하게 하는 신뢰의 다리 역할을 수행한다. 이는 더 이상 '믿어 달라'고 호소하는 것이 아니라, '데이터가 이렇게 증명한다'고 당당히 보여주는 새로운 방식의 소통이다.

1.2. [가상사례] AI 보고서 한 권이 되살린 '프로젝트 위브(Weave)'

가산동 준공업지역 '산업+주거+문화' 복합도시 탈바꿈 - 머니투데이 (https://news.mt.co.kr)

1) **상황**: 2025년, 혁신적인 디자인을 추구하는 중견 개발사 '어반 캔버스'는 서울의 한 낙후된 준공업지역을 주거, 상업, 문화가 어우러진 복합 공간 '더 위브(The Weave)'로 개발하는 프로젝트를 추진한다. 총사업비 2,500억 원 중 1,500억 원의 PF 대출을 보수적인 성향의 KIB은행에 신청한다.

2) 전통적 심사에 기반한 은행의 1차 검토 의견

KIB은행 PF 심사팀은 전통적인 기준에 따라 사업성을 검토한다.

검토 항목	심사팀 1차 의견
과거 10년 지가 상승률	연평균 1.5%(서울 평균 하회)
주변 대규모 개발 호재	전무
기존 배후 수요	부족, 인근 지역 노후화
전통적 분석 결론	리스크 과다, 대출 부적격

심사팀의 1차 결론은 명백한 '대출 불가'였다. 과거 데이터상 해당 지역은 아무런 투자 매력이 없었으며, 개발사의 청사진은 현실성 없는 꿈처럼 보였다. 프로젝트는 좌초될 위기에 처한다.

3) '어반 캔버스'의 AI 사업 타당성 보고서 제출

궁지에 몰린 '어반 캔버스'는 외부 전문기관과 협력하여 제작한 AI 기반 사업 타당성 보고서를 KIB은행에 추가로 제출한다. 보고서는 다음과 같이 구성된다.

- 제1장: 잠재력 분석 - '젠트리피케이션 잠재 지수'

  보고서는 과거 지가 대신, AI가 분석한 '젠트리피케이션 잠재 지수'를 8.5/10점으로 제시한다. 그 근거로, 지난 1년간 해당 지역 관련 소셜미디어에서 '공방', '갤러리', '독립서점' 키워드 언급량이 420%

증가했으며, 주말 유동인구 중 강남, 서초 등 고소득 지역에서 유입된 인구가 60% 급증했음을 데이터로 증명한다. 이는 공식 통계에는 잡히지 않는 '문화적 지형의 변화'가 이미 시작되었음을 의미한다.

■ 제2장: 예측 수익 분석 - 설명가능 AI(XAI) 활용

AI 모델은 '더 위브'의 상업시설이 준공 후 5년간 연평균 6%의 임대료 상승을 보일 것이라 예측한다. XAI 기능은 그 이유를 다음과 같이 설명한다. "예측된 임대료 상승의 70%는, 반경 3km 내 급증하는 1인 크리에이터 및 소규모 디자인 스튜디오들의 '소규모 특화 업무공간' 수요를 '더 위브'가 독점적으로 충족시키기 때문임." 이는 막연한 기대가 아닌, 구체적인 수요층 분석에 기반한 예측임을 보여준다.

■ 제3장: 확률적 리스크 분석 - 몬테카를로 시뮬레이션

은행이 가장 우려했던 시장 침체 리스크에 대해, 보고서는 10,000회의 시뮬레이션 결과를 제시한다. 그 결과, 한국 경제가 2년간 마이너스 성장을 하는 최악의 시나리오(하위 5% 확률)에서도, '더 위브'의 부채상환계수(DSCR)는 1.15로 은행의 마지노선인 1.1을 상회하는 것으로 나타난다. 즉, 프로젝트의 재무적 안정성이 매우 높음을 확률적으로 증명한 것이다.

4) **결론 및 시사점:** AI 보고서를 검토한 KIB은행 심사팀의 분위기는 180도 바뀐다. 과거 데이터라는 '백미러'만 보고 내렸던 비관적 판단이, 미래 예측 데이터라는 '전방 레이더'를 통해 얼마나 편협했는지를 깨닫게 된 것이다. 특히, 리스크를 구체적인 확률로 제시한 부분은 리스크 위원회를 설득하는 결정적 근거가 되었다. KIB은행은 최종적으

로 '더 위브' 프로젝트에 대한 1,500억 원의 PF 대출을 승인한다. AI 보고서가 제공한 데이터 기반의 '증명'이 금융기관의 견고했던 불신의 벽을 허물고, 혁신적인 프로젝트에 생명을 불어넣은 것이다.

이 사례는 미래의 부동산 금융에서 신뢰가 어떻게 구축되는지를 명확히 보여준다. 그것은 더 이상 화려한 언변이나 인간적 관계가 아닌, AI를 통해 객관적으로 검증되고 투명하게 제시되는 데이터 그 자체에서 비롯될 것이다.

2. 도시부동산 프로젝트의 특성에 맞는 최적의 AI 기반 자금조달 구조(대출, 지분투자)의 설계와 가상사례

2.1. AI 기반 자금조달 구조 설계의 핵심은 '위험과 자본의 최적 매칭(Optimal Risk-Capital Matching)'이다.

모든 도시부동산 프로젝트는 저마다 고유한 유전자(DNA)를 가지고 있다. 안정적인 임대수익을 창출하는 도심의 오피스 빌딩과, 높은 리스크를 감수하지만 성공 시 막대한 자본 이익을 안겨주는 신기술 기반의 R&D 허브는 근본적으로 다른 금융 전략을 요구한다. 그러나 전통적인 프로젝트 금융은 종종 모든 프로젝트에 '대출 60%, 지분투자 40%'와 같은 기성복처럼 표준화된 자금조달 구조를 적용해왔다. 이는 안정적인 프로젝트에는 너무 높은 자본비용을, 혁신적인 프로젝트에는 필요한 자금을 공급하지 못하는 비효율을 낳았다.

이제 AI는 각 프로젝트의 고유한 DNA를 정밀하게 분석하여, 마치 맞춤 정장을 제작하듯 최적의 자금조달 구조를 설계하는 '금융 건축가(Financial Architect)'의 역할을 수행한다.

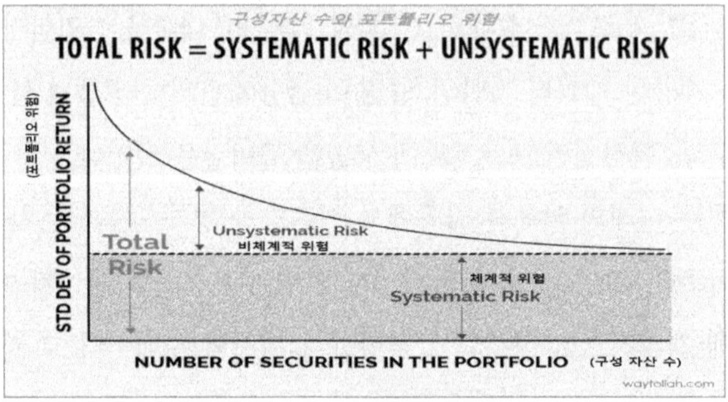

[재테크와 금융투자] ④ 금융경제학 이론 II : 위험과 수익률 (https://www.waytoliah.com)

AI 기반 자금조달 구조 설계의 핵심은 '위험과 자본의 최적 매칭(Optimal Risk-Capital Matching)'이다. AI는 먼저 프로젝트를 단일한 덩어리가 아닌, 다양한 위험과 수익 특성을 가진 구성 요소들의 집합체로 분해한다. 예를 들어, 하나의 복합개발 프로젝트 안에서도 저층부의 리테일 상가는 안정적인 임대수익을, 고층부의 호텔은 경기 변동에 민감한 운영수익을, 그리고 주거시설은 분양 실적에 따른 자본 이익을 창출하는 등 각기 다른 현금흐름 특성을 보인다. AI는 이러한 각 구성 요소의 리스크 프로파일을 빅데이터 분석을 통해 정량적으로 평가한다.

다음, AI는 각 리스크 프로파일에 가장 적합한 자본의 종류와 투자자를 연결한다. 안정적인 현금흐름이 발생하는 부분은 낮은 금리의 선순위 담보대출(Senior Debt)을 제공할 은행이나 보험사를, 분양 성공 시 높은 수익을 얻지만 리스크도 큰 부분은 공격적인 지분투자자(Equity Investor)나 벤처캐피탈을 매칭하는 방식이다. AI는 수천, 수만 번의 시뮬레이션을 통해 다양한 자본 구성 비율(대출, 후순위채, 전환사채, 우선주, 보통주 등)이 프로젝트의 전체 자본비용(WACC: 가중평균자본비용)과 수익률, 그리고 안정성에 미치는 영향을 분석한다. 이 과정을 통해 프로젝트의 총자본비용을 최소화하고, 투자자들의 위험 선호도에 부합하는 맞춤형 '자본 포트폴리오(Capital Portfolio)'를 설계하여 제시하는 것이다. 이는 자금 조달의 성공 가능성을 높일 뿐만 아니라, 프로젝트의 전체 수익성을 극대화하는 혁신적인 방법론이다.

■ **AI 기반 자금조달 구조 설계 프로세스 단계별 목표, 분석방법 및 기술, 역할, 장단점, 도시부동산 활용예시**

구분	1단계: 프로젝트 DNA 분해 및 리스크 평가	2단계: 최적 자본 포트폴리오 시뮬레이션	3단계: 투자자 매칭 및 조건 최적화
목표	복합적인 프로젝트를 핵심 구성요소(상업, 주거, 오피스 등)로 분해하고, 각 요소의 고유한 리스크와 현금흐름 특성을 정량적으로 평가한다.	프로젝트의 재무 안정성을 유지하면서, 전체 자본비용(WACC)을 최소화하는 최적의 자본(대출, 지분 등) 배합 비율과 구조를 탐색한다.	설계된 자본 구조의 각 계층(선순위, 중 순위, 지분 등)에 가장 적합한 성향의 투자자를 식별하여 연결하고, 최적의 투자 조건을 제안한다.
분석 방법 및 기술	빅데이터 분석, 머신 러닝 기반 현금흐름 예측, 리스크 스코어링(Risk Scoring) 알고리즘, 개별자산가치 평가(Sum-of-the-parts Valuation)를 사용한다.	몬테카를로 시뮬레이션, 유전 알고리즘 등 최적화 알고리즘, 가중평균자본비용(WACC) 모델링, 재무안정성 스트레스 테스트를 활용한다.	투자자 데이터베이스 분석, 머신 러닝 기반 추천 엔진(Recommendation Engine), 투자자 행동패턴 예측 분석을 적용한다.
역할	프로젝트에 대한 정밀하고 객관적인 '금융 진단서'를 작성하여, 모든 자금조달 구조 설계의 기초를 마련하는 '금융 진단 전문가' 역할을 수행한다.	프로젝트를 위한 가장 효율적이고 안정적인 '금융 설계도'를 그리는 '금융 건축가(Financial Architect)' 역할을 하여 수익성을 극대화한다.	프로젝트와 최적의 자본 파트너를 연결하여, 자금 조달 성공 확률을 높이는 '거래 주선자(Deal Maker)' 역할을 한다.
장점	프로젝트 내 숨겨진 리스크와 기회를 발견하고, 거시적 관점을 넘어 미시적 이해를 가능하게 한다.	자본 조달 비용을 최소화하여 프로젝트 수익성을 극대화하고, 자금 구조에 대한 데이터 기반의 명확한 논리를 제공한다.	자금 조달에 걸리는 시간을 단축시키고, 프로젝트에 유리한 조건으로 투자를 유치할 가능성을 높인다.
단점	매우 상세한 수준의 프로젝트 데이터를 요구하며, 구성요소로 분해하는 과정이 복잡할 수 있다.	시뮬레이션 결과가 금리, 시장 상황 등 핵심 가정에 민감하게 반응한다.	활용하는 투자자 데이터베이스의 품질과 최신성에 결과가 크게 의존한다.

도시부동산 활용예시	복합개발사업 분석 시, AI가 장기 임대 기반의 안정적인 상업시설과 분양 실적 기반의 변동성 큰 주거시설을 분리하여 각각 다른 리스크 등급(상업 3등급, 주거 7등급)을 부여한다.	AI가 5만 번의 시뮬레이션을 통해, 일반적인 60:40(대출: 지분) 구조보다 55:45 구조에서 대출을 두 단계(선순위/중 순위)로 나누는 것이 WACC를 1.5%p 낮추는 최적의 방안임을 도출한다.	기술 중심 개발사업의 고위험 지분 투자 유치를 위해, AI가 프롭테크(PropTech) 분야 투자 이력이 있고 최근 신규 펀드를 결성한 특정 벤처캐피털 3곳을 최적의 투자 파트너로 추천한다.

2.2. [가상사례] AI 금융 건축가가 설계한 '바이오-헬스 이노베이션 허브'

포항의 미래 '바이오헬스산업'에 달렸다 (https://www.polinews.co.kr)

1) **상황**: 2026년, 한 개발사는 총사업비 2,000억 원 규모의 '바이오-헬스 이노베이션 허브' 프로젝트를 추진한다. 이 프로젝트는 국내에 유사 사례가 없는 신개념 복합단지로, ① 첨단 R&D 연구시설, ② 전문 클리닉 및 병원, ③ 연구원들을 위한 단기 체류형 주거시설이라는 세 가지 다른 성격의 공간으로 구성된다.

2) 전통적 자금조달 방식의 난관

개발사는 전통적인 방식에 따라 총사업비의 60%인 1,200억 원을 은행 대출로, 나머지 40%인 800억 원을 지분투자로 조달하려 한다. 그러나 난관에 부딪힌다.

- 은행(대출 투자자): R&D 시설의 성공 불확실성과 전체 프로젝트의 높은 변동성을 이유로 대출 심사를 주저하며, 높은 수준의 금리와 담보를 요구한다.
- 기관투자자(지분 투자자): 안정적인 병원 임대수익만으로는 기대수익률을 맞추기 어렵고, R&D 시설의 리스크가 너무 크다고 판단하여 투자 결정을 보류한다.

프로젝트는 자금 조달의 불확실성으로 인해 좌초될 위기에 처한다.

3) AI 기반 최적 자금조달 구조 설계

개발사는 AI 금융 컨설팅사의 자문을 받아, '캐피탈 아키텍트 AI' 솔루션을 통해 프로젝트의 자금조달 구조를 재설계한다.

■ 1단계: 프로젝트 DNA 분해 및 리스크 평가

AI는 프로젝트를 세 가지 구성요소로 분해하고, 각각의 리스크와 현금흐름 특성을 정량적으로 분석한다.

- 전문 클리닉/병원: 대형 의료법인과의 장기 임대 계약으로 매우 안정적이고 예측 가능한 현금흐름.(리스크: 낮음)
- 단기 체류형 주거시설: 주변 R&D 단지 수요 기반으로 비교적 안정적인 임대수익.(리스크: 중하)
- R&D 연구시설: 바이오 스타트 업의 성공 여부에 따라 현금흐름 변동성이 매우 크지만, 성공 시 막대한 자산가치 상승 기대.(리스크: 높음)

■ 2단계: 최적 자본 포트폴리오 시뮬레이션

AI는 각 구성요소의 리스크에 맞는 자본을 계층적으로 쌓는 '하이브리드' 금융 구조를 설계하고, 전체 자본비용(WACC)을 시뮬레이션 한다.

자금조달 구조	전통적 방식	AI 최적화 방식
선순위 대출 (Senior Debt)	1,200억(60%) @ 7.0%	800억(40%) @ 5.0% (안정적인 병원 자산만 담보)
중순위 메자닌 (Mezzanine)	-	300억(15%) @ 8.0% (주거시설 수익을 담보)
지분 투자 (Equity)	800억(40%)	900억(45%) (개발사 300억 + 바이오 전문 VC 600억)
가중평균자본비용 (WACC)	9.2%	7.6%

AI의 설계는 명확했다. 프로젝트 전체를 하나로 묶어 높은 리스크의 대출을 받는 대신, 가장 안정적인 자산(병원)을 담보로 낮은 금리의 선순위 대출을 받고, 중간 리스크 자산(주거시설)은 중금리의 메자닌 대출을, 가장 높은 리스크와 수익률을 가진 R&D 시설은 바이오 기술에 이해도가 높은 벤처 캐피탈(VC)의 지분투자를 유치하는 것이 최적의 방안임을 제시한다.

- 3단계: 투자자 매칭

AI는 글로벌 투자자 데이터베이스를 분석하여, 최근 3년간 바이오 스타트업 및 헬스케어 부동산에 투자한 이력이 있는 벤처캐피털 10곳과, 의료시설 전문 대출 상품을 취급하는 금융기관 5곳의 리스트를 최적의 파트너 후보로 추천한다.

4) 결론 및 시사점: 개발사는 AI가 설계한 정교한 자금조달 계획서와 추천 투자자 리스트를 바탕으로 투자 유치에 나선다. 은행은 담보물이 우량 자산으로 한정되어 리스크가 줄자 낮은 금리에 선순위 대출을 승인한다. 바이오 전문 VC는 R&D 시설의 높은 성장 잠재력을 보고 공격적인 지분투자를 결정한다. 결과적으로 프로젝트는 성공적으로 2,000억 원의 자금을 조달하게 된다. AI가 프로젝트의 복잡한 DNA를 해체

하고, 각 부분에 맞는 최적의 금융 솔루션을 연결해 줌으로써 불가능해 보였던 프로젝트에 생명을 불어넣은 것이다. 또한, 낮아진 자본비용(WACC) 덕분에 프로젝트의 최종 수익률은 기존 예상보다 훨씬 높아지게 되었다.

3. 도시부동산 투자자의 성향(위험 선호도)분석을 통한 맞춤형 투자 상품 제안과 가상사례

3.1. 이제 AI는 투자자의 거래 내역, 관심사, 온라인 활동 등 행동 데이터를 종합적으로 분석하여, 세상에 단 하나뿐인 그 사람만을 위한 맞춤형 투자 여정을 설계하는 '금융 큐레이터(Financial Curator)'로 진화하고 있다

전통적인 금융 투자 상담은 마치 여행사가 '예술 애호가를 위한 파리 5일'이나 '모험가를 위한 알프스 트레킹'과 같은 기성 패키지 상품을 제안하는 것과 유사했다. 투자자는 '안정 추구형', '공격 투자형' 등 몇 가지 단순한 유형으로 분류되고, 그에 맞는 표준화된 상품 포트폴리오를 추천 받았다. 그러나 이러한 방식은 투자자의 다면적인 욕구와 숨겨진 선호를 온전히 담아내지 못하는 한계를 가진다.

이제 AI는 투자자의 거래 내역, 관심사, 온라인 활동 등 행동 데이터를 종합적으로 분석하여, 세상에 단 하나뿐인 그 사람만을 위한 맞춤형 투자 여정을 설계하는 '금융 큐레이터(Financial Curator)'로 진화하고 있다.

AI 기반 투자자 성향 분석의 핵심은 설문지에 드러난 '스스로 생각하는 모습(Self-perceived Profile)'을 넘어, 실제 데이터에 기반한 '객관적인 모습(Data-driven Profile)'을 발견하는 데 있다. AI는 먼저 투자자의 과거 투자 이력, 특정 금융 뉴스나 부동산 매물에 대한 관심도, 나아가 관련 소셜미디어 활동과 같은 비정형 행동 데이터를 수집하고 분석한다. 이를 통해 투자자 본인조차 인지하지 못했던 잠재된 투자 선호나 실제 위험 감수 수준을 파악한다.

다음으로, AI는 머신 러닝의 군집 분석(Clustering)과 같은 기법을 사용하여 수만 명의 투자자들을 기존보다 훨씬 세분화된 '마이크로 그룹(Micro-Segments)'으로 재 분류한다. 예를 들어, 단순히 '안정 추구형'으로 묶이는 대신 '은퇴 후 월 현금흐름을 중시하는 레거시 빌더', '자녀 교육 특화 지역에 관심이 많은 장기 성장 추구형', 'ESG 및 친환경 가치에 투자하는 임팩트 투자자' 등 훨씬 구체적이고 다 차원적인 투자자 페르소나(Persona)를 정의한다.

마지막으로, AI는 이렇게 정의된 개별 투자자 페르소나에 맞춰, 마치 넷플릭스가 개인의 시청 기록을 기반으로 영화를 추천하듯, 수많은 부동산 투자 상품(프로젝트의 특정 지분, 리츠, 수익증권 등) 중에서 가장 적합한 맞춤형 포트폴리오를 구성하여 제안한다. 이는 투자 상품을 투자자에게 일방적으로 제시하던 방식에서 벗어나, 투자자 개개인의 금융 DNA에 상품을 완벽하게 맞추는 진정한 개인화 금융의 시작이다.

■ **도시부동산 투자자의 성향(위험 선호도)분석을 통한 맞춤형 투자 상품 제안 프로세스의 단계별 목표, 분석대상 및 기술, 결과물**

단계	목표	분석 대상 및 기술	결과물
1단계: 데이터 수집 및 통합	투자자에 대한 명시적(자기 보고) 정보와 암묵적(행동) 정보를 포괄적으로 수집하여 360도 통합 데이터베이스를 구축한다.	분석 대상: KYC(고객확인) 정보, 설문조사, 자산/거래 이력, 웹/앱 로그 데이터, 소셜미디어 활동 데이터. 활용 기술: 데이터 통합 API, 고객관계관리(CRM) 시스템, 웹 크롤링 및 스크레이핑 기술을 활용한다.	개별 투자자의 모든 정형·비정형 정보가 통합된 원시 데이터셋(Raw Dataset)이 생성된다.

2단계: 행동 기반 투자자 프로파일링	단순한 위험 등급을 넘어, 데이터에 기반한 다차원적인 투자자 페르소나(Persona)를 정의하여 투자자의 숨겨진 니즈까지 파악한다.	분석 대상: 1단계에서 구축된 통합 데이터셋. 활용 기술: 머신 러닝 군집 분석(Clustering), 자연어 처리(NLP), 예측 분석 모델을 통해 숨겨진 투자 성향과 선호를 발견한다.	'가치/임팩트 투자 추구형'과 같이 구체적으로 정의된 페르소나와 함께, 정량화된 위험 점수, 관심 투자 테마, 선호 현금흐름 등의 상세 프로파일이 도출된다.
3단계: 투자 상품-투자자 매칭	수많은 투자 상품 풀(Pool) 내에서 해당 투자자의 고유 프로파일에 가장 적합한 상품들을 필터링하여 개인화된 추천 후보군을 압축한다.	분석 대상: 2단계에서 도출된 투자자 프로파일과, 리스크/수익률/테마 등의 속성 데이터가 태깅(Tagging)된 투자 상품 데이터베이스. 활용 기술: 협업 필터링 또는 콘텐츠 기반의 추천 엔진, 최적화 알고리즘을 사용하여 최적의 매칭 조합을 탐색한다.	투자자 프로파일과의 적합도 점수가 부여된 추천 투자 상품 리스트(Shortlist)가 생성된다.
4단계: 맞춤형 포트폴리오 설계 및 제안	선별된 상품들을 최적의 비율로 조합하여 최종 포트폴리오를 구성하고, 그 제안의 근거를 데이터 기반으로 명확하게 설명하여 제시한다.	분석 대상: 3단계의 추천 상품 리스트와 투자자의 전체적인 재무 목표(총자산, 목표 수익률 등). 활용 기술: 현대 포트폴리오 이론(MPT) 기반의 자산배분 최적화 툴, 보고서 자동 생성(Automated Reporting), 데이터 시각화 대시보드를 활용한다.	최종 추천 포트폴리오, 예상 수익률 및 위험 분석, 그리고 각 상품을 추천한 AI의 논리적 근거가 포함된 개인화 투자제안서가 완성된다.

■ 도시부동산 투자자의 성향(위험 선호도)분석을 통한 맞춤형 투자 상품 유형별 목표, 분석방법 및 기술, 역할, 장단점, 도시부동산 활용예시

구분	안정적 현금흐름 추구형	장기 자산가치 성장 추구형	고위험-고수익 기회 추구형	가치/임팩트 투자 추구형
목표	원금 손실 위험을 최소화하면서, 매월 또는 매분기 예측가능한 안정적인 현금흐름(Income)을 제공하여 은퇴 후 생활 등을 보장하는 것을 목표로 한다.	당장의 현금흐름보다는 장기적인 자산가치 상승(Capital Appreciation)을 통한 총수익률 극대화를 목표로 하며, 인플레이션 헤지(Hedge)를 추구한다.	높은 위험을 감수하더라도, 단기간에 높은 자본이익을 얻을 수 있는 기회에 집중 투자하여 자산을 공격적으로 증식시키는 것을 목표로 한다.	재무적 수익률과 더불어, 긍정적인 사회적·환경적 영향(Impact)을 창출하고 개인의 가치관을 실현하는 것을 투자 목표로 삼는다.
분석 방법 및 기술	신용 이력, 소득 안정성, 저위험 자산 선호도 데이터를 분석하고, 우량 임차인과 장기 임대 계약이 체결된 자산을 매칭하는 알고리즘을 사용한다.	과거 성장주 투자 이력, 도시 개발 뉴스에 대한 관심도, 장기 투자 성향 등을 행동 데이터로 분석하고, 가치 상승이 예상되는 개발 지역의 자산을 추천한다.	벤처 캐피탈 투자 경험, 잦은 거래 내역, 손실 감수 성향 등 행동 데이터를 분석하고, 초기 단계 개발사업이나 가치부가(Value-add) 전략의 자산을 매칭한다.	ESG 펀드 투자 내역, 사회적 기부 활동, 지속가능성 관련 소셜미디어 활동 등을 분석하고, 친환경 인증 건물이나 사회적 가치가 높은 도시재생 프로젝트를 추천한다.
역할	안정적인 월소득을 창출하는 포트폴리오를 구성하여 '금융 연금 설계자'의 역할을 수행하며, 투자자의 재무적 안정성을 최우선으로 고려한다.	미래 성장 잠재력이 높은 자산을 발굴하고, 장기적 관점에서 부의 증식을 돕는 '미래가치 탐색가(Future Value Scout)' 역할을 한다.	공격적인 자본을 혁신적인 고위험 프로젝트와 연결하여 시장의 비효율성을 파고드는 '부동산 벤처 투자자'의 역할을 수행한다.	투자자의 자본을 그들의 가치관과 연결시키고, 재무적 성과와 사회적 책임을 동시에 달성하도록 돕는 '지속가능 금융 큐레이터' 역할을 한다.
장점	안정성이 매우 높고 변동성이 낮아, 위험 회피적 투자자에게 가장 적합하다.	장기적으로 높은 자산 증식 가능성을 가지며, 성공 시 큰 부를 창출할 수 있다.	모든 유형 중 가장 높은 기대수익률을 가지며, 단기간 내 높은 수익 창출이 가능하다.	비재무적 만족감을 제공하며, 특정 가치를 공유하는 충성도 높은 투자자들을 유치할 수 있다.

단점	자본이익(Capital Gain) 기대치가 낮고, 인플레이션 위험에 노출될 수 있다.	장 변동에 영향을 받으며, 장기적인 투자 인내심이 필요하고 유동성이 낮을 수 있다.	원금 손실의 위험이 가장 크며, 투자 대상에 대한 높은 수준의 이해도가 요구된다.	사회·환경적 임팩트를 정량적으로 측정하기 어렵고, 때로는 재무적 수익률의 일부를 포기해야 할 수도 있다.
도시부동산 활용예시	정부기관이나 대기업이 20년 이상 장기 임차한 오피스 빌딩의 선순위 대출채권에 투자하여, 연 5%의 고정적인 이자수익을 얻는 상품을 제안한다.	5년 후 신규 지하철 노선 개통이 예정된 지역의 주거 개발 프로젝트 지분에 투자하여, 장기 시세차익을 추구하는 상품을 제안한다.	낙후된 공장을 복합문화공간으로 재개발하는 프로젝트의 보통 주 지분에 투자하여, 성공 시 30% 이상의 내부수익률(IRR)을 목표로 하는 상품을 제안한다.	노후 저소득층 주택을 에너지 효율적인 친환경 주택으로 리모델링하는 도시재생 펀드에 투자하여, 사회적 기여와 함께 안정적인 수익을 추구하는 상품을 제안한다.

3.2. [가상사례] 같은 10억, 다른 투자: AI가 설계한 두 명의 의사를 위한 맞춤 포트폴리오

서울바이오허브 허브소개 (https://www.seoulbiohub.kr)

1) **상황:** 부동산 디지털 금융 플랫폼 '밸류맵 파이낸스'는 앞서 AI 금융 설계를 통해 성공적으로 자금을 조달한 '바이오-헬스 이노베이션 허브' 프로젝트의 지분을 개인 투자자들에게 판매하고자 한다. 이때, 동일하게 10억 원의 투자를 희망하는 두 명의 의사 고객, 김 원장과 이 원장이 플랫폼에 가입한다.

• 투자자 A: 김 원장(58세, 은퇴를 앞둔 내과 전문의)
• 투자자 B: 이 원장(42세, 바이오 벤처를 공동 창업한 안과 전문의)

2) 전통적 투자 상담 방식의 한계

전통적인 방식이라면, 두 투자자 모두 '고소득 전문직'이자 '중년 이상의 연령대'라는 피상적인 정보에 기반하여, 원금 손실 위험이 적은 '채권형 부동산 신탁'이나 '배당주'와 같은 유사하고 안정적인 상품을 추천 받았을 것이다. 이는 두 사람의 근본적으로 다른 투자 DNA를 전혀 반영하지 못하는 접근법이다.

3) AI 기반 투자자 프로파일링 및 맞춤 상품 제안

'밸류맵 파이낸스'의 AI 시스템 '프로파일러 X'는 두 의사의 기본 정보와 함께, 자산 현황, 온라인 활동 패턴 등 다양한 데이터를 분석하여 개인화된 투자 제안을 생성한다.

I. 김 원장(은퇴를 앞둔 내과 전문의) 프로파일링 및 제안

(1) **행동 데이터 분석**: 김 원장은 주로 안정적인 배당주와 관련된 금융 뉴스를 구독하며, '자산 증여', '상속 계획' 관련 콘텐츠에 머무는 시간이 길다. 그러나 최근 '디지털 헬스케어', '미래 의료기술' 관련 기사에 대한 관심도가 급증하는 패턴이 발견된다.

(2) **AI 페르소나 정의**: '안정적 은퇴 설계자'(주성향) + '의료분야 임팩트 투자자'(잠재성향)

(3) **AI 맞춤 포트폴리오 제안**: 안정성과 전문 분야에 대한 임팩트 투자를 결합한 '레거시 포트폴리오'를 제안한다.

- 7억 원(70%): 프로젝트의 '전문 클리닉/병원' 자산을 담보로 하는 선순위 대출채권에 투자한다.(리스크: 낮음, 특징: 매월 확

정 이자 지급으로 안정적인 은퇴 후 현금흐름 확보)
(예상 수익률: 연 5.5%)

- 3억 원(30%): 프로젝트 내 'R&D 연구시설'에 입주하는 초기 단계의 디지털 치료제 스타트업에 투자하는 지분에 투자한다.(리스크: 높음, 특징: 본인의 전문 분야 발전에 기여하는 사회적 가치(임팩트) 창출 및 높은 자본이익 기대)(목표 수익률: 연 18% 이상)

II. 이 원장(바이오 벤처 창업자) 프로파일링 및 제안

(1) **행동 데이터 분석:** 이 원장은 미국 나스닥의 기술주와 비상장 바이오 기업 투자 관련 정보를 주로 검색한다. '자산 유동화', '토큰 증권(STO)'과 같은 새로운 금융 기법에 관심이 많으며, 위험 감수 성향이 매우 높은 것으로 분석된다.

(2) **AI 페르소나 정의:** '기술 성장주 투자자'(주성향) + '차세대 금융 혁신가'(잠재성향)

(3) **AI 맞춤 포트폴리오 제안:** 높은 성장을 추구하면서도 혁신 금융 기법을 활용하는 '테크-그로스 포트폴리오'를 제안한다.

- 3.5억 원(35%): 프로젝트의 '단기 체류형 주거시설' 운영 수익을 기반으로 하는 중순위 메자닌 채권에 투자한다.(리스크: 중, 특징: 안정적인 이자수익과 함께 향후 자산가치 상승 시 추가 수익(Equity Kicker) 확보)(예상 수익률: 연 8.0% + α)
- 6.5억 원(65%): 프로젝트 내 'R&D 연구시설' 자산의 지분을 블록체인 기반의 토큰 증권(STO)으로 발행한 상품에 투자한다.(리스크: 매우 높음, 특징: 바이오 허브의 성장 과실을 직접 향유하며, 향후 디지털 자산 거래소에서 유동화(매매) 가능성 기대)(목표 수익률: 연 25% 이상)

4) 결론 및 시사점: AI는 표면적으로 비슷해 보였던 두 명의 의사에게 전혀 다른 맞춤형 투자 솔루션을 제시했다. 김 원장은 안정적인 은퇴 생활을 보장받으면서도 자신의 전문 분야에 의미 있는 투자를 할 수 있게 되었고, 이 원장은 높은 성장 잠재력과 혁신적인 금융 방식을 결합한 투자 기회를 얻게 되었다. AI의 초개인화된 제안 덕분에 두 투자자는 모두 높은 만족도를 보이며 투자를 결정했고, '밸류맵 파이낸스'는 프로젝트의 각기 다른 위험 등급의 지분을 성공적으로 판매할 수 있었다. 이는 AI가 투자자에게는 최고의 만족을, 금융 플랫폼에게는 최적의 효율을 제공하는 윈-윈(Win-Win) 솔루션임을 증명하는 것이다.

4. 블록체인 기반 도시부동산 토큰화(STO)와 AI의 결합과 가상사례

4.1. STO는 빌딩이나 토지 같은 실물 자산의 소유권을 블록체인 기술을 활용하여 디지털 증표인 '토큰'으로 분할하는 것이다

토큰 증권(STO: Security Token) 이해와 생태계 (https://www.irsglobal.com)

전통적인 부동산 투자는 마치 거대한 금괴를 거래하는 것과 같았다. 높은 가치를 지녔지만, 막대한 자본 없이는 소유하기 어렵고, 필요할 때

원하는 만큼만 나누어 팔 수도 없었다. 이러한 부동산 시장의 근본적인 한계를 극복하기 위해 등장한 기술이 바로 블록체인 기반의 토큰 증권 발행(STO: Security Token Offering)이다. STO는 빌딩이나 토지 같은 실물 자산의 소유권을 블록체인 기술을 활용하여 디지털 증표인 '토큰'으로 분할하는 것이다.

거대한 금괴를 수많은 디지털 금화로 바꾸는 이 혁신은, 누구나 단돈 만 원으로도 강남의 빌딩 주인이 될 수 있는 '부동산 소유의 대중화' 시대를 열었다. 여기에 인공지능(AI)이 결합되면서, 이 새로운 시장은 단순히 자산을 잘게 쪼개는 것을 넘어, 투명하고 지능적인 방식으로 가치를 평가하고 거래하며 수익을 분배하는 고도로 발달된 금융 생태계로 진화하고 있다.

블록체인이 위 변조가 불가능한 '신뢰의 인프라' 역할을 한다면, AI는 그 인프라 위에서 가장 합리적인 의사결정을 내리는 '지능적인 두뇌' 역할을 수행한다.

(1) **AI 기반 가치평가와 객관적인 토큰 가격 책정**: 부동산을 토큰 화하기 위한 첫 단계는 그 자산의 가치를 정확히 평가하는 것이다. AI는 빅데이터를 기반으로 해당 부동산의 현재 가치 뿐만 아니라 미래 잠재력까지 반영한 동적 가치평가 결과를 도출한다. 이 객관적인 평가 결과는 최초 토큰 발행(STO) 시 공정한 가격을 책정하는 기준이 되어, 투자자들에게 높은 신뢰를 제공한다.

(2) **지능형 스마트 컨트랙트(Intelligent Smart Contract)**: 블록체인의 스마트 컨트랙트는 'A 조건이 충족되면 B를 자동으로 실행하라'는 프로그램이다. 예를 들어, '매월 말일이 되면 건물 임대수익의 90%를 토큰 보유자들의 지갑으로 자동 입금하라'는 명령을 수행할 수 있다. AI는

이 스마트 컨트랙트를 한 단계 더 진화 시킨다. AI가 실시간 시장 데이터를 분석하여, '만약 공실률이 2분기 연속 15%를 초과하면, 건물 관리 업체를 교체할지 묻는 안건을 토큰 보유자 전체 투표에 자동으로 부의하라'는 식의, 시장 상황에 지능적으로 반응하는 동적인 계약을 가능하게 만든다.

(3) **AI 기반 토큰 거래 시장 분석 및 예측:** STO 이후 토큰은 2차 거래소에서 주식처럼 자유롭게 거래된다. AI는 이 시장에서 거래되는 토큰의 가격 패턴, 거래량, 투자자 심리 데이터 등을 실시간으로 분석한다. 나아가 해당 부동산 주변의 유동인구 변화나 상권 매출 데이터와 같은 외부 요인이 토큰 가격에 미칠 영향을 예측하여 투자자들에게 깊이 있는 분석 정보를 제공하고, 불공정 거래나 시세 조종과 같은 이상 행위를 조기에 탐지하는 역할을 수행한다.

■ **블록체인과 AI의 결합 방법 별 목표, 분석방법 및 기술, 역할, 장단점, AI분석 도구, 도시부동산 활용예시**

구분	AI 기반 가치평가 및 자산 유동화 (AI-driven Valuation & Tokenization)	블록체인 데이터 기반 AI 리스크 관리 (AI Risk Management on Blockchain Data)
목표	AI로 부동산 자산의 가치를 정밀하게 평가하고, 블록체인 기술을 통해 평가된 자산을 디지털 토큰(증권형 토큰)으로 분할하여 소액 투자자의 접근성을 높이고 자산 유_동_성을 극대화하는 것을 목표로 한다._	부동산 계약, 소유권, 임대 이력 등 블록체인에 기록된 신뢰도 높은 데이터를 AI가 학습하여, 거래 리스크, 신용 리스크, 시장 변동성 등을 사전에 예측하고 정밀하게 관리하는 것을 목표로 한다.
분석 방법 및 기술	• AI: 위성 이미지, 상권 데이터, 유동인구 등을 분석하는 머신러닝(회귀분석) 기반 자동평가모델(AVM) 기술을 활용한다.	• AI: 블록체인 상의 시계열 데이터를 학습하는 순환신경망(RNN, LSTM)으로 임대료 연체 확률을 예측하고, 자연어 처리(NLP)로 계약서의 독소 조항을 자동으로 검출하는 기술을 활용한다.

	• 블록체인: 스마트 컨트랙트(Smart Contract)를 통해 자산 토큰의 발행, 분배, 거래 조건을 자동화하는 기술(ERC-20, ERC-1400 등)을 적용한다.	• 블록체인: 분산원장기술(DLT)을 통해 모든 거래 기록을 투명하게 저장하고, 합의 알고리즘(PoS, PoA 등)으로 데이터의 무결성을 보장한다.
기술별 역할	• AI: 부동산의 잠재가치와 미래 수익성을 예측하는 '가치 분석 엔진'의 역할을 수행한다. • 블록체인: AI가 평가한 가치를 디지털 자산으로 전환하고, 안전한 거래 플랫폼을 제공하는 '신뢰 기반 거래 시스템'의 역할을 담당한다.	• AI: 블록체인 데이터의 패턴을 분석하여 잠재적 위험 요소를 식별하고 예측하는 '지능형 위험 감지 시스템'의 역할을 수행한다. • 블록체인: AI 분석에 필요한 원천 데이터의 신뢰성과 투명성을 보장하는 '무결점 데이터 저장소'의 역할을 담당한다.
장점	부동산 자산의 유동성을 획기적으로 개선하고, 소액 투자자의 시장 참여를 촉진하며, 객관적인 가치 평가로 정보 비대칭을 해소한다.	사기 거래 및 계약 분쟁의 가능성을 원천적으로 차단하고, 대출 심사 등의 금융 프로세스를 자동화하여 효율성을 높이며, 데이터 기반의 정교한 리스크 관리가 가능하다.
단점	증권형 토큰 관련 법규 및 규제 불확실성이 존재하며, AI 평가 모델의 신뢰성에 대한 시장 합의가 필요하다.	블록체인에 모든 데이터를 기록하기 위한 초기 인프라 구축 비용이 발생하며, 데이터 프라이버시 보호를 위한 기술적, 제도적 장치가 요구된다.
AI 분석 도구	• 가치평가: TensorFlow, PyTorch(이미지 분석 및 회귀 모델) • 시장 분석: Scikit-learn, XGBoost(정형 데이터 분석)	• 리스크 예측: Keras, Prophet(시계열 데이터 분석) • 문서 분석: KoNLPy, NLTK(자연어 처리)
도시부동산 활용 예시	• 디지털 자산화: 서울 명동의 상업용 빌딩을 AI로 평가한 후, 스마트 컨트랙트를 통해 10만 개의 디지털 증권(토큰)으로 분할 발행하여 일반인이 주식처럼 거래하도록 한다.	• 스마트 임대차 계약: 임차인의 신원 정보와 과거 임대료 납부 이력을 블록체인에 기록하고, AI가 이를 분석하여 보증금 및 월세를 차등 적용하거나 연체 가능성을 예측하여 건물주에게 경고한다.

4.2. [가상사례] 잠들어 있던 역사를 깨우다: AI와 STO로 부활한 '아티즌 로프트'

두고두고 꺼내볼 수 있는, 복합문화공간 모음집 (https://www.eyesmag.com)

1) **상황**: 2026년, 서울의 한 구도심 지역에 위치한 역사적 가치가 높은 근대 건축물 '아티즌 로프트'가 폐가처럼 방치되어 있다. 한 비영리 문화재단이 이 건물을 예술가들의 창작 스튜디오와 코워킹 스페이스, 공방 등이 어우러진 복합문화공간으로 되살리려 하지만, 리모델링에 필요한 100억 원의 자금을 마련할 길이 막막하다. 재단은 대규모 자본 투자 대신, 지역사회와 잠재적 후원자들이 주주로 참여하는 새로운 방식을 모색한다.

2) AI와 STO를 결합한 솔루션:

- 1단계: AI 가치평가 및 STO 설계

  재단은 AI 부동산 가치평가 솔루션을 통해 '아티즌 로프트'의 잠재 가치를 분석한다. AI는 해당 지역의 젠트리피케이션 지수(Gentrification Index)가 최근 2년간 4.5에서 7.8로 급등했으며, 크리에이터들을 위한 창작 공간 수요가 공급을 3배 이상 초과하고 있음을 빅데이터 분석으로 확인한다. 이를 바탕으로 리모델링이 완료될 경우, '아티즌 로프트'의 미래 자산가치를 200억 원으로 평가한다. 재단은 이 평가를 기반으로, 자산의 50%에 해당하는 100억 원을 STO를 통해 조달하기로 결정한다. 총 100만 개의 'ART' 토큰을 발행하며, AI가 산정한 가치에 따라 1토큰당 최초 발행 가격은 10,000원으로 책정된다.

■ 2단계: 지능형 스마트 컨트랙트 구현

'ART' 토큰의 소유권과 수익 분배 규칙은 블록체인 위의 스마트 컨트랙트에 기록된다.

- 기본 규칙: 매 분기 말, 건물의 순영업이익(NOI) 중 90%를 정산하여 토큰 보유량에 비례해 각자의 디지털 지갑으로 자동 배당한다.
- AI 연동 규칙: AI가 건물의 월별 데이터를 실시간으로 모니터링하며, 만약 '월평균 방문객 수가 목표치의 80% 이하로 3개월 연속 하락'하는 이상 신호를 감지하면, 스마트 컨트랙트는 자동으로 모든 토큰 보유자에게 경영 현황 보고서를 발송하고 운영 개선을 위한 온라인 투표를 소집한다.

■ 3단계: STO 진행 및 2차 시장 형성

STO가 시작되자, AI가 제시한 투명한 가치평가와 1만 원부터 투자가 가능한 소액 참여 방식 덕분에 젊은 예술가, 지역 주민, 소액 투자자들이 적극적으로 참여하여 목표했던 100억 원의 자금 조달에 성공한다. 리모델링이 성공적으로 끝나고, 'ART' 토큰은 정부 인가를 받은 디지털 자산 거래소에 상장되어 자유롭게 거래되기 시작한다.

■ 4단계: 2차 시장 내 AI의 역할

거래소는 'ART' 토큰 투자자들을 위해 AI 기반 시장 분석 서비스를 제공한다. 이 AI는 '아티즌 로프트' 주변의 유동인구 데이터, 입주 작가들에 대한 소셜미디어 버즈량, 1층 상업시설의 카드 매출 데이터 등을 종합 분석한다. 어느 날, 유명 작가가 입주한 후 소셜미디어 긍정 언급량이 300% 급증하고 주말 방문객 수가 50% 증가하자, AI는 이를 '긍정적 가치 상승 모멘텀'으로 판단하여 투자자들에게 분석 리포트를 제공한다. 이 보고서 이후 'ART' 토큰의 가격은 13,000원으로 상승한다.

3) 결론 및 시사점: AI와 STO의 결합을 통해, '아티즌 로프트'는 철거될 위기에서 벗어나 지역을 대표하는 문화 자산으로 부활했다. 소수의 거대 자본이 아닌, 이 건물의 가치를 믿는 수많은 사람들의 참여로 소유 구조는 민주화되었고, 블록체인의 스마트 컨트랙트와 AI의 지능적 관리 덕분에 운영은 투명하고 효율적으로 이루어진다. 이는 블록체인의 신뢰성과 AI의 분석력이 만나 어떻게 도시의 잠재된 가치를 깨우고, 투자와 소유의 패러다임을 혁신하는지를 보여주는 환상적인 증거가 된다.

5. AI 기반 도시부동산 프로젝트 미래 수익 변동성을 예측을 통한 최적의 변동/고정금리 대출 비율 산정방법과 가상 사례

5.1. AI 기반의 최적 금리 비율 산정 방법의 핵심은 '수익 변동성과 이자 비용 변동성의 동기화(Synchronization)'이다

부동산 프로젝트 금융에서 대출 구조를 결정하는 것은 마치 경주용 자동차의 서스펜션을 선택하는 것과 같다. 노면이 평탄하고 예측 가능한 트랙

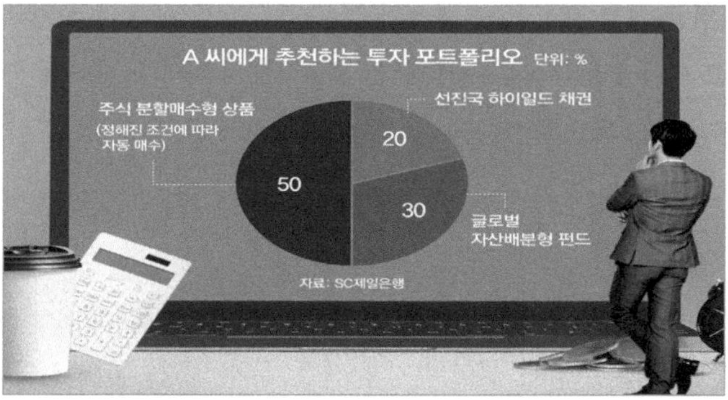

[머니 컨설팅] 수익성·변동성 고민 덜어줄 세 가지 전략 | 동아일보 (https://www.donga.com)

(수익이 안정적인 프로젝트)에서는 단단한 고정형 서스펜션(고정금리 대출)이 안정적인 주행을 보장한다. 반면, 노면이 울퉁불퉁하고 예측 불가능한 오프로드(수익 변동성이 큰 프로젝트)에서는 충격을 흡수하며 지형에 적응하는 유연한 서스펜션(변동금리 대출)이 유리하다.

문제는, 어떤 트랙을 달리게 될지 정확히 모르는 상태에서 미리 서스펜션을 결정해야 한다는 점이다. 인공지능(AI)은 바로 이 문제에 대한 혁신적인 해법을 제시한다. AI는 마치 트랙 전체를 미리 정찰하는 '자율주행 드론'처럼, 프로젝트의 미래 수익이라는 길의 모든 굴곡과 장애물을 예측하고, 최고의 성과를 낼 수 있는 최적의 서스펜션 조합, 즉 변동금리와 고정금리의 황금 비율을 찾아내는 역할을 수행한다.

전통적인 금융 결정에서 고정금리와 변동금리의 비율은 주로 시장의 거시적인 금리 전망이나 과거의 경험치에 의존하여 결정되었다. 그러나 이러한 방식은 프로젝트 개별의 '수익 변동성'이라는 핵심 변수를 정밀하게 반영하지 못하는 한계를 가진다. 예를 들어, 향후 금리 인상이 예상된다고 해서 무조건 고정금리 비율을 높이는 것은, 만약 해당 프로젝트의 수익이 금리 인상 속도보다 훨씬 빠르게 성장하는 유형이라면 오히려 초과 수익의 기회를 발목 잡는 족쇄가 될 수 있다. 반대로 금리 인하가 예상된다고 변동금리 비율을 높였다가, 프로젝트 수익이 예상치 못하게 악화될 경우 이자 부담을 감당하지 못하고 파산에 이를 수도 있다.

AI 기반의 최적 금리 비율 산정 방법의 핵심은 '수익 변동성과 이자 비용 변동성의 동기화(Synchronization)'이다. AI는 먼저 해당 프로젝트의 미래 순영업이익(NOI)이 얼마나, 그리고 어떤 패턴으로 변동할지를 예측한다. 이를 위해 AI는 해당 지역의 경제 전망, 잠재 임차인들의 산업 동향, 소비자 지출 패턴, 경쟁 시설의 등장 가능성 등 수백 가지 변수를 학습하여 미래 수익의 확률적 분포(최악, 평균, 최상의 시나리오)를 도출한다. 동시에, AI는 중앙은행의 정책 방향, 거시경제 지표 등을 분석하여 미래 기준금리의 변동 경로와 변동폭을 예측한다.

마지막으로 AI는 이 두 가지 예측 결과를 결합하여 수만 번의 몬테카를로 시뮬레이션을 실행한다. 다양한 고정/변동금리 비율(100:0, 80:20, 50:50 등)을 각기 다른 수익 및 금리 시나리오와 조합하여, 어떤 비율이 프로젝트의 재무 건전성(DSCR 등)을 가장 안정적으로 유지하면서 최종 수익을 극대화하는지를 과학적으로 찾아내는 것이다.

■ AI 기반 최적 금리 비율 산정 프로세스 단계별 목표 분석 대상 및 기술결과물

단계	목표	분석 대상 및 기술	결과물
1단계: 미래 수익-금리 변동성 예측	프로젝트의 미래 수익과 시장 금리의 변동 경로 및 범위를 각각 확률적 분포로 예측하여 시뮬레이션의 기초 자료를 생성한다.	분석 대상: 프로젝트 개별 데이터(입지, 임차인 구성 등), 거시경제 지표, 중앙은행 정책. 활용 기술: 수익 및 금리 예측을 위한 머신 러닝 시계열 모델(ARIMA, LSTM 등)을 활용한다.	미래 순영업이익(NOI)의 확률 분포도와 기준금리 변동 경로 예측치가 산출된다.

2단계: 금리 구조 별 시나리오 시뮬레이션	다양한 고정/변동금리 비율 조합이, 1단계에서 예측된 수만 개의 수익-금리 시나리오 하에서 어떤 재무적 결과를 보이는지 스트레스 테스트를 통해 검증한다.	분석 대상: 1단계의 예측 분포, 다양한 대출 구조(100:0, 80:20 등), 재무적 제약조건(DSCR 등). 활용 기술: 몬테카를로 시뮬레이션(Monte Carlo Simulation) 기법을 핵심적으로 사용한다.	각 대출 구조 별 채무불이행 확률, 평균 예상수익, 부채상환계수(DSCR) 분포 등을 비교 분석한 결과 보고서가 생성된다.
3단계: 최적 비율 도출 및 의사결정	위험(채무불이행 확률 등)과 수익(예상수익 등)을 모두 고려하여, 프로젝트의 목표에 가장 부합하는 최적의 금리 비율을 최종적으로 확정한다.	분석 대상: 2단계의 시뮬레이션 결과 보고서와 의사결정자의 위험 선호도(Risk Appetite). 활용 기술: 최적화 알고리즘, 의사결정 이론 모델, 데이터 시각화 툴을 통해 각 대안의 장단점을 명확히 비교한다.	'고정금리 60% : 변동금리 40%' 와 같이 최종 결정된 최적 비율과, 그 결정의 논리적 근거를 담은 최종 의사결정 보고서가 완성된다.

■ **AI 기반 최적 금리 비율 산정 방법별 목표, 분석방법 및 기술, 역할, 장단점, 도시부동산 활용예시**

구분	미래 변동성 예측 모델	몬테카를로 시뮬레이션 모델	최적화 및 의사결정 지원 모델
목표	프로젝트의 미래 순영업이익(NOI)과 기준금리의 변동 범위를 각각 신뢰도 높은 확률 분포로 예측하여 시뮬레이션의 기초 데이터를 생성한다.	수만 가지의 가능한 미래 시나리오 하에서, 다양한 대출 구조(고정/변동 비율)가 어떤 재무적 성과와 안정성을 보이는지 반복적으로 검증한다.	시뮬레이션 결과를 분석하여, '채무불이행 확률 2% 이하에서 수익 극대화'와 같이 사전에 정의된 목표를 가장 잘 만족시키는 최적의 대출 구조를 도출한다.
분석 방법 및 기술	머신 러닝 시계열 예측 모델(ARIMA, LSTM 등)을 활용하여 프로젝트 개별 데이터와 거시경제 데이터를 함께 분석하여 미래 변동성을 학습한다.	예측 모델로부터 도출된 확률 분포를 바탕으로 무작위 표본 추출을 반복하는 몬테카를로 시뮬레이션 기법을 핵심 기술로 사용한다.	최적화 알고리즘(유전 알고리즘 등), 다기순 의사결정 분석(MCDA)을 활용하여 다양한 평가 기준 간의 상충관계를 고려한 최적 해법을 탐색한다.
역할	시뮬레이션에 필요한 핵심 미래 정보를 수집하고 예측하는 '관측자(Observer)' 또는 '정찰병'의 역할을 수행한다.	다양한 금융 전략을 수많은 미래 상황에 대비하여 안전하게 실험해볼 수 있는 '가상 스트레스 테스트 실험실'의 역할을 한다.	복잡한 시뮬레이션 데이터를 최종 의사결정권자를 위한 명확하고 실행 가능한 추천안으로 변환하는 '전략적 조언자(Advisor)'의 역할을 한다.

장점	과거의 정적인 가정을 넘어, 미래지향적인 데이터 기반 분석을 가능하게 한다.	단일 추정치를 넘어, 가능한 모든 결과의 범위를 보여줌으로써 리스크에 대한 입체적인 이해를 제공한다.	데이터에 기반한 명확한 최종 추천안을 제시하여, 복잡한 의사결정 과정을 단순화한다.
단점	전체 프로세스의 정확도가 이 예측 모델의 성능에 크게 좌우되며, 예측 불가능한 사건에는 취약하다.	계산 량이 매우 많아 컴퓨팅 자원이 요구되며, 결과를 해석하기 위해 시각화 등 별도의 분석 도구가 필요하다.	'최적'의 해법은 사용자가 초기에 설정한 목표와 제약 조건에 따라 달라지므로, 목표 설정이 잘못되면 결과도 왜곡될 수 있다
도시부동산 활용 예시	AI 모델이 신규 호텔 프로젝트의 3년차 순영업이익(NOI)이 50억 원에서 70억 원 사이에 위치할 확률이 70%라고 예측한다.	5만 번의 시뮬레이션 결과, 고정금리 70% 구조의 채무불이행 확률은 1.2%인 반면, 50% 구조의 채무불이행 확률은 4.5%로 산출된다.	모델이 모든 시뮬레이션 결과를 검토한 후, '고정 65%, 변동 35%' 구조가 채무불이행 확률을 1.5% 이하로 유지하면서 최대 기대수익의 95%를 달성하는 최적의 지점임을 추천한다.

5.2. [가상사례] 체험형 쇼핑몰 '유니버스 몰'의 최적 대출 구조를 찾아라

공간의 가치에 초점…쇼핑몰, 경험형 스토어로 리뉴얼 - 매일경제(https://www.mk.co.kr/news)

1) **상황**: 2026년, 한 개발사가 총사업비 2,000억 원 규모의 신개념 체험형 쇼핑몰 '유니버스 몰'의 건설을 위해 1,000억 원의 PF 대출을 신

청한다. 이 쇼핑몰은 전통적인 상품 판매 매장 대신, 팝업 스토어, VR/AR 체험관, F&B(식음료) 중심으로 구성되어 있어, 성공 시 높은 수익이 기대되지만 그만큼 경기에 민감하여 수익 변동성이 매우 클 것으로 예상된다. 동시에 시장에서는 향후 금리 인상 가능성이 높게 점쳐지고 있다.

2) 전통적 접근의 딜레마

(1) **은행 입장:** 프로젝트 수익 변동성이 크고 향후 금리 인상이 유력하므로, 리스크 관리를 위해 100% 고정금리(연 6.0%) 대출을 선호한다.

(2) **개발사 입장:** 100% 고정금리는 너무 이자 부담이 크다. 프로젝트의 높은 성장 잠재력을 활용하기 위해 100% 변동금리(CD금리 +2.0%)를 원하지만, 금리 인상 리스크가 부담스럽다.

양측의 입장이 평행선을 달리며 협상은 교착 상태에 빠진다.

3) AI 기반 최적 비율 시뮬레이션 분석

개발사는 AI 금융 솔루션을 통해 '유니버스 몰' 프로젝트에 최적화된 금리 구조 분석 리포트를 은행에 제출한다.

■ 1단계: 미래 수익 변동성 예측

AI는 소셜미디어의 트렌드 변화, 체험형 소비에 대한 카드 매출 데이터, 잠재적 팝업 스토어 임차인들의 재무 건전성 등을 분석한다.

- 예측 결과: '유니버스 몰'의 연간 순영업이익(NOI)은 평균 120억 원이지만, 최악의 경우 80억 원까지 하락하고 최상의 경우 170억 원까지 상승하는 높은 변동성을 보일 것으로 예측된다.

■ 2단계: 미래 금리 변동성 예측

AI는 거시경제 지표를 분석하여, 향후 3년간 기준금리가 "평균 1.2%p 상승할 확률이 70%"이며, 그 이후 안정화될 것으로 예측한다.

■ 3단계: 시뮬레이션을 통한 최적 비율 산정

AI가 다양한 금리 구조를 10,000개의 시나리오와 조합하여 시뮬레이션한 결과는 다음과 같다.

대출 구조 (1,000억)	특징 및 시뮬레이션 결과	시뮬레이션 기반 평균 총수익
100% 고정금리 (6.0%)	안전성: 채무불이행 확률 0%. 한계: 수익이 급증하는 시나리오에서도 높은 고정 이자비용으로 인해 초과이익이 제한된다.	500억 원
100% 변동금리 (CD+2.0%)	위험성: 수익이 악화되고 금리가 급등하는 최악의 시나리오에서 '채무불이행 확률이 15%'에 달한다. 기회: 수익이 급증하고 금리가 안정되는 경우 가장 높은 수익을 기대할 수 있다.	750억 원 (높은 리스크)
AI 추천: 60% 고정, 40% 변동	균형점: 600억 원의 고정금리 부분이 프로젝트의 최소 운영을 보장하는 '안전판' 역할을 한다. 400억 원의 변동금리 부분은 향후 금리가 안정화되거나 프로젝트 수익이 급증할 때 이자 부담을 줄여 초과이익을 극대화하는 '유연성'을 제공한다. 채무불이행 확률은 1% 미만으로 통제된다.	820억 원

4) 결론 및 시사점: AI의 분석 결과는 명확했다. 100% 고정금리는 지나치게 안정성을 추구하여 수익성을 희생하고, 100% 변동금리는 감당하기 힘든 리스크를 동반한다. 반면, '60% 고정금리, 40% 변동금리' 구조는 프로젝트의 높은 수익 변동성이라는 파도를 안정적으로 넘으면서도, 성장 잠재력이라는 순풍을 최대한 활용할 수 있는 최적의 '금융 서스펜션'임을 데이터로 증명했다. 개발사가 이 리포트를 제출하자, 은행은 단순한 주장이 아닌 과학적 근거에 깊은 신뢰를 보였다. 은행

은 리스크가 통제됨을 확인하고, 개발사는 최적의 수익성을 확보할 수 있게 되어 양측 모두가 만족하는 조건으로 대출 계약이 성사된다. 이는 AI가 어떻게 프로젝트의 고유한 특성을 이해하고, 미래의 불확실성을 예측하여 모두를 위한 최적의 금융 해법을 찾아내는지를 보여주는 것이다.

제3장

스마트시티와 부동산 개발금융의 융합모델

1. 도시부동산 프로젝트 금융(PF)의 본질 및 AI와 결합 방법과 가상사례

1.1. 투자자는 로켓을 만드는 회사(개발사)의 신용도가 아니라, '미션 그 자체'의 성공 가능성에 투자한다. 대출금의 상환은 미션의 성공, 즉 행성에서 귀한 자원을 채굴하거나 관측 데이터를 판매하여 얻는 미래의 수익으로만 구성된다.

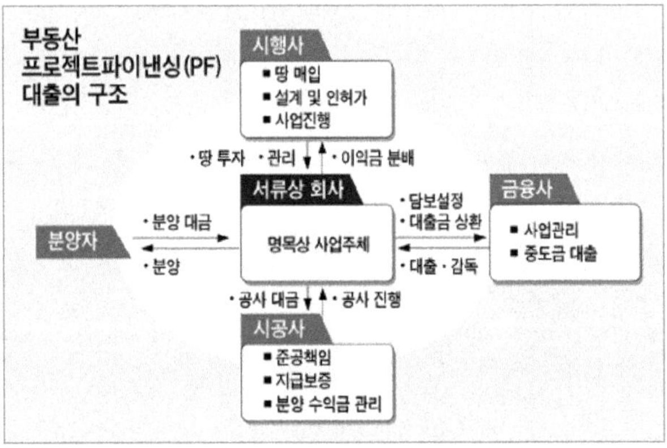

프로젝트 파이낸싱(Project Financing) (https://m.blog.naver.com)

도시의 스카이라인을 바꾸는 거대한 부동산 프로젝트에 자금을 조달하는 '프로젝트 금융(Project Finance, PF)'은 그 본질 상 '미래에 대한 담대한 베팅'이다. 이는 마치 미지의 행성을 탐사하는 우주 미션에 자금을 지원하는 것과 같다. 투자자는 로켓을 만드는 회사(개발사)의 신용도가 아니라, '미션 그 자체'의 성공 가능성에 투자한다. 대출금의 상환은 오직 미션의 성공, 즉 행성에서 귀한 자원을 채굴하거나 관측 데이터를 판매하여 얻는 미래의 수익으로만 이루어진다. 만약 미션이 실패하면 투자자는 잔해만 남은 로켓을 담보로 잡을 수 있을 뿐, 로켓 회사의 다른 자산에 손을 댈 수 없다. 바로 이 지점이 프로젝트 금융의 핵심이다.

프로젝트 금융의 본질은 다음 세 가지로 요약된다. 첫째, 상환 재원은 오직 프로젝트 자체의 미래 현금흐름에만 의존한다. 둘째, 사업주체의 다른 자산에는 상환을 청구할 수 없는 비소구(Non-recourse) 또는 제한적 소구 금융이다. 셋째, 프로젝트의 위험을 사업주체로부터 법적으로 분리하기 위해 '특수목적법인(SPC)'이라는 별도의 회사를 설립하여 진행한다. 이러한 구조 때문에 프로젝트 금융의 성패는 전적으로 '미래 현금흐름을 얼마나 정확하게 예측하고 통제하는가'에 달려 있었다. 과거에는 이 예측이 베테랑 심사역의 경험과 직관이라는 '감(感)'의 영역에 크게 의존했기에, 정보의 비대칭성과 예측의 불확실성은 PF의 가장 큰 아킬레스건이었다.

인공지능(AI)은 바로 이 지점에서 프로젝트 금융의 패러다임을 '예술의 경지'에서 '과학의 영역'으로 전환시킨다.

[학습코너: PF(프로젝트 파이낸싱)에서의 비소구(Non-recourse) 또는 제한적 소구(Limited recourse)금융]

PF(프로젝트 파이낸싱)에서의 비소구(Non-recourse) 또는 제한적 소구(Limited recourse) 금융은, 프로젝트 실패 시 채권자가 대출금 상환을 대출 실행의 주체(사업주, 스폰서)에게 요구할 수 없는 금융 방식이다. 즉, 대출금 상환 책임이 프로젝트 자체의 자산과 미래 현금흐름에 한정되며, 프로젝트가 부실화되어 담보 가치가 하락하더라도 사업주의 추가적인 자산이나 신용으로 빚을 갚도록 요구할 수 없다.

[핵심 개념]

- 비소구 금융(Non-recourse Finance):

  채권자가 프로젝트의 성공을 담보로 대출하며, 만약 프로젝트가 실패하여 대출금 전액을 회수하지 못하더라도 사업주에게 추가적인 책임을 묻지 않는 방식입니다.

- 제한적 소구 금융(Limited Recourse Finance):

  비소구 금융보다 한 단계 완화된 개념으로, 채권자가 대출금 상환을 사업주에게 요구할 수는 있으나, 그 범위가 프로젝트의 자산이나 특정 조건으로 제한되는 방식입니다. 예를 들어, 사업주의 추가적인 담보나 보증이 있더라도, 해당 프로젝트 담보 범위 내에서만 책임을 묻는 것이 여기에 해당합니다.

  (자료: https://www.google.com)

■ 도시부동산 프로젝트 금융(PF)의 핵심 요소별 개념, 목표, 방식, 역할, 장단점, 도시부동사 활용예시

구분	미래 현금흐름 의존	비소구/제한적 소구 금융	특수목적법인(SPC) 활용
개념	대출 원리금 상환의 재원을 사업주체의 기존 재무상태가 아닌, 오직 해당 프로젝트가 미래에 창출할 현금흐름에만 한정하는 원칙이다.	프로젝트가 실패할 경우, 대주단이 사업주체(Sponsor)의 다른 자산에 대해 상환을 요구할 수 없고, 오직 해당 프로젝트의 자산에만 권리를 행사할 수 있는 금융 조건이다.	오직 해당 프로젝트의 수행만을 목적으로 설립되는 서류상 회사(Paper Company)로, 사업주체와는 법적으로 독립된 실체이다.
목표	사업주체의 신용도와 무관하게, 프로젝트 자체의 사업성만으로 자금을 조달하여 잠재력 있는 대규모 사업 기회를 실현하는 것을 목표로 한다.	하나의 프로젝트 실패가 사업주체 전체의 파산으로 이어지는 것을 방지하여, 위험을 감수하는 투자를 촉진하는 것을 목표로 한다.	프로젝트의 자산, 부채, 현금흐름을 사업주체로부터 법적·회계적으로 완벽히 분리(Ring-fencing)하여 프로젝트의 독립성과 투명성을 확보하는 것을 목표로 한다.
방식	사업 타당성 분석(Feasibility Study)과 미래 현금흐름 추정 재무모델(Pro-forma)을 통해 상환 가능성을 정밀하게 심사하는 방식으로 진행된다.	대출약정서(Loan Agreement) 상에 소구권 제한 범위를 명확하게 명시하는 방식으로 이루어지며, 사업의 위험 수준에 따라 소구 범위가 결정된다.	사업주체가 SPC를 설립하고, 이 SPC가 사업의 주체로서 대출 계약을 체결하고 프로젝트 자산을 소유하는 방식으로 운영된다.
역할	PF의 성립 여부와 대출 가능 규모를 결정하는 가장 근본적인 평가 기준이 되며, 프로젝트의 가치를 측정하는 '가치측정 척도' 역할을 한다.	프로젝트의 위험이 사업주체의 기존 사업으로 전이되는 것을 막는 '위험 차단 방화벽' 역할을 수행하여 사업주체의 재무적 안정성을 보호한다.	프로젝트를 담는 법적·금융적 '그릇(Vessel)'으로서, 비소구 금융 구조를 법적으로 구현하고 재무 투명성을 확보하는 역할을 한다.
장점	사업주체의 자금 동원 능력이 부족하더라도 잠재력 높은 대규모 프로젝트를 추진할 수 있다.	사업주체가 리스크가 큰 대규모 프로젝트를 추진할 수 있는 동기를 부여한다.	재무 구조가 투명해지고, 대주단 입장에서 리스크 관리가 용이해 진다.
단점	미래 예측의 정확도에 성패가 크게 좌우되므로, 불확실성이 매우 높다.	대주단(금융기관)이 대부분의 위험을 부담하게 되므로, 높은 금리와 엄격한 사업 감독을 요구하게 된다.	SPC 설립 및 관리에 추가적인 법률 및 행정 비용이 발생하며, 운영 절차가 복잡해질 수 있다.

도시부동산 활용 예시	신규 쇼핑몰 건설 PF 대출 심사 시, 개발사의 재무상태가 아닌, 미래에 발생할 임대료 수입 예측치를 기반으로 대출을 승인한다.	데이터센터 개발 PF가 부실화될 경우, 은행은 해당 데이터센터 건물과 부지만 압류할 수 있고, 개발사가 보유한 다른 아파트 자산에는 상환을 청구할 수 없다.	민자고속도로 건설을 위해 건설사 컨소시엄이 '새로운 길 주식회사'라는 SPC를 설립한다. 이 SPC가 대출을 받고, 도로를 건설하며, 통행료를 징수한다.

■ AI와 프로젝트 금융(PF)의 결합 방식별 개념, 목표, 방식, 역할, 장단점, 도시부동산 활용예시

구분	미래 현금흐름 예측의 초정밀화	숨겨진 리스크의 식별 및 정량화	계약 조건 및 금융 구조의 최적화
개념	단일 추정치를 넘어, 방대한 빅데이터를 분석하여 프로젝트의 미래 현금흐름을 확률적 분포로 예측하는 접근법이다.	복잡한 데이터 속에서 미묘하지만 부정적인 패턴이나 상관관계를 발견하여, 표면적으로 드러나지 않는 잠재적 위험을 선제적으로 찾아내는 것이다.	시뮬레이션을 통해 프로젝트의 고유한 리스크 프로파일에 가장 적합한 동적이고 데이터 기반의 금융 계약 조건 및 자본 구조를 설계하는 것이다.
목표	PF 의사결정의 근간이 되는 미래 현금흐름 예측의 정확도와 신뢰도를 높여 불확실성을 최소화하는 것을 목표로 한다.	리스크가 발생하기 전에 미리 식별하고 정량 화하여, 사후 대응이 아닌 사전 예방적 리스크 관리 체계를 구축하는 것을 목표로 한다.	대주단을 보호하는 동시에 사업주체의 수익을 극대화하는, 안정적이고 효율적인 최적의 금융 구조를 만드는 것을 목표로 한다.
방식	머신 러닝 기반의 시계열 예측 모델(LSTM 등)을 통해 유동인구, 소셜 데이터 등 다양한 비정형 데이터를 분석하는 방식으로 이루어진다.	이상치 탐지(Anomaly Detection) 알고리즘, 인과추론 머신 러닝, 네트워크 분석 등의 기술을 사용하여 변수 간의 숨겨진 관계를 분석한다.	몬테카를로 시뮬레이션, 최적화 알고리즘, 게임이론 모델 등을 활용하여 수많은 금융 구조의 효율성과 안정성을 반복적으로 테스트한다.
역할	PF 프로세스 전반에 가장 기초적이고 핵심적인 정보를 제공하는, 미래를 내다보는 '눈(Eyes)'의 역할을 수행한다.	인간 분석가가 놓칠 수 있는 잠재적 문제점을 미리 알려주는 '조기 경보 시스템(Early Warning System)' 또는 '리스크 탐정'의 역할을 한다.	프로젝트에 완벽하게 맞춰진 '맞춤형 금융 설계도'를 그리는 '금융 건축가(Financial Architect)'의 역할을 수행한다.

장점	주관적인 추정을 객관적인 데이터 과학으로 전환시켜, 의사결정의 질을 획기적으로 향상시킨다.	과거에는 인지하지 못했던 리스크를 관리할 수 있게 되어, 프로젝트의 안정성을 크게 높인다.	대주단과 사업주 모두에게 이익이 되는 상생 구조를 설계하여, 성공적인 금융 계약 체결 확률을 높인다.
단점	모델 예측의 정확성은 분석에 사용되는 데이터의 품질과 접근성에 크게 의존한다.	때로는 실현되지 않는 리스크를 경고하는 '가짜 양성' 오류가 발생할 수 있어, 인간의 해석과 검증이 필요하다.	'최적'의 구조는 모델의 가정에 기반하므로, 현실 세계의 모든 복잡성이나 협상 역학을 반영하지는 못할 수 있다.
도시부동산 활용 예시	단순히 연 5% 임대료 상승을 가정하는 대신, AI가 지역 소득 증가율과 신규 사업자 등록 데이터를 분석하여 3~6% 상승 확률이 70%라고 예측한다.	AI가 핵심 임차인의 주요 공급업체가 기후변화 위험이 증가하는 지역에 위치함을 발견하고, 향후 임차인의 공급망에 문제가 발생할 수 있음을 경고한다.	AI 시뮬레이션을 통해, 고정된 70%의 선분양률 조건보다, 인근에 경쟁 프로젝트가 발표될 경우 선분양률 조건을 조정한다.

1.2. [가상사례] AI가 설계한 안전장치: 복합단지 '메리디안 게이트' PF 성공기

https://blog.igisam.com

1) **상황:** 2026년, 개발사 '넥서스 디벨롭먼트'는 노후화된 공장 부지에 오피스, 쇼핑몰, 주거시설이 결합된 대규모 복합단지 '메리디안 게이트'를 건설할 계획을 세운다. 총사업비 1조 원 중 5,000억 원을 프로젝트 금융(PF) 대출로 조달해야 한다. 프로젝트의 성패는 각 공간의 분양 및 임대 성공 여부에 달려 있다.

2) AI를 결합한 PF 프로세스:

- 1단계: AI 기반 사업 타당성 검토 및 현금흐름 시뮬레이션

'넥서스 디벨롭먼트'는 과거 방식의 사업계획서 대신, AI 기반의 동적 사업 타당성 보고서를 금융 컨소시엄에 제출한다.

  • 오피스 공간: AI는 초기 임대는 순조로우나, 준공 5년 차에 해당 권역의 오피스 공급 과잉으로 공실률이 20%까지 치솟을 확률이 65%라고 예측한다.
  • 쇼핑몰 공간: AI는 핵심 임차인으로 입점 예정인 백화점의 산업 데이터를 분석하여, 향후 3년 내 온라인 쇼핑의 확대로 매출이 15% 감소할 리스크가 있음을 경고한다.

주거 공간: AI는 주변 지역의 인구통계 및 잠재 수요를 분석하여, 초기 2년 내에 95% 이상 분양이 완료될 것이 거의 확실(확률 98%)하다고 예측한다.

  • 종합 현금흐름: AI의 종합 시뮬레이션 결과, 프로젝트가 대출을 성공적으로 상환할 확률은 75%였지만, 준공 5~6년 차에 심각한 현금 부족이 발생할 확률이 15%에 달하는 치명적인 구간이 발견된다.

- 2단계: AI 기반 리스크 완화 및 대출 조건 설계

금융 컨소시엄은 자체 AI 리스크 분석 시스템을 통해 이 보고서를 검증하고, 발견된 리스크를 완화할 수 있는 맞춤형 대출 계약 조건(Covenants)을 설계한다.

  • 오피스 공실 리스크 대응: AI는 '전체 오피스 면적의 50% 이상을 신용등급 AA- 이상의 우량 기업과 선임대차 계약을 체결해야만 본 PF 대출금 전액을 인출할 수 있다'는 조건을 추천한다.

- 쇼핑몰 리스크 대응: AI는 '핵심 임차인인 백화점의 신용등급이 A+ 이하로 하락할 경우, 쇼핑몰 월 임대수익의 20%를 별도의 준비금 계좌(Reserve Fund)에 의무적으로 적립한다'는 조건을 제안한다.
- 주거 공간 기회 활용: AI는 분양이 확실시되는 주거 공간의 분양대금이 입금되는 즉시, 리스크가 높은 오피스/쇼핑몰 담보 대출의 원금을 우선 상환(Cash Sweep)하는 조항을 통해 전체 리스크를 조기에 축소하는 구조를 설계한다.

■ 3단계: 최종 확정된 AI 최적화 PF 구조

최종적으로 AI의 제안에 따라 5,000억 원의 대출은 두 개의 부분(Tranche)으로 나뉘어 집행된다. 리스크가 낮은 주거 공간 담보 대출은 낮은 금리로, 리스크가 높은 상업/업무 공간 담보 대출은 높은 금리와 함께 AI가 설계한 안전장치들이 빼곡히 담긴 조건으로 계약이 체결된다. 이 구조로 최종 시뮬레이션을 실행하자, 채무불이행 확률은 15%에서 2% 미만으로 극적으로 감소한다.

3) 결론 및 시사점: 이 PF 계약은 성공적으로 체결된다. AI는 단순히 '된다/안된다'를 판단하는 심판이 아니었다. 개발사와 금융기관 양측 모두가 미래에 닥칠 위험을 미리 내다보고, 그 위험을 함께 헤쳐 나갈 정교한 '금융적 안전장치'를 공동으로 설계하는 파트너 역할을 수행한 것이다. 실제로 준공 5년 후, 예측대로 오피스 시장이 침체를 겪었지만, '메리디안 게이트'는 계약 조건에 따라 이미 확보해 둔 우량 임차인들 덕분에 안정적으로 위기를 극복하게 된다. 이는 AI가 프로젝트 금융의 본질인 '미래에 대한 베팅'을 '직감의 영역'에서 '과학적 관리의 영역'으로 끌어올렸음을 보여주는 명백한 증거이다.

2. 스마트시티의 디지털 트윈을 활용한 도시부동산 프로젝트 금융방법과 가상사례

2.1. 디지털 트윈과 도시부동산 프로젝트 금융의 만남

현실을 디지털에 담다…스마트시티 핵심 디지털 트윈(https://www.edaily.co.kr)

스마트시티의 핵심 기술 중 하나인 '디지털 트윈(Digital Twin)'은 현실 세계의 도시를 가상 공간에 동일하게 복제한 것이다. 이는 단순한 3D 모델을 넘어, 도시의 교통, 환경, 에너지, 인구 이동 등 다양한 데이터를 실시간으로 연동하여 현실과 똑같이 살아 움직이는 '디지털 쌍둥이'이다. 이러한 디지털 트윈 기술은 도시부동산 프로젝트 금융 분야에 혁신적인 변화를 가져올 잠재력을 지니고 있다.

전통적인 부동산 프로젝트 금융은 과거 데이터와 시장 동향에 의존하여 사업성을 평가하고 투자를 결정하였다. 이 과정에는 불확실성이 내재되어 있으며, 예측하지 못한 변수로 인해 프로젝트가 어려움을 겪는 경우가 많았다. 하지만 디지털 트윈을 활용하면, 가상 도시 안에서 프로젝트의 전 과정을 시뮬레이션하고 발생 가능한 모든 시나리오를 예측 및 분석할 수 있게 된다. 이를 통해 투자자는 보다 정밀한 데이터에 기반하여 사업의 타당성을 검토하고 위험을 최소화할 수 있다.

즉, 디지털 트윈은 도시부동산 프로젝트의 '가상 실험실' 역할을 수행하는 것이다. 가상 공간에서 건물의 에너지 효율을 최적화하고, 주변 교통 흐름에 미치는 영향을 분석하며, 미래의 인구 변화에 따른 상업 시설의 수익성을 예측하는 등, 과거에는 상상하기 어려웠던 정밀한 분석이 가능해진다. 이는 프로젝트의 성공 가능성을 획기적으로 높이고, 투자자에게는 안정적인 수익을, 도시에게는 지속가능한 발전을 선물하는 핵심 열쇠가 될 것이다.

■ 스마트시티 디지털 트윈 활용 도시부동산 프로젝트 금융 방법별 비교

구분	AI 기반 예측적 금융 분석	시뮬레이션 기반 가치 평가	실시간 리스크 관리 및 자산운용
목표	AI 알고리즘을 통해 미래 시장 변화, 수익성, 현금흐름 등을 정밀하게 예측하여 투자 결정의 정확성을 극대화하는 것을 목표로 한다.	디지털 트윈 환경에서 다양한 개발 시나리오를 가상으로 실행하고, 그 결과를 바탕으로 프로젝트의 잠재적 가치와 최적 개발안을 도출하는 것을 목표로 한다.	프로젝트 진행 및 운영 과정에서 발생하는 물리적, 재무적 리스크를 실시간으로 모니터링하고 대응하여 자산 가치를 안정적으로 유지 및 증대 시키는 것을 목표로 한다.
분석 방법 및 기술	- 머신 러닝/딥러닝: 과거 부동산 데이터, 경제 지표, 인구 통계, 소셜 데이터 등을 학습하여 미래 수요와 가격을 예측한다. - 예측 분석(Predictive Analytics): 통계 모델과 AI를 결합하여 프로젝트의 예상 수익률(IRR), 순현재가치(NPV) 등을 다각적으로 분석한다.	- 에이전트 기반 모델링(ABM): 가상 시민(Agent)들의 행동 패턴을 시뮬레이션하여 상업 시설 이용, 교통량 변화, 주거지 선택 등을 분석한다. - 몬테카를로 시뮬레이션: 무작위 변수를 대입하여 금리 변동, 공사 지연 등 다양한 시나리오에 따른 사업성을 반복적으로 검증한다.	- IoT 센서 및 드론: 공사 현황, 건물 에너지 사용량, 시설 노후화 정도 등 물리적 상태 데이터를 실시간으로 수집한다. - 블록체인: 자산 소유권, 임대차 계약, 관리 이력 등을 투명하고 위 변조 불가능하게 기록하고 관리한다.
역할	금융 투자자(LP)나 프로젝트 파이낸싱(PF) 대주단에게 객관적이고 데이터에 기반한 사업성 판단 근거를 제공하는 핵심적인 역할을 수행한다.	개발 사업자(Developer)가 최적의 사업 계획(설계, 규모, 용도 등)을 수립하고, 다양한 시나리오 분석을 통해 사업의 잠재적 가치를 입증하는 역할을 담당한다.	자산관리회사(AMC)나 부동산투자신탁(REITs)이 준공 이후 자산을 효율적으로 운용하고, 예측 불가능한 리스크에 신속하게 대응하여 자산 가치를 보전하고 극대화하는 역할을 수행한다.

장점	- 인간의 주관적 판단이 나 편향을 최소화하고, 방대한 데이터에 기반한 정밀한 미래 예측이 가능하다. - 잠재적 투자자에게 높은 신뢰도를 제공하여 자금 조달을 용이하게 한다.	- 설계 변경이나 개발 계획 수정에 따른 비용과 시간을 절약할 수 있다. - 정량 화하기 어려웠던 사회적, 환경적 가치를 시뮬레이션을 통해 측정하고 사업 가치에 반영할 수 있다.	- 문제 발생 시 즉각적인 원인 파악과 대응이 가능하여 손실을 최소화 한다. - 데이터 기반의 유지보수를 통해 건물 수명을 연장하고 운영 비용을 절감할 수 있다.
단점	- 데이터의 품질과 양이 분석 결과의 정확성을 좌우하며, 데이터 확보에 많은 비용과 시간이 소요될 수 있다. - AI 모델의 알고리즘이 복잡하여 일반 투자자들이 그 결과를 완전히 이해하기 어려울 수 있다.	- 현실 세계의 모든 변수를 시뮬레이션에 반영하는 데 한계가 존재한다. - 시뮬레이션 모델을 구축하고 운영하기 위한 높은 수준의 기술력과 인프라가 요구된다.	- IoT 센서, 데이터 플랫폼 등 초기 인프라 구축 비용 부담이 크다. - 수집된 데이터의 보안 및 개인정보 보호 문제가 발생할 수 있다.
도시부동산 활용 예시	서울 도심에 신축될 복합 상업시설의 미래 임대수익률과 공실률을 예측하여 최적의 PF 대출 금리와 한도를 결정하는 데 활용된다.	특정 지역의 재개발 프로젝트 진행 시, 용적률, 건물 배치, 공원 면적 등 다양한 시나리오를 시뮬레이션 하여 개발 이익이 가장 극대화되는 최적의 조합을 찾아낸다.	스마트 빌딩으로 건설된 오피스 자산의 에너지 사용량, 엘리베이터 운행 데이터 등을 실시간 분석하여 시설 관리 비용을 최적화하고, 임차인의 만족도를 높여 자산 가치를 증대 시킨다.

2.2. AI 기반 디지털 트윈을 활용한 PF 가상사례: '네오 서울' 프로젝트

네오밸류, 서울숲에 NFT 전용 공간 오픈 (https://www.epnc.co.kr)

2.2. AI 기반 디지털 트윈을 활용한 PF 가상사례: '네오 서울' 프로젝트

1) 가상사례 개요

(1) **프로젝트명:** 네오 서울(Neo Seoul) 스마트 복합단지 개발 프로젝트

(2) **위치:** 서울시 마포구 상암동 일대 가상 부지

(3) **프로젝트 목표:** AI와 디지털 트윈 기술을 활용하여 주거, 상업, 업무 기능이 융합된 친환경 스마트 복합단지를 건설하고, 이를 통해 새로운 도시 라이프스타일을 제시한다.

(4) **총 사업비:** 1조 원

(5) **자금조달:** 프로젝트 파이낸싱(PF) 7,000억 원, 자기자본 3,000억 원

2) 디지털 트윈을 활용한 사업성 분석 및 투자 유치

'네오 서울' 프로젝트의 사업 주체인 '미래도시건설'은 성공적인 자금조달을 위해 상암동 일대를 정밀하게 복제한 디지털 트윈 플랫폼을 구축하였다. 이 플랫폼은 서울시의 공공 데이터와 통신사의 유동인구 데이터, 소셜 미디어의 트렌드 데이터 등 방대한 정보를 실시간으로 통합하여 분석하도록 설계되었다.

■ **1단계: 입지 및 수요 예측 시뮬레이션**

'미래도시건설'은 디지털 트윈 상에서 '네오 서울' 부지의 시간대별, 요일별 유동인구를 AI로 분석하였다. 또한, 가상으로 복합단지를 건설한 후 주변 교통량 변화, 대중교통 이용률, 상업 시설 예상 방문객 수 등을 시뮬레이션 하였다.

□ 가상 수치:

- 시뮬레이션 결과: 프로젝트 완공 후 평일 주간 유동인구는 현재 대비 35% 증가하고, 주말에는 50% 증가할 것으로 예측된다.

• 상업시설 예상 매출: 빅데이터 분석 결과, 20대~40대 직장인 및 가족 단위 방문객이 주를 이룰 것으로 예측되었고, 이를 바탕으로 F&B, 리테일, 엔터테인먼트 시설의 3년간 예상 매출액을 연평균 1,200억 원으로 산출하였다.

• 주거시설 분양가 예측: 주변 시세, 교통 접근성, 교육 환경, 그리고 단지 내 스마트 인프라의 가치를 종합적으로 평가하여, 3.3㎡당 평균 분양가를 6,000만 원으로 책정 시, 95%의 초기 분양률을 달성할 수 있다는 결론을 도출하였다.

이러한 정밀한 데이터는 금융기관으로 구성된 대주단에게 프로젝트의 안정적인 현금흐름 창출 능력을 증명하는 핵심 자료가 되었다.

■ 2단계: 설계 최적화 및 공사비 절감 시뮬레이션

디지털 트윈을 활용하여 다양한 건물 배치와 설계안을 가상으로 적용하고, 일조량, 조망권, 바람 길 등을 분석하여 최적의 단지 설계를 완성하였다. 또한, 공사 전 과정을 가상으로 시뮬레이션 하여 공사 기간과 투입 인력을 예측하고, 자재 낭비를 최소화하는 방안을 모색하였다.

ㅁ 가상 수치:

• 에너지 효율 최적화: 건물 에너지 관리 시스템(BEMS) 시뮬레이션을 통해 에너지 소비량을 20% 절감하는 최적의 설계안을 채택하였다.

• 공사 기간 및 비용 절감: 가상 공사 시뮬레이션(VDC)을 통해 공정 간섭을 사전에 발견하고 최적의 공법을 적용함으로써, 총 공사 기간을 3개월 단축하고, 공사비를 약 500억 원 절감하는 효과를 얻었다.

이는 대주단에게 사업비 집행의 투명성과 효율성을 보여주어 프로젝트 신뢰도를 높이는 결정적 계기가 되었다.

■ **3단계: 미래가치 및 리스크 관리 시뮬레이션**

'미래도시건설'은 여기서 멈추지 않고, 향후 10년간 발생할 수 있는 다양한 외부 변수(금리 인상, 부동산 정책 변화, 주변 지역 개발 계획 등)가 '네오 서울'의 자산 가치와 수익률에 미치는 영향을 시뮬레이션 하였다.

□ **가상 수치:**

- 스트레스 테스트: 기준금리가 2%p 인상되는 최악의 시나리오에서도 프로젝트의 최소 수익률(IRR)은 '8.5%'를 유지하여, 사업의 재무적 안정성이 매우 높음을 입증하였다.
- 자산 가치 예측: 주변 지역 개발 계획과 연계하여 분석한 결과, '네오 서울'의 자산 가치는 준공 10년 후 초기 투자 대비 180% 상승할 잠재력을 지닌 것으로 평가되었다.

3) 결론 및 시사점: 이러한 종합적인 리스크 분석과 미래가치 예측 데이터는 투자자들이 확신을 가지고 PF 대출을 결정하게 만든 최종적인 근거가 되었다. 결국 '네오 서울' 프로젝트는 성공적으로 1조 원의 자금을 조달하여, AI와 디지털 트윈이 만들어가는 미래 도시의 청사진을 현실로 만들게 된 것이다. 이 가상사례는 디지털 트윈이 단순한 기술을 넘어, 도시부동산 프로젝트 금융의 패러다임을 바꾸는 강력한 도구임을 명확히 보여준다.

3. IoT 센서 네트워크가 창출하는 도시부동산 데이터 수집 방법 및 활용과 가상사례

3.1. 살아 숨 쉬는 도시의 신경망, IoT 센서 네트워크

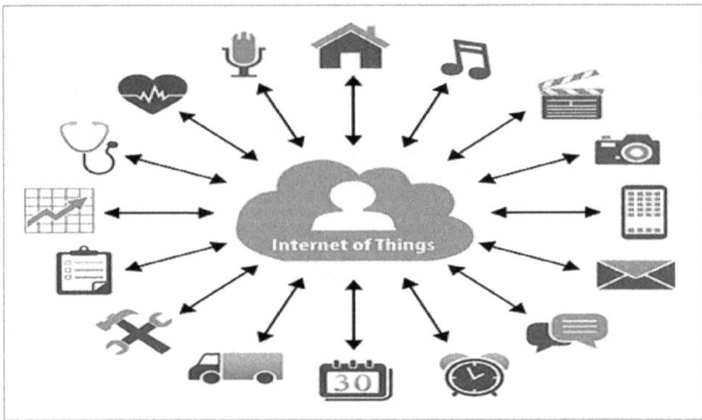

사물인터넷(iOT)란 무엇인가? (https://dpg.danawa.com)

도시의 건물, 거리, 공원 등 물리적 공간에 초소형 센서들을 촘촘히 설치하여 데이터를 수집하고 이를 유무선으로 연결하는 기술이 바로 사물인터넷(IoT) 센서 네트워크이다. 이는 도시의 혈관과 신경망처럼 작동하며, 과거에는 알 수 없었던 도시의 미세한 변화와 시민들의 실제 활동 데이터를 실시간으로 측정하고 수집하는 역할을 한다. 유동인구, 공기 질, 소음 수준, 에너지 소비량, 시설물 상태 등 IoT 센서를 통해 수집된 데이터는 단순한 숫자를 넘어 도시의 현재 상태를 정확하게 진단하고 미래를 예측하는 핵심적인 정보 자산이 된다.

전통적인 도시부동산 분석이 주로 과거의 거래 사례나 거시 경제지표와 같은 정적인 데이터에 의존했다면, IoT 센서 네트워크는 도시 공간의 '지금, 여기'에서 일어나는 생생한 동적 데이터를 제공한다는 점에서 근본적인 차이를 가진다. 이러한 실시간 데이터는 도시부동산 프로젝트의 사업성 분석, 자산 가치 평가, 그리고 운영 효율화 과정에 직접적으로 활용되어, 과거의 주관적이고 경험적인 의사결정을 객관적이고 데이터 기반의 과학적 의사결정으로 전환시키는 혁명적인 변화를 이끌어내는 것이다.

■ **IoT 센서 네트워크 기반 도시부동산 데이터 활용 기법 별 목표, 분석방법 및 기술, 역할, 장단점, 도시부동산 활용예시**

구분	실시간 공간 가치 분석	환경 품질 기반 자산 평가	예지보전 기반 운영 효율화
목표	특정 공간을 이용하는 사람들의 행동 패턴을 실시간으로 분석하여 공간의 효율성을 극대화하고 상업적 가치를 정량적으로 증명하는 것을 목표로 한다.	실내외 환경 데이터(공기질, 소음 등)를 측정 및 분석하여 부동산 자산의 쾌적성과 건강 가치를 평가하고, 이를 임대료나 자산 가격에 반영하는 것을 목표로 한다.	건물의 주요 설비와 구조물에 부착된 센서 데이터를 분석하여 고장을 사전에 예측하고 유지보수 비용을 최소화함으로써 자산의 운영수익을 극대화하는 것을 목표로 한다.
분석 방법 및 기술	- 수집 센서: 보행자 계수 센서, 컴퓨터 비전(CCTV), Wi-Fi/블루투스 스캐너 - 분석 기술: 히트맵(Heatmap) 분석, 동선 흐름 분석, 체류시간 분석, 빅데이터 처리 기술을 활용한다.	- 수집 센서: 미세먼지(PM2.5), CO_2, 소음, 온습도, 조도(LUX) 센서 - 분석 기술: 환경 데이터 모델링, LEED/WELL 등 친환경 건축 인증 연계 분석, 부동산 가치 상관관계 분석을 활용한다.	- 수집 센서: 진동, 음향(Acoustic), 열화상, 전력 소모량 센서 - 분석 기술: AI 기반 이상 징후 탐지 알고리즘, 머신 러닝 기반 설비 수명 예측, 디지털 트윈 연계 시뮬레이션을 활용한다.
역할	상업시설의 임차인(MD) 구성 전략을 수립하고, 유동인구 데이터를 근거로 적정 임대료를 산정하는 객관적 기준을 제공하는 역할을 수행한다.	친환경 프리미엄(Green Premium)을 자산 가치에 반영시켜 매각 가나 담보 가치를 높이고, ESG 경영에 민감한 우량 임차인과 투자자를 유치하는 역할을 담당한다.	건물의 운영경비(O&M Cost) 절감 계획을 수립하고, 순영업소득(NOI)을 증대 시켜 프로젝트의 장기적인 현금흐름 안정성을 입증하는 역할을 수행한다.
장점	- 상업 공간의 평당 효율과 매출을 극대화할 수 있다. - 데이터 기반의 과학적인 임대 전략 수립이 가능하다.	- 자산의 차별성을 부각하여 가치를 증대 시킬 수 있다. - 입주자의 만족도와 건강을 증진시켜 공실률을 낮추게 된다.	- 갑작스러운 설비 고장으로 인한 영업 중단 리스크를 예방한다. - 불필요한 부품 교체를 줄여 유지보수 비용을 획기적으로 절감한다.

단점	- 개인정보보호(프라이버시) 침해 논란이 발생할 수 있다. - 센서 및 분석 플랫폼 초기 설치 비용 부담이 크다.	- 환경 가치를 실제 임대 수익으로 직접 연결하기 어려울 수 있다. - 센서의 정기적인 유지 보수 및 교체 비용이 발생한다.	- 시스템 구축을 위한 초기 투자 비용이 매우 높다. - 데이터 분석을 위한 전문 기술 인력이 반드시 필요하다.
도시부동산 활용 예시	복합 쇼핑몰의 층별, 구역별 유동인구와 체류시간을 분석하여 가장 효율이 높은 공간에 우량 임차인을 유치하고 높은 임대료를 책정하는 데 활용된다.	프라임급 오피스 빌딩의 실내 공기 질을 상시 최고 수준으로 관리하고 있음을 데이터로 입증하여, 주변 시세보다 높은 임대료를 책정하는 근거로 활용된다.	대형 물류센터의 컨베이어 벨트 모터에 부착된 진동 센서 데이터를 분석하여 고장을 사전에 예측하고 부품을 교체함으로써 물류 중단 사태를 예방하는 데 활용된다.

3.2. 가상사례: IoT 데이터로 가치를 증명한 '에코-플렉스 오피스'

1) 가상사례 개요

(1) **프로젝트명**: 에코-플렉스(Eco-Plex) 스마트 오피스 빌딩 개발

(2) **위치**: 서울시 성수동 구도심 공장 부지

(3) **프로젝트 목표**: 노후화된 공장 지대를 첨단 IoT 기술과 친환경 설계를 결합한 프라임급 스마트 오피스로 재개발하여, 지속가능한 업무 환경을 제공하고 자산 가치를 극대화한다.

(4) **핵심 전략**: 건물 내외부에 IoT 센서 네트워크를 구축하여 수집된

SoAWIP 성수 274 업무시설, 서울시 성동구 성수동1가(https://www.instagram.com)

실시간 데이터를 프로젝트 금융(PF)의 사업성 검증 및 자산 가치 평가에 직접 활용한다.

2) IoT 센서 데이터를 활용한 사업 계획 및 자금 조달

'에코-플렉스'의 사업 주체는 프로젝트 초기 단계부터 부지 주변과 건물 설계안에 대한 가상 IoT 데이터 시뮬레이션 결과를 투자 제안서에 포함시켰다. 이후 실제 착공과 함께 부지 주변에 파일럿 센서를 설치하여 실증 데이터를 축적하고 이를 금융기관에 제시하였다.

■ 1단계: 공간 가치의 재발견(유동인구 및 체류시간 분석)

사업 주체는 프로젝트 부지 주변 주요 동선에 보행자 카운팅 센서와 와이파이 스캐너를 설치하여 유동인구의 규모, 동선 패턴, 그리고 특정 공간에서의 평균 체류시간 데이터를 수집하였다.

□ 가상 수치:

- 요일/시간대별 유동인구: 평일 점심시간(12-1시)에 유동인구가 시간당 평균 2,500명으로 가장 집중되며, 주말에는 인근 카페거리와 연계된 20-30대 방문객이 일평균 8,000명에 달하는 것으로 측정되었다.
- 공간별 평균 체류시간: 대로변보다 이면도로의 특정 골목길에서 방문객의 평균 체류시간이 25분 더 길다는 사실을 발견하였다.

이 데이터는 대로변의 상업시설 뿐만 아니라, 체류시간이 긴 이면도로에 소규모 리테일 및 F&B 시설을 집중 배치할 경우 추가적인 임대 수익 창출이 가능하다는 객관적인 근거가 되었다. 이는 금융기관에 프로젝트의 상업적 잠재력과 수익 안정성을 설득하는 데 결정적인 역할을 하였다.

■ 2단계: 쾌적성의 정량화(환경 데이터 분석)

빌딩 내부와 외부에 미세먼지, 소음, 이산화탄소(CO2), 온습도 등을 측정하는 환경 센서를 설치하여 실시간으로 업무 환경의 쾌적성을 모니터링하고 데이터를 축적하였다.

□ 가상 수치:

- 실내 공기질 관리: 첨단 공조 시스템과 연동된 CO2 센서는 실내 농도를 800ppm 이하로 상시 유지시켜, 일반 오피스 빌딩 대비 업무 생산성을 11% 향상시킬 수 있음을 시뮬레이션을 통해 증명하였다.
- 소음 관리: 이중 차음 설계와 소음 센서 모니터링을 통해 외부 소음 유입을 40dB 이하로 관리할 수 있음을 실증하였다.

이러한 정량적 데이터는 '에코-플렉스'가 단순한 업무 공간이 아닌, 입주 기업의 생산성과 임직원의 건강까지 고려하는 '프리미엄 자산'임을 증명하는 자료가 되었다. 이는 향후 더 높은 임대료를 책정하고 우량 임차인을 유치할 수 있다는 논리로 이어져 자산 가치 평가에 긍정적으로 작용하였다.

■ 3단계: 운영 효율성의 입증(에너지 및 시설물 관리)

건물의 주요 설비(냉난방, 조명, 엘리베이터 등)에 전력량 센서와 진동 센서를 부착하여 실시간 에너지 사용량을 측정하고 시설물의 이상 징후를 사전에 감지하도록 설계하였다.

□ 가상 수치:

- 에너지 비용 절감: AI 기반 에너지 관리 시스템(BEMS)이 IoT 센서 데이터를 분석하여 에너지 사용을 최적화한 결과, 동급의 일반 오피스 빌딩 대비 연간 에너지 비용을 25%(약 2억 원)

절감할 수 있을 것으로 예측되었다.

- 예지 보전(Predictive Maintenance): 냉난방 설비의 미세한 진동 패턴 변화를 감지하여 부품 고장을 사전에 예측하고 교체함으로써, 갑작스러운 시스템 중단으로 인한 피해와 높은 긴급 보수 비용을 90% 이상 예방할 수 있음을 입증하였다.

3) 결론 및 시사점: 이러한 운영 데이터는 건물의 유지관리비(O&M Cost)를 획기적으로 절감할 수 있다는 구체적인 증거가 되었다. 금융기관은 이를 통해 프로젝트의 장기적인 순영업소득(NOI)이 안정적으로 유지될 것이라 판단하였고, 이는 PF 대출의 금리 조건과 대출 한도를 결정하는 데 유리한 요소로 작용하게 된 것이다. 이처럼 '에코-플렉스' 사례는 IoT 센서 네트워크가 도시의 잠재력을 데이터로 발굴하고, 부동산의 가치를 과학적으로 증명하며, 성공적인 프로젝트 금융을 이끌어내는 핵심 기술임을 명확히 보여준다.

4. 5G 인프라 구축이 도시부동산 투자가치에 미치는 영향분석 기법과 가상사례

4.1. 도시의 디지털 대동맥, 5G 인프라와 부동산 가치

5G(5세대 이동통신)는 단순히 데이터 전송 속도가 빨라지는 것을 넘어, 초고속, 초저지연, 초연결이라는 특성을 통해 도시의 공간 구조와 부동산의 가치를 근본적으로 바꾸는 '디지털 대동맥(Digital Aorta)'과 같은 역할을 수행한다. 자율주행, 스마트 팩토리, 원격 의료, 실감형 미디어 등 4차 산업혁명의 핵심 기술들은 5G 네트워크 없이는 구현이 불가능하기 때문이다.

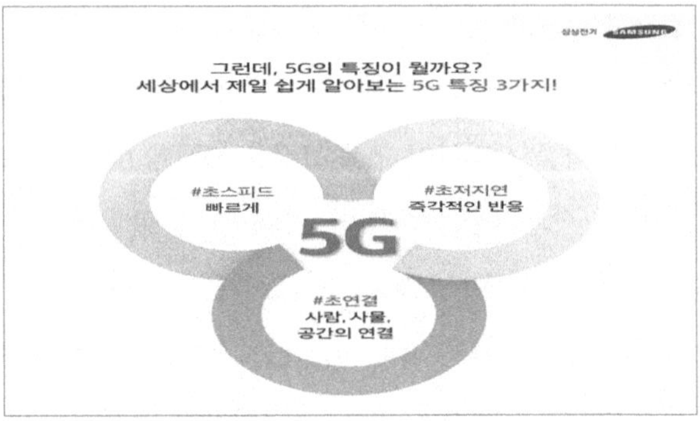

[카드뉴스] 세상에서 제일 쉽게 알아보는 5G 특징 3가지 : 네이버 블로그

따라서 특정 지역에 5G 인프라가 우선적으로 구축된다는 것은, 해당 지역이 미래 첨단 산업과 새로운 라이프스타일을 수용할 수 있는 '디지털 인프라의 역세권'이 되는 것을 의미한다.

과거에 철도나 고속도로와 같은 물리적 교통망이 도시의 성장을 이끌고 부동산 가치를 결정했다면, 미래에는 5G 네트워크망이 그 역할을 상당 부분 대체하게 될 것이다. 5G망의 커버리지, 안정성, 속도 등은 이제 해당 지역 부동산의 잠재적 가치를 평가하는 새로운 핵심 지표가 된다. 이에 따라 투자자와 개발자는 5G 인프라 구축 현황과 계획을 정밀하게 분석하고, 이것이 부동산 가치에 미치는 영향을 과학적으로 측정하는 새로운 분석 기법을 요구 받게 된 것이다.

https://www.koit.co.kr

■ 5G 인프라 구축의 부동산 투자가치 영향분석 기법별 목표, 분석방법 및 기술, 역할, 장단점, 도시부동산 활용예시

구분	실시간 공간 가치 분석	환경 품질 기반 자산 평가	예지보전 기반 운영 효율화
목표	부동산의 다양한 특성(면적, 위치, 건축연도 등) 속에서 5G 인프라 구축이라는 특정 요인이 가격에 미치는 순수한 영향(가격 프리미엄)을 통계적으로 분리하고 측정하는 것을 목표로 한다.	특정 지역의 5G 인프라 구축이 해당 지역 뿐만 아니라, 인접한 주변 지역의 부동산 가치에 미치는 공간적 파급 효과(Spillover Effect)까지 분석하는 것을 목표로 한다.	5G 인프라가 해당 부동산의 미래 순영업소득(NOI)을 얼마나 증대 시킬 수 있는지를 예측하고, 이를 기반으로 미래의 자산 가치 상승분을 추정하는 것을 목표로 한다.
분석 방법 및 기술	- 분석 방법: 다중회귀분석(Multiple Regression Analysis)을 핵심 방법론으로 사용한다. - 활용 기술/데이터: 부동산 실거래가 데이터, 건축물대장, 입지 변수에 '5G 커버리지 여부' 또는 '네트워크 품질'을 독립변수로 추가하여 분석한다.	- 분석 방법: 공간자기상관성(Spatial Autocorrelation)을 고려한 공간자기회귀모형(SAR), 공간오차모형(SEM) 등을 활용한다. - 활용 기술/데이터: GIS(지리정보시스템), 5G 기지국 위치 데이터, 지역 단위 경제지표를 결합하여 분석한다.	- 분석 방법: 현금흐름할인법(DCF), 직접환원법 등을 사용한다. - 활용 기술/데이터: 5G 관련 산업의 성장률 전망, 타겟 임차인의 임대료 지불의사(WTP) 조사, 운영비용(O&M) 절감 효과 예측 데이터를 기반으로 미래 현금흐름을 추정한다.
역할	과거 데이터를 기반으로 5G의 가치를 실증적으로 검증하여, 감정평가사나 금융기관의 담보 가치 평가 시 객관적인 근거를 제공하는 역할을 수행한다.	5G 인프라 투자의 광역적 효과를 분석하여, 정부나 지자체의 도시계획 및 관련 정책 수립을 위한 기초자료를 제공하는 역할을 담당한다.	개발사업자나 PF 투자자가 미래 수익성을 예측하고 투자의사결정을 내리는 데 직접적인 근거를 제공하는 미래지향적 가치 평가 역할을 수행한다.
장점	- 통계 모델을 사용하여 분석 결과의 객관성과 신뢰도가 높다. - 5G가 창출하는 가치를 구체적인 가격으로 명확하게 제시할 수 있다.	- 부동산 가치의 공간적 상호의존성을 반영하여 보다 현실적인 분석이 가능하다. - 특정 개발이 주변에 미치는 긍정적 외부효과를 측정할 수 있다.	- 5G의 영향을 미래 수익과 직접 연결하여 투자가치를 명확히 보여준다. - 시장 변화와 사업 계획을 반영한 유연한 가치 추정이 가능하다.

단점	- 분석에 필요한 대규모의 정제된 데이터 확보가 어렵다. - 미래의 잠재적 가치보다는 과거의 가격 패턴을 설명하는 데 치중된다.	- 분석 모델이 복잡하여 비전문가가 결과를 해석하기 어렵다. - 분석의 범위가 넓어 개별 부동산의 특성을 반영하기 힘들다.	- 미래 수익과 비용에 대한 가정이 많아 주관이 개입될 여지가 크다. - 가정의 신뢰도에 따라 결과의 편차가 크게 발생할 수 있다.
도시부동산 활용 예시	서울시 아파트 실 거래 데이터를 분석하여, '5G 특화 망 서비스'가 제공되는 단지가 유사 조건의 다른 단지보다 평균 5% 높은 가격에 거래되었음을 통계적으로 증명하는 데 활용된다.	판교테크노밸리에 5G R&D 클러스터가 조성될 경우, 판교 내부 뿐만 아니라 인접한 분당, 용인 지역의 오피스 및 상가 임대료에 미치는 긍정적 파급 효과를 예측하는 데 활용된다.	구도심에 신축되는 스마트 오피스 빌딩이 완벽한 5G 환경 제공을 통해 IT 기업으로부터 주변 시세 대비 15% 높은 임대료를 받을 수 있음을 예측하여 PF 대출 한도를 증액하는 근거로 활용된다.

4.2. 가상사례: 5G 기반 스마트 오피스 '퀀텀 타워'의 가치 평가

의왕스마트시티 퀀텀 지식산업센터 (https://m.sedaily.com)

1) 가상사례 개요

(1) **프로젝트명:** 퀀텀 타워(Quantum Tower) - 5G 특화 스마트 오피스 개발

(2) **위치:** 서울시 구로디지털단지 내 노후 빌딩 부지

(3) **프로젝트 목표:** 국내 최고 수준의 5G 인프라를 선제적으로 구축하여, IT, 미디어, R&D 기업을 위한 차세대 업무 공간을 제공하고, 이를 통해 자산 가치를 극대화한다.

(4) 분석 기법: '5G 프리미엄 가치평가 모델(5G-Premium Valuation Model)'을 적용하여 5G 인프라가 창출하는 미래가치를 정량적으로 측정하고 이를 프로젝트 금융(PF) 투자 유치에 활용한다.

2) 5G 프리미엄 가치평가 모델을 활용한 사업성 분석

'퀀텀 타워'의 사업 주체는 PF 대주단을 설득하기 위해, 5G 인프라의 유무(有無)에 따른 미래 임대수익과 자산가치 변화를 시뮬레이션 하는 독자적인 평가 모델을 개발하여 제시하였다.

■ 1단계: 5G 연관 산업 임차 수요 예측

먼저, 사업 주체는 5G 기술과 직접적인 연관성이 높은 산업 군(자율주행 R&D, 클라우드 게임, VR/AR 콘텐츠, 원격의료 솔루션 등)을 정의하고, 해당 산업군의 성장률과 사무 공간 수요 증가율을 예측하였다.

□ 가상 수치:

- 5G 연관 산업 성장률: 향후 5년간 연평균 15% 성장할 것으로 예측된다.
- 프라임 오피스 수요 예측: 이들의 성장에 따라 구로디지털단지 내 프라임 오피스 추가 수요가 5년 내 30만 ㎡ 발생할 것으로 분석되었다.
- '퀀텀 타워' 잠재 임차 수요: '퀀텀 타워'는 완벽한 5G 환경을 제공하므로, 이 신규 수요의 30%를 선점할 수 있을 것으로 예측하였다.

이 분석은 '퀀텀 타워'가 안정적인 임차인을 조기에 확보할 수 있다는 강력한 근거가 되었다.

■ 2단계: 임대료 프리미엄 산정

다음으로, 5G 기반의 스마트 오피스 환경이 입주 기업의 생산성 향상과 비용 절감에 기여하는 효과를 화폐 가치로 환산하여, 일반 오피스 대비 얼마나 높은 임대료를 받을 수 있는지를 산정하였다.

□ 가상 수치:

- 생산성 증대 효과: 초고속 통신망을 통한 업무 효율 증대, 원격 협업 활성화 등으로 입주 기업의 생산성이 5% 향상되고, 이는 임대료 추가 지불 의사로 이어질 것으로 분석된다.
- 비용 절감 효과: 건물 내 IoT 센서, 자율주행 로봇(배송, 주차, 보안) 운영을 통해 기업의 관리비 및 운영비가 10% 절감되는 효과가 있다.
- 산정된 임대료 프리미엄: 위의 효과들을 종합한 결과, '퀀텀 타워'는 주변 프라임 오피스 시세 대비 최소 15% 높은 임대료 책정이 가능하다고 결론 내렸다.

■ 3단계: 자산 가치 상승률(Capital Gain) 예측

마지막으로, 5G 특화라는 차별성이 향후 자산 매각 시점에 어느 정도의 가치 상승을 가져올지를 예측하였다.

□ 가상 수치:

- 공실률 예측: 5G 연관 첨단 기업들의 꾸준한 임차 수요로 인해, 준공 후 5년간 평균 공실률이 1% 미만으로 유지될 것으로 예측된다.
- 자본환원율(Capitalization Rate) 비교: 안정적인 임대수익과 낮은 공실률, 그리고 미래 기술의 상징성으로 인해, 일반 오피스 빌딩의 자본환원율이 5.0%일 때 '퀀텀 타워'는 '4.5%'의 낮은

자본환원율을 적용 받을 수 있을 것으로 평가되었다.

- 미래 자산 가치: 동일한 순영업소득(NOI)이라도 낮은 자본환원율을 적용 받으므로, 5년 후 매각 시점에 일반 오피스 대비 약 20% 높은 자산 가치를 형성하게 된다.

3) 결론 및 시사점: 결론적으로, '5G 프리미엄 가치평가 모델'은 5G 인프라라는 무형의 가치를 임차 수요, 임대료 프리미엄, 미래 자산 가치 상승이라는 구체적인 숫자로 증명해냈다. 이는 금융기관과 투자자들에게 '퀀텀 타워' 프로젝트의 높은 수익성과 안정성을 명확히 보여주는 결정적 자료가 되었고, 성공적인 PF 자금 조달의 핵심적인 열쇠가 된 것이다. 이 사례는 5G 인프라가 더 이상 단순한 통신 기술이 아닌, 부동산의 가치를 결정하는 핵심적인 요소임을 명백히 보여준다.

5. 시민참여형 크라우드펀딩 및 블록체인 기반 부동산 투자 신탁과 가상사례

5.1. 도시 개발의 대중화: 시민이 주인이 되는 부동산 금융

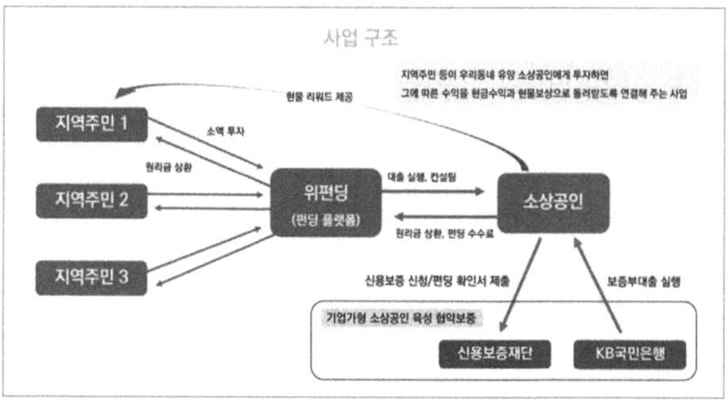

[사회적경제뉴스] 위펀딩, '2025년 우리동네 크라우드펀딩 지원사업' (https://www.senews.kr)

과거의 도시부동산 개발은 거대 자본을 가진 소수의 기관 투자자나 개발사의 전유물이었다. 이 과정에서 개발 이익은 소수에게 집중되었고, 정작 그 공간을 사용하게 될 일반 시민들은 의사결정 과정에서 소외되는 경우가 많았다. 그러나 이제 기술의 발전이 이러한 전통적인 금융 구조에 균열을 내고, 도시 개발의 패러다임을 바꾸는 새로운 가능성을 열고 있다. 그 중심에 바로 '시민참여형 크라우드펀딩(Crowdfunding)'과 블록체인(Blockchain) 기술이 있다.

시민참여형 크라우드펀딩은 특정 부동산 프로젝트에 다수의 일반 시민(군중, Crowd)이 소액으로 참여하여 자금을 조달(Funding)하는 방식이다. 이는 시민들에게 지역 개발의 주체로 참여할 기회를 제공하고, 개발 이익을 함께 공유하는 통로가 된다. 여기에 블록체인 기술이 결합되면서 부동산 금융은 더욱 투명하고 혁신적인 단계로 진화한다. 블록체인은 부동산 소유권을 디지털화하여 작은 단위로 쪼갠 '토큰(Token)'으로 만들고, 이를 통해 주식처럼 자유롭게 거래할 수 있게 한다.

모든 거래 기록은 분산원장에 기록되어 위 변조가 불가능하므로, 거래의 투명성과 안정성이 획기적으로 높아진다. 이 두 기술의 융합은 거대 자본 없이도 누구나 도시의 주인이 될 수 있는, 진정한 의미의 '부동산 금융의 대중화'를 실현하는 열쇠가 될 것이다.

■ 시민참여형 및 블록체인 기반 부동산 투자신탁 방법 별 목표, 분석방법 및 기술, 역할, 장단점, 도시부동산 활용예시

구분	지분형 크라우드펀딩	부동산 증권형 토큰 발행(STO)	탈중앙화 자율 조직(DAO) 기반 투자
목표	일반 대중의 소액 자금을 모아 특정 부동산 프로젝트의 초기 자본금이나 중순위 대출(Mezzanine Loan)을 조달하고, 이를 통해 시민들에게 부동산 개발 참여 및 이익 공유의 기회를 제공하는 것을 목표로 한다.	블록체인 기술을 활용하여 비유동자산인 부동산의 소유권을 디지털 증권(토큰)으로 유동화하고, 국경 없는 투자자들에게 판매하여 대규모 자금을 조달하는 것을 목표로 한다.	특정 중앙 관리 주체 없이, 커뮤니티 구성원(토큰 보유자)들의 투표를 통해 부동산의 매입, 개발, 운영 등 모든 의사결정을 수행하는 완전한 탈중앙화 투자 모델을 구현하는 것을 목표로 한다.
분석 방법 및 기술	- 활용 기술: 온라인 펀딩 중개 플랫폼, 소셜 네트워크 서비스(SNS) 마케팅 - 분석 방법: 사업 주체의 평판 및 과거 이력 검증, 예상 투자수익률(ROI) 및 현금흐름(Cash Flow) 예측 등 전통적인 사업타당성 분석에 집중한다.	- 활용 기술: 블록체인(이더리움 등), 스마트 컨트랙트, 디지털 자산 발행 및 거래 플랫폼 - 분석 방법: 기초자산(부동산)에 대한 감정평가, 스마트 컨트랙트 코드의 보안 감사, 증권법 등 관련 규제 준수 여부(Compliance) 검토가 핵심이 된다.	- 활용 기술: 블록체인, 스마트 컨트랙트, 탈중앙화 거버넌스 프로토콜(Snapshot 등) - 분석 방법: DAO의 의사결정 구조(거버넌스) 설계, 토큰 이코노미의 지속가능성, 자금 관리(Treasury) 시스템의 안정성 분석이 가장 중요한 평가 항목이 된다.
역할	소규모 도시재생 프로젝트나 특색 있는 상업 공간 개발 시, 지역 주민들의 참여를 이끌어내고 초기 사업 자금을 확보하는 역할을 주로 수행한다.	대형 오피스 빌딩, 호텔 등 고가의 상업용 부동산을 디지털화된 리츠(REITs)나 자산유동화증권(ABS)처럼 운용하여 자금 조달 규모를 키우고 투자자의 접근성을 높이는 역할을 담당한다.	투자자들이 단순한 수익자를 넘어, 부동산 펀드의 운용 주체가 되어 직접 포트폴리오를 구성하고 관리하는 능동적인 투자자 공동체의 역할을 수행한다.
장점	- 프로젝트에 대한 지역사회의 지지와 홍보 효과를 극대화할 수 있다. - 투자자 모집 과정에서 잠재적 수요를 미리 파악할 수 있다.	- 24시간 운영되는 디지털 자산 거래소에서 토큰 거래가 가능해 유동성이 매우 높다. - 모든 거래 기록이 블록체인에 남아 거래의 투명성이 보장된다.	- 모든 의사결정과 자금 흐름이 100% 투명하게 공개된다. - 중앙 관리자의 부재로 운영 비용을 최소화할 수 있다.

단점	- 투자자 보호 장치가 미흡할 수 있고, 투자금 회수가 어렵다. - 조달할 수 있는 자금의 규모에 명백한 한계가 존재한다.	- 기술적, 법률적 복잡성이 높아 초기 도입 장벽이 높다. - 암호화폐 시장의 변동성이 토큰 가격에 영향을 줄 수 있다.	- 모든 참여자가 투표해야 하므로 의사결정 속도가 느릴 수 있다. - 해킹 등 스마트 컨트랙트의 기술적 취약점에 대한 리스크가 존재한다.
도시부동산 활용 예시	지역 주민들이 십시일반으로 자금을 모아 동네의 버려진 창고를 청년들을 위한 복합문화공간으로 리모델링하는 프로젝트에 활용된다.	광화문의 프라임급 오피스 빌딩을 기초자산으로 부동산 토큰을 발행하여 전 세계 투자자들에게 판매하고, 투자자들은 이를 주식처럼 거래하는 데 활용된다.	DAO 커뮤니티가 투표를 통해 친환경 공유주거(Co-living) 시설을 매입하여 운영하고, 여기서 발생하는 임대수익을 DAO 구성원들에게 배당하는 데 활용된다.

5.2. 가상사례: '성수 소셜 리빙' 프로젝트의 블록체인 기반 시민 펀딩

성수 소셜벤처밸리, 소셜 임팩트의 성지가 되기까지 - 더퍼스트미디어 (https://www.thefirstmedia.net)

1) 가상사례 개요

(1) **프로젝트명:** 성수 소셜 리빙(Seongsu Social Living)

(2) **위치:** 서울시 성수동 노후 상가 건물

(3) **프로젝트 목표:** 청년 창작자들과 1인 가구를 위한 공유주거 및 코워킹 스페이스를 조성하고, 이 과정에 블록체인 기반의 시민참여형 펀딩을 도입하여 지역 커뮤니티와 개발 이익을 공유한다.

(4) **금융 구조:** 블록체인 기반의 부동산 수익증권(DABS) 발행 및 거래 플랫폼을 활용한 공모형 리츠(REITs)

2) 블록체인 기반 부동산 투자신탁(STO-REITs)의 실행

'성수 소셜 리빙'의 사업 주체인 '도시공감'은 총사업비 100억 원 중 40억 원을 시민참여형 크라우드펀딩으로 조달하는 혁신적인 계획을 세웠다.

■ **1단계: 부동산 자산의 토큰화 및 공모**

'도시공감'은 '성수 소셜 리빙' 건물의 소유권을 블록체인 기술을 활용하여 디지털 증권, 즉 '부동산 토큰(STO: Security Token)'으로 전환하였다. 이는 건물의 자산 가치를 잘게 쪼개어 누구나 소액으로 투자할 수 있도록 만든 것이다.

□ 가상 수치:

- 총 발행 토큰 수: 400,000개(총 공모금액 40억 원)
- 1토큰당 발행 가격: 10,000원
- 최소 투자 금액: 100,000원(10토큰)
- 펀딩 결과: 총 3,520명의 시민 투자자가 참여하여 목표 금액 40억 원을 성공적으로 모집하였다. 투자자들은 스마트폰 앱을 통해 간편하게 프로젝트의 비전을 확인하고 투자를 결정하였다.

이 과정은 과거 소수의 고액 자산가만 접근 가능했던 성수동 프라임 상업용 부동산에 대한 투자 장벽을 획기적으로 낮추는 계기가 되었다.

■ **2단계: 투명한 운영과 스마트 컨트랙트를 통한 배당**

프로젝트의 모든 운영 현황과 재무 정보는 블록체인 네트워크상에 투명하게 공개되었다. 특히, 임대료 수익 배분은 '스마트 컨트랙트(Smart Contract)'를 통해 자동화되었다.

□ 가상 수치:

- 연간 목표 임대수익: 8억 원
- 운영비용: 3억 원
- 주주 배당 재원(순영업소득): 5억 원
- 토큰당 연간 예상 배당금: 1,250원(연 12.5% 수익률)
- 배당 방식: 매월 말일, 스마트 컨트랙트가 자동으로 임대수익을 정산하여 각 투자자의 디지털 지갑으로 이더리움(ETH) 또는 스테이블코인(USDC)을 통해 배당금을 지급한다.

이 방식은 기존 리츠(REITs)의 복잡한 청산 및 배당 절차를 간소화하고, 중간 관리 비용을 절감하며, 모든 투자자에게 공정하고 투명한 수익 분배를 보장하는 혁신을 가져왔다.

■ 3단계: 토큰 거래소를 통한 유동성 확보

투자자들은 자신들이 보유한 부동산 토큰을 블록체인 기반의 디지털 자산 거래소에서 주식처럼 자유롭게 거래할 수 있다. 이는 기존 부동산 투자의 가장 큰 단점이었던 낮은 유동성 문제를 해결하는 핵심적인 역할을 한다.

□ 가상 수치:

- 준공 후 토큰 시세: 프로젝트가 성공적으로 준공되고 안정적인 임대수익이 발생하자, '성수 소셜 리빙' 토큰의 가치는 발행가 10,000원에서 13,000원으로 상승하였다.
- 거래 활성화: 투자자들은 필요에 따라 언제든지 토큰을 매도하여 현금화할 수 있으며, 새로운 투자자들 또한 시장 가격으로 프로젝트에 참여할 수 있게 되었다.

3) 결론 및 시사점: 결론적으로 '성수 소셜 리빙' 사례는 시민참여형 크라우드펀딩과 블록체인 기술이 어떻게 부동산 금융의 문턱을 낮추고, 투명성과 유동성을 확보하며, 개발의 이익을 다 함께 공유하는 새로운 생태계를 만들 수 있는지를 명확히 보여준다. 이는 단순한 자금 조달 기법을 넘어, 도시를 시민의 품으로 돌려주는 가장 진보적인 금융 혁명이 될 것이다.

제4장

AI 기반 부동산 가치평가 시스템의 구축과 활용

1. 컴퓨터 비전을 활용한 건물 외관평가와 투자가치 연산모델과 가상사례

1.1. 건물의 첫인상을 읽는 AI의 눈, 컴퓨터 비전

부동산의 가치는 수많은 요인에 의해 결정되지만, 그 중에서도 '건물의 외관(Façade)'은 투자 결정에 있어 매우 중요한 '첫인상' 역할을 한다.

Fig. 13 Detection Results of MS COCO Dataset.

컴퓨터 비전 활용 분야 | 블로그 | 모두의연구소 (https://modulabs.co.kr)

잘 관리된 매력적인 외관은 잠재적 임차인이나 구매자에게 긍정적인 신호를 보내고, 이는 곧 자산의 가치와 직결된다. 하지만 전통적인 외관 평가는 소수의 전문가가 직접 현장을 방문하여 주관적인 경험에 의존해 판단하는 방식으로 이루어져, 시간과 비용이 많이 소요되고 평가의 일관성을 유지하기 어려웠다.

컴퓨터 비전(Computer Vision) 기술은 이러한 한계를 극복하는 혁신적인 해법을 제시한다. 컴퓨터 비전은 인공지능(AI)이 인간의 눈처럼 사물을 보고, 이미지를 분석하여 유의미한 정보를 추출하는 기술이다. 드론이나 로드뷰 차량이 촬영한 수많은 건물 외관 이미지를 AI에게 학습시키면, AI는 외벽의 균열, 오염, 디자인의 심미성, 간판의 난잡함, 주변 환경과의 조화 등 건물의 가치에 영향을 미치는 수백 가지 시각적 요소를 0.01초 만에 정량적으로 분석하고 점수화할 수 있다. 이는 평가자의 주관을 배제한 채, 데이터에 기반한 객관적이고 신속한 대규모 건물 가치 평가를 가능하게 하는 새로운 시대가 열렸음을 의미하는 것이다.

■ **컴퓨터 비전 활용 건물 외관평가 및 투자가치 연산모델 별 목표, 분석방법 및 기술, 역할, 장단점, 도시부동산 활용예시**

구분	정량적 상태평가 모델	심미적 가치평가 모델	가치증대(Value-add) 시뮬레이션 모델
목표	건물 외벽의 균열, 오염, 파손 등 물리적인 노후화 상태를 객관적으로 측정하고 정량화하여, 건물의 현재 상태를 정확히 진단하는 것을 목표로 한다.	건물의 디자인, 색상, 형태, 주변 환경과의 조화 등 주관적이고 미학적인 요소를 AI가 학습하여 점수화하고, 이를 통해 건물의 시각적 매력도를 평가하는 것을 목표로 한다.	특정 건물의 외관을 개선(리모델링)했을 경우, 예상되는 자산가치 상승분과 투자수익률(ROI)을 사전에 예측하여 최적의 개선안을 도출하는 것을 목표로 한다.

분석 방법 및 기술	- 활용 기술: 객체 탐지(Object Detection), 이미지 분할(Image Segmentation) 알고리즘, 드론 및 고해상도 카메라 - 분석 방법: AI가 건물 이미지에서 균열의 길이, 오염 면적, 파손 부위 등을 자동으로 찾아내고, 그 심각도에 따라 등급을 부여하여 리포트를 생성한다.	- 활용 기술: 합성곱 신경망(CNN), 생성적 적대 신경망(GAN) 등 딥러닝 기술 - 분석 방법: 수십만 장의 건물 이미지를 건축가, 디자이너 그룹이 평가한 점수와 함께 학습시켜, AI가 비례, 균형, 재료 등 디자인 원칙을 이해하고 평가하도록 한다.	- 활용 기술: 컴퓨터 비전, 생성형 AI, 예측적 금융 모델링 - 분석 방법: 생성형 AI가 특정 건물의 외관에 다양한 가상 리모델링 디자인을 적용해보고, 각 디자인이 주변 임대료 및 자산가격 데이터와 어떤 상관관계를 갖는지를 분석하여 투자가치를 연산한다.
역할	부동산 자산 실사(Due Diligence) 과정에서 건물의 유지보수 필요성과 예상 수선비용을 산출하는 객관적인 근거 자료를 제공하는 역할을 수행한다.	특정 상권 내에서 디자인 경쟁력이 높은 건물을 식별하거나, 반대로 디자인 개선 잠재력이 큰 저평가된 건물을 발굴하는 역할을 담당한다.	밸류애드(Value-add) 전략을 추구하는 부동산 펀드나 개발사가 리모델링 의사결정을 내리고, 금융기관에 제출할 사업계획서의 수익성을 증명하는 핵심적인 역할을 수행한다.
장점	- 프로젝트에 대한 지역사회의 지지와 홍보 효과를 극대화할 수 있다. - 투자자 모집 과정에서 잠재적 수요를 미리 파악할 수 있다.	- 정량 화하기 어려웠던 '디자인 경쟁력'을 데이터로 보여줄 수 있다. - 잠재적 임차인이나 구매자의 선호를 예측하는 데 활용될 수 있다.	- 데이터에 기반하여 리모델링의 성공 가능성을 예측하고 리스크를 줄인다. - 최소 비용으로 최대 효과를 내는 최적의 디자인과 자재를 찾을 수 있다.
단점	- 눈에 보이는 표면적인 결함만 탐지할 수 있고, 구조적인 문제는 파악할 수 없다.	- AI의 '미적 기준'이 학습 데이터에 편향될 수 있다. - 시대나 지역에 따라 변하는 미적 트렌드를 즉각적으로 반영하기 어렵다.	- 모델 개발의 기술적 난이도가 높고 많은 비용이 소요된다. - 시장 상황 변화 등 예측 모델에 반영되지 않은 변수가 발생할 수 있다.
도시부동산 활용 예시	자산관리회사(AMC)가 드론을 띄워 관리 중인 50개 빌딩의 외벽을 촬영하고, AI가 분석한 리포트를 기반으로 수선이 시급한 건물을 자동으로 선별하는 데 활용된다.	리테일 자산 투자사가 특정 상권의 모든 건물 이미지를 분석하여, 방문객의 시선을 끌지 못하는 낡은 디자인의 건물을 저가에 매입할 투자 대상으로 발굴하는 데 활용된다.	노후 오피스 빌딩을 매입한 펀드가 커튼월 방식의 외관 개선 시뮬레이션을 통해 예상 임대료가 20% 상승함을 입증하고, 이를 근거로 금융기관으로부터 리모델링 자금을 조달하는 데 활용된다.

1.2. 가상사례: AI 기반 '가로수길 밸류애드 펀드'의 투자 전략

가로수길 이면도로의 표정: 신사동 근린생활시설 (https://vmspace.com)

1) 가상사례 개요

(1) **펀드명**: K-밸류애드 제1호 블라인드 펀드

(2) **투자 전략**: 컴퓨터 비전 기술을 활용하여 서울 강남구 신사동 가로수길 일대의 중소형 빌딩 중, 외관 개선(Façade Improvement)을 통해 자산 가치를 단기간에 극대화할 수 있는 '숨겨진 보석'을 발굴하여 매입 후 매각한다.

(3) **핵심 기술**: '외관가치 연산모델(Façade-Value Calculation Model, FVCM)'을 자체 개발하여 투자 대상을 스크리닝한다.

2) FVCM을 활용한 투자 대상 발굴 및 가치 증대

'K-밸류애드' 펀드 운용사는 가로수길 일대의 모든 중소형 빌딩 약 500개 동의 로드뷰 및 드론 이미지를 수집하여 FVCM을 통해 분석하였다.

- 1단계: 외관 상태 정량화 및 잠재적 저평가 자산 식별

  FVCM은 건물의 외관을 '유지관리', '디자인', '가시성'의 3가지 대분류와 50개의 세부 항목으로 나누어 평가하고, 각 항목을 1점에서 5점까지 점수 화하였다.

ㅁ 가상 수치:

- A 빌딩(타겟 자산):
  - 유지관리 점수: 1.8점(외벽 일부 균열, 페인트 변색, 창호 노후화)
  - 디자인 점수: 2.2점(시대에 뒤떨어진 마감재, 비효율적인 창문 배치)
  - 가시성 점수: 4.5점(이면도로 코너에 위치하여 노출 효과는 우수)
  - 종합 외관 점수: 2.83점(5점 만점)
- 분석 결과: A 빌딩은 입지적 잠재력(가시성)에 비해 외관 관리 상태가 매우 나빠, 주변 시세 대비 약 20% 저평가되어 거래될 가능성이 높다고 AI는 판단하였다.

이 분석을 통해 펀드는 수백 개의 빌딩 중 단 30분 만에 A 빌딩을 최우선 투자 후보군으로 압축할 수 있었다.

■ 2단계: 가치 증대(Value-add) 시뮬레이션 및 예상 수익률 산정

다음으로, FVCM은 A 빌딩의 외관을 개선했을 경우의 가치 상승폭을 가상으로 시뮬레이션 하였다. 다양한 디자인과 마감재를 가상으로 적용하여 가장 높은 외관 점수를 받을 수 있는 최적의 리모델링 안을 도출하고, 그에 따른 예상 비용과 가치 상승액을 연산하였다.

ㅁ 가상 수치:

- 리모델링 비용 산정: 통유리 커튼월 및 세라믹 패널 마감재 적용 시, 총 10억 원의 공사비가 소요될 것으로 예측되었다.
- 개선 후 외관 점수 예측:
  - 유지관리 점수: 1.8점 → 4.8점
  - 디자인 점수: 2.2점 → 4.5점
  - 가시성 점수: 4.5점 → 4.7점(디자인 개선으로 인한 주목도 상승)
  - 종합 외관 점수: 2.83점 → 4.67점

- 자산 가치 상승 예측: FVCM의 상관관계 분석 모델에 따르면, 외관 점수 1점 상승은 해당 지역에서 자산 가치 15% 상승과 연관성이 있었다. 따라서 A 빌딩은 10억 원 투자 시, 자산 가치가 현재 100억 원에서 약 127.5억 원으로 상승할 잠재력을 지닌 것으로 분석되었다.

■ 3단계: 투자 실행 및 성공적인 자산 매각

펀드는 FVCM의 분석 결과를 바탕으로 A 빌딩을 100억 원에 성공적으로 매입하였다. 이후 10억 원을 투자하여 AI가 제시한 최적의 안으로 리모델링을 진행하였고, 1년 후 개선된 외관과 실제 임대료 상승 데이터를 기반으로 130억 원에 성공적으로 매각하였다.

3) 결론 및 시사점: 결론적으로 '가로수길 밸류애드 펀드' 사례는 컴퓨터 비전 기술이 어떻게 인간의 직관과 경험을 넘어, 데이터 기반의 정밀한 분석을 통해 도시 속에 숨겨진 부동산의 잠재 가치를 발견하고, 과학적인 투자 전략을 수립하여 높은 수익을 창출할 수 있는지를 명확히 보여준다. 이는 AI가 부동산 투자금융의 미래를 바꾸는 강력한 게임 체인저가 될 것임을 시사하는 것이다.

2. 자연어 처리(NLP) 기술로 분석하는 도시부동산 시장 감성 지수 분석법과 가상사례

2.1. 도시의 목소리를 듣는 기술, 자연어 처리

도시부동산 시장의 가격은 단순히 공급과 수요의 법칙만으로 움직이지 않는다. 그 이면에는 시장 참여자들의 기대감, 불안감, 선호도와 같은 수많은 비 정형적인 '감성(Sentiment)' 데이터가 거대한 흐름을 이루며 시장에 영향을 미치고 있다. 과거에는 이러한 사람들의 심리를 파악하기 위해 설문조사나 전문가 인터뷰와 같은 제한적인 방법에 의존해야만 했다. 하지만 이제 인공지능의 한 분야인 자연어 처리(NLP: Natural Language Processing) 기술을 통해 도시의 목소리를 직접, 그리고 실시간으로 들을 수 있는 시대가 열렸다.

자연어 처리는 인간이 사용하는 언어(자연어)를 컴퓨터가 이해하고 분석하여 유의미한 정보를 추출하는 기술이다. 이 기술을 활용하면 뉴스 기사, 소셜 미디어(SNS), 온라인 부동산 커뮤니티의 게시글과 댓글 등 인터넷 공간에 흩어져 있는 방대한 텍스트 데이터를 분석하여, 특정 지역이나 부동산 유형에 대한 사람들의 긍정, 부정, 중립적인 감성을 측정하고 이를 지수 화할 수 있다. 이렇게 만들어진 '시장 감성지수(Market Sentiment Index)'는 기존의 정량적 데이터를 보완하여, 시장의 변곡점을 미리 포착하고 잠재적 리스크를 예측하는 강력한 나침반 역할을 수행하게 될 것이다.

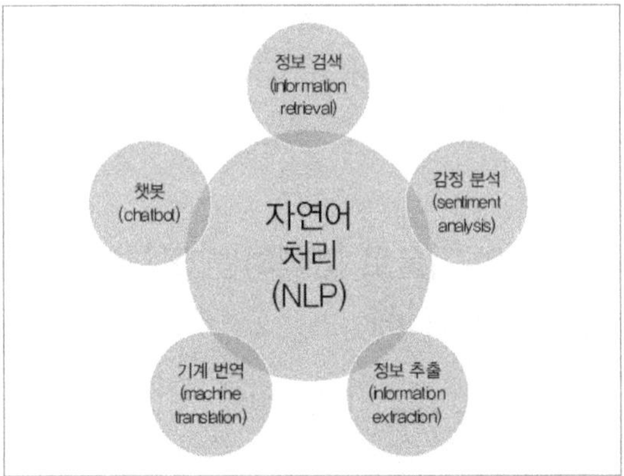

자연어 처리(Natural language processing, NLP)(https://velog.io)

■ 자연어 처리(NLP) 기반 도시부동산 시장 감성지수 분석법 별 목표, 분석방법 및 기술, 역할, 장단점, 도시부동산 활용예시

구분	키워드 빈도 및 감성 분석	토픽 모델링 기반 잠재 수요 분석	시계열 감성지수 예측 모델
목표	특정 지역이나 부동산에 대한 온라인상의 텍스트 데이터에서 긍정, 부정 키워드의 출현 빈도를 계산하여, 대중의 감성을 가장 직관적인 점수로 계량화하는 것을 목표로 한다.	비정형 텍스트 데이터 속에 숨어있는 핵심 주제(Topic)와 담론을 자동으로 추출하여, 소비자들이 인지하지 못하는 잠재적 니즈나 새로운 시장 기회를 발견하는 것을 목표로 한다.	과거부터 현재까지 축적된 감성지수의 시계열 패턴을 분석하여 가까운 미래의 시장 감성을 예측하고, 이를 통해 시장의 변곡점을 선제적으로 포착하는 것을 목표로 한다.
분석 방법 및 기술	- 활용 기술: 텍스트 마이닝, 형태소 분석, 감성사전(Sentiment Lexicon) - 분석 방법: 미리 구축된 긍정/부정 단어 사전을 기준으로, 수집된 텍스트에 해당 단어가 얼마나 나타나는지를 계산하여 감성 점수를 단순 합산 또는 가중 평균하여 산출한다.	- 활용 기술: 토픽 모델링(LDA), 단어 임베딩(Word2Vec, FastText) - 분석 방법: 텍스트 데이터에서 동시에 자주 나타나는 단어들을 통계적으로 묶어, '인테리어', '교통', '학군' 등과 같은 추상적인 주제(Topic)를 자동으로 군집화하고 그룹화한다.	- 활용 기술: 자연어 처리, 시계열 분석(ARIMA, LSTM 등 딥러닝 모델) - 분석 방법: 일별 또는 주별로 산출된 감성지수를 시계열 데이터로 변환하고, 과거 데이터의 패턴, 주기성, 추세 등을 학습하여 미래의 감성지수 등락을 예측한다.
역할	특정 부동산이나 정책 발표에 대한 시장의 초기 반응을 실시간으로 파악하는 여론의 '바로미터' 역할을 수행한다.	정량적 데이터로는 알 수 없었던 시장의 숨은 요구사항을 발굴하여, 새로운 부동산 상품을 기획하거나 기존 자산의 가치 증대(Value-add) 포인트를 찾는 '탐색등' 역할을 담당한다.	시장의 과열 또는 침체 신호를 가격 변화보다 한발 앞서 감지하여, 투자자에게 최적의 매입/매도 시점을 알려주는 '조기 경보 시스템' 역할을 수행한다.
장점	- 분석 방법이 단순하고 명확하여 결과를 이해하기 쉽다. - 실시간 데이터 분석을 통해 빠른 의사결정이 가능하다.	- 데이터 이면에 숨겨진 소비자들의 깊은 심리와 새로운 트렌드를 발견할 수 있다. - 마케팅 및 상품 개발 전략 수립에 직접적인 영감을 제공한다.	-과거 데이터에 기반하여 미래를 예측함으로써 선제적인 투자 전략 수립이 가능하다. - 투자 리스크를 관리하고 안정적인 수익을 추구하는 데 기여한다.

단점	- 문맥의 의미나 반어법, 비꼬는 표현 등을 이해하지 못해 분석의 정확도에 한계가 있다.	- 분석 결과로 도출된 토픽이 추상적이어서 전문가의 해석이 반드시 필요하다. - 의미 있는 결과를 얻기 위해 대규모의 데이터가 요구된다.	- 예측 모델의 복잡성이 높고, 개발 및 유지보수가 어렵다. - 갑작스러운 정책 변화나 외부 충격 등 예측 불가능한 변수에는 취약하다.
도시부동산 활용 예시	신규 분양 아파트에 대한 온라인 커뮤니티의 초기 반응을 분석하여, 부정적 여론이 높을 경우 마케팅 전략을 즉각 수정하는 데 활용된다.	특정 상권의 맛집 리뷰 데이터를 분석한 결과, '주차'와 '아이 동반'이라는 토픽이 지속적으로 부정적으로 언급되는 것을 발견하고, 해당 상권에 주차타워와 키즈카페가 결합된 복합 상가를 개발하는 데 활용된다.	특정 지역의 아파트에 대한 온라인 감성지수가 3개월 연속 하락하는 추세를 포착하고, 향후 가격 하락 가능성이 높다고 판단하여 보유 자산을 선제적으로 매각하는 의사결정에 활용된다.

2.2. 가상사례: '망리단길' 상권 감성지수를 활용한 리테일 펀드

홍대 상권 인접한 망리단길…임대료는 절반 이하 | 매거진한경 (https://magazine.hankyung.com)

1) 가상사례 개요

(1) **펀드명:** K-리테일 제3호 블라인드 펀드

(2) **투자 전략:** 자연어 처리 기술을 기반으로 '시장 감성지수'를 분석하여, 현재는 저평가되어 있으나 가까운 미래에 긍정적 인식이 확산될 것으로 예측되는 잠재력 높은 상권의 리테일 자산을 선제적으로 매입한다.

(3) **핵심 기술:** 자체 개발한 '상권 감성지수 분석 시스템(CSI-Engine, Commercial Sentiment Index Engine)'

2) CSI-Engine을 활용한 투자 기회 포착

'K-리테일' 펀드 운용사는 서울의 여러 신흥 상권 중 '망원동 망리단길'의 잠재력에 주목하고, 지난 3년간의 소셜 미디어 및 온라인 커뮤니티 데이터를 CSI-Engine으로 분석하였다.

■ **1단계: 감성 데이터 수집 및 키워드 분석**

CSI-Engine은 '망리단길'과 관련된 블로그 포스팅, 인스타그램 게시물, 지역 커뮤니티 댓글 등 약 500만 건의 텍스트 데이터를 수집하였다. 이후 텍스트에 나타난 단어들을 긍정(예: 맛있다, 예쁘다, 핫플레이스, 추천), 부정(예: 비싸다, 불친절, 복잡하다, 실망), 중립으로 분류하고 핵심 키워드를 추출하였다.

□ 가상 수치:

- 총 데이터: 5,234,110건
- 긍정 키워드 출현 빈도: 65%
- 부정 키워드 출현 빈도: 25%
- 중립 키워드 출현 빈도: 10%
- 긍정 연관 키워드 TOP 5: #감성카페, #독립서점, #수제맥주, #골목길, #데이트코스
- 부정 연관 키워드 TOP 5: #주차지옥, #웨이팅, #화장실, #협소, #임대료상승

■ **2단계: 감성지수 산출 및 추세 분석**

CSI-Engine은 긍정적인 반응의 비율에서 부정적인 반응의 비율을

빼는 방식으로 '망리단길 상권 감성지수'를 산출하고, 이를 시계열 그래프로 시각 화하였다.

□ 가상 수치:

- 감성지수 산출 공식:(긍정 반응 건수 - 부정 반응 건수)/(총 반응 건수) × 100
- 3년 전 감성지수: +15.2(소수의 매니아 층만 아는 상권)
- 1년 전 감성지수: +28.5(본격적인 입소문 시작, 긍정 여론 확산)
- 현재 감성지수: +40.0(대중적인 '핫플레이스'로 자리매김)
- 분석 결과: 감성지수가 가파르게 상승하고 있으며, 특히 부정 키워드였던 '임대료 상승'이 최근 6개월간 급증하고 있음을 발견하였다. 이는 상권의 인기가 임대료에 본격적으로 반영되기 시작하는 '변곡점'에 도달했음을 시사하는 것이다.

■ 3단계: 투자 의사결정 및 자산 매입

펀드 운용사는 감성지수 분석 결과를 바탕으로, 망리단길의 임대료가 본격적으로 급등하기 직전인 지금이 투자의 최적기라고 판단하였다. 특히 '주차'와 '화장실' 등 부정 키워드로 지적된 인프라 문제를 해결할 수 있는 잠재력을 가진, 저층부 주차장 확보가 용이한 이면도로의 노후 상가 건물을 타겟으로 삼았다.

- 투자 실행: 감성지수 분석 리포트를 근거로 투자심의위원회를 통과하여, 120억 원에 해당 건물을 매입하였다.
- 가치 증대: 매입 후 리모델링을 통해 1층에 넓고 쾌적한 공용 화장실을 설치하고, 인근 주차장과 연계한 주차 할인 서비스를 제공하여 부정적인 감성 요인을 해결하였다.
- 투자 회수: 2년 후, 망리단길 상권이 완전히 성숙하여 공시지

가가 50% 상승하였고, 개선된 건물의 자산 가치는 200억 원으로 평가받게 되었다. 펀드는 성공적으로 자산을 매각하여 높은 수익률을 달성하게 된다.

3) 결론 및 시사점: 이 가상사례는 자연어 처리 기술을 통한 감성지수 분석이 어떻게 숫자로 드러나지 않는 시장의 미묘한 변화를 포착하고, 이를 통해 남들보다 한발 앞선 투자 기회를 발견하는 강력한 무기가 될 수 있는지를 명확히 보여준다. 이것은 데이터가 도시의 미래 가치를 읽어내는 새로운 언어임을 증명하는 것이다.

3. 시계열 분석과 딥 러닝을 결합한 도시부동산 가격 예측 알고리즘과 가상사례

3.1. 과거의 패턴에서 미래를 읽는 AI의 지혜

도시부동산 가격은 마치 살아있는 생물처럼 끊임없이 변화하며, 그 움직임 속에는 일정한 패턴과 주기가 숨어있다. 과거의 데이터가 미래를 예측하는 열쇠가 되는 것이다. '시계열 분석(Time-Series Analysis)'은 바로 이

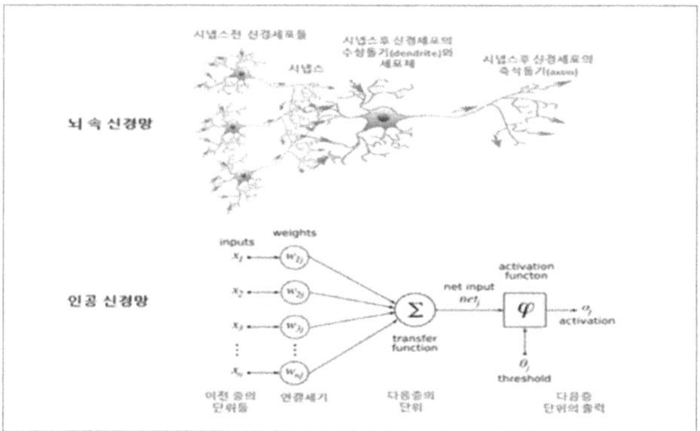

딥러닝과 인간의 뇌 (https://blog-ko.superb-ai.com)

러한 시간에 따라 기록된 데이터를 분석하여 미래의 값을 예측하는 전통적이고 강력한 통계적 방법론이다. 계절적 변동, 장기적인 추세, 그리고 불규칙한 사건의 영향을 분리하여 분석함으로써, 우리는 부동산 시장의 큰 흐름을 읽어낼 수 있다.

하지만 전통적인 시계열 분석만으로는 금리 변화, 정책 발표, 인구 이동, 기술 발전 등 시장에 영향을 미치는 복잡하고 비 선형적인 관계를 모두 설명하기에는 한계가 있다. 바로 이 지점에서 인간의 뇌 신경망을 모방한 딥 러닝(Deep Learning) 기술이 결합되면서 부동산 가격 예측은 새로운 차원으로 도약하게 된다. 수많은 데이터의 층(Layer) 속에서 스스로 복잡한 패턴을 학습하는 딥 러닝은 과거의 가격 데이터 뿐만 아니라, 시장에 영향을 미치는 수십, 수백 가지의 변수들을 동시에 고려하여 기존 모델로는 포착할 수 없었던 미세한 변화까지 감지해낸다.

이 두 기술의 결합은 마치 노련한 항해사의 경험과 최첨단 인공위성 항법장치를 동시에 갖춘 것과 같아, 불확실성의 안개가 짙은 부동산 시장을 헤쳐 나가는 가장 정밀한 예측 알고리즘을 탄생시킨 것이다.

■ **시계열 분석 및 딥러닝 결합 부동산 가격 예측 알고리즘 별 목표, 분석방법 및 기술, 역할, 장단점, 도시부동산 활용예시**

구분	ARIMA + ANN 결합 모델	LSTM 단일 모델 (Standalone LSTM)	ConvLSTM(CNN + LSTM) 모델
목표	전통적 시계열 모델(ARIMA)이 데이터의 선형적(Linear) 패턴을 먼저 예측하고, 딥러닝(ANN)이 그 잔차(Residual)에 숨겨진 비선형적(Non-linear) 패턴을 추가로 학습하여 예측 정확도를 높이는 것을 목표로 한다.	장기 의존성 학습에 강점을 가진 딥러닝 모델(LSTM)이 과거의 가격 데이터뿐만 아니라 다양한 변수들의 복잡한 상호작용과 시차(Time Lag)를 스스로 학습하여 미래 가격을 직접 예측하는 것을 목표로 한다.	시공간적(Spatio-temporal) 데이터 분석을 통해, 특정 지역의 가격 변화가 시간의 흐름에 따라 주변 지역으로 확산되는 공간적 패턴까지 함께 학습하여 보다 입체적인 예측을 수행하는 것을 목표로 한다.

분석 방법 및 기술	- 활용 기술: ARIMA(자기회귀이동평균 모델), ANN(인공신경망) - 분석 방법: 1단계로 가격 데이터에 ARIMA 모델을 적합 시킨다. 2단계로 ARIMA가 예측하지 못한 오차(잔차)를 종속변수로, 외부 변수(금리, 정책 등)를 독립변수로 하여 ANN 모델을 학습시킨 후 두 예측치를 결합한다.	- 활용 기술: LSTM(장단기 메모리), RNN(순환신경망) - 분석 방법: 과거 일정 기간(Sequence)의 가격, 거래량, 금리, 인구 데이터 등을 하나의 입력 세트로 구성하여 LSTM 모델에 학습시키고, 이를 통해 미래의 특정 시점 가격을 직접적으로 예측한다.	- 활용 기술: ConvLSTM(합성곱 장단기 메모리), CNN(합성곱 신경망), GIS - 분석 방법: 도시를 바둑판 같은 격자(Grid)로 나눈 뒤, 각 격자의 가격, 거래량 등을 이미지 픽셀처럼 변환한다. 이 시계열 이미지 데이터의 공간적 특징(CNN)과 시간적 변화(LSTM)를 동시에 분석하여 미래의 격차 별 가격을 예측한다.
역할	통계적 모델과 머신 러닝 모델의 장점을 결합하여, 안정적인 예측의 기반을 마련하고 비선형적 변수로 예측력을 보강하는 '하이브리드 보정' 역할을 수행한다.	복잡하고 다층적인 원인들이 얽혀 있는 부동산 시장의 장기적인 흐름과 동인을 내재적으로 학습하여 미래를 예측하는 '통합형 메인 엔진' 역할을 담당한다.	가격 상승 또는 하락이 어디서 시작되어 어떤 경로로 확산될지를 예측하는 '시공간 확산 시뮬레이터'의 역할을 수행한다.
장점	- 선형/비선형 패턴을 분리하여 분석하므로 모델의 해석이 비교적 용이하다. - 각 모델의 장점을 취할 수 있어 안정적인 성능을 보인다.	- 장기간에 걸친 데이터의 의존성을 잘 파악하며, 복잡한 시계열 데이터 분석에 매우 강력하다. - 다양한 종류의 변수를 동시에 투입하여 분석할 수 있다.	- 가격 변화의 '풍선 효과'나 '후광 효과' 등 공간적 파급 효과를 예측할 수 있다. - 광역적 도시계획이나 교통망 변화의 영향을 분석하는 데 탁월하다.
단점	- 2단계로 분석이 진행되어 과정이 번거롭고, 두 모델 간의 상호작용을 완벽히 반영하기 어렵다.	- 모델이 '블랙박스'처럼 작동하여 예측 결과의 구체적인 이유를 설명하기 어렵다. - 학습을 위해 대규모의 데이터가 필요하다.	- 모델의 복잡도가 매우 높고 막대한 양의 연산 자원을 필요로 한다. - 정형화된 시공간 데이터셋을 구축하기가 매우 어렵다.

도시부동산 활용 예시	ARIMA 모델로 서울시 아파트의 기본적인 가격 상승 추세를 예측한 뒤, ANN 모델을 통해 예상치 못한 정부의 부동산 정책 발표나 금리 변동이 추세에 미칠 추가적인 충격을 보정하는 데 활용된다.	지난 20년간의 아파트 가격, 전세가율, 인구이동, 신규 입주 물량 데이터를 LSTM 모델에 학습시켜, 향후 1년간 '강남구'의 분기별 아파트 평균 가격을 예측하는 데 활용된다.	GTX-A 노선 개통이라는 이벤트가 발생했을 때, 수서역 인근의 가격 상승이 시간의 흐름에 따라 동탄, 용인 등 인접 지역으로 어떻게, 얼마나 확산될지를 시뮬레이션하는 데 활용된다.

3.2. 가상사례: '알파-에스테이트' 펀드의 예측 기반 투자 전략

1) 가상사례 개요

(1) **펀드명:** 알파-에스테이트(Alpha-Estate) 제1호 퀀트 펀드

(2) **투자 전략:** 전통적인 시계열 분석 모델과 딥 러닝 알고리즘을 결합한 독자적인 가격 예측 시스템 'AETHER'를 활용하여, 향후 2년간 서울에서 가장 높은 가격 상승률을 보일 것으로 예측되는 특정 행정동의 아파트 단지를 선별적으로 매입한다.

(3) **핵심 기술:** LSTM(Long Short-Term Memory) 딥 러닝 모델과 ARIMA(Autoregressive Integrated Moving Average) 시계열 모델을 결합한 앙상블 예측 알고리즘.

● 퀀트펀드 투자 장·단점

장점	단점
• 컴퓨터로 설계된 모델을 통한 종목 편입으로 증시의 방향성을 예측하기 힘든 시기에 유리. • 투자지표를 활용한 체계적인 포트폴리오 구축으로 매년 안정적인 수익을 낼 수 있음. • 일반 주식형 펀드에 비해 손실을 볼 가능성이 적음.	• 철저히 계량분석에 의존해 단기적인 운용상의 약점이 존재함. 향후 실적이 턴어라운드 될 것으로 예상되는 기업은 종목 선정에서 배제될 수 있고 또 최근의 동일본 지진, 후쿠시마 원전폭발 등과 같은 돌발 악재에 대한 대응 속도가 늦음. • 퀀트펀드는 태생적 동질성이 있기 때문에 시장 변동성 확대 시 집단적 성향을 초래해 사태를 더욱 악화시킬 우려가 있음.

컴퓨터가 투자 종목 선택해 편입, 일반 주식형 펀드의 수익률 2배 (https://economychosun.com)

2) 'AETHER' 알고리즘을 활용한 최적 투자 지역 탐색

'알파-에스테이트' 펀드는 서울시 25개 구, 426개 행정동 전체의 지난 20년간 부동산 관련 빅데이터를 'AETHER' 알고리즘에 학습시켰다.

■ 1단계: 데이터 학습 및 변수(Feature) 선정

'AETHER'는 단순히 과거 아파트 가격 데이터만 학습한 것이 아니라, 가격에 영향을 미칠 수 있는 수많은 변수를 함께 학습하였다.

□ 학습 데이터:

- 정형 데이터: 과거 아파트 실거래가, 전세가, 거래량, 기준금리, 주택담보대출 금리, GDP 성장률, 인구 증감률, 세대수 변화, 신규 입주 물량 등
- 비정형 데이터: 지역 관련 뉴스 기사, 소셜 미디어 언급량, 온라인 커뮤니티 감성지수 등
- 공간 데이터: 지하철역까지의 거리, 학군 정보, 대형마트 및 공원 접근성 등

■ 2단계: ARIMA 모델을 통한 장기 추세 분석

먼저, 전통적인 시계열 분석 모델인 ARIMA가 각 행정동별 아파트 가격의 장기적인 추세와 계절적 패턴을 분석하여 기본적인 가격 예측의 뼈대를 생성하였다.

□ 가상 수치(마포구 A동):

- ARIMA 분석 결과: A동은 과거 20년간 꾸준한 우상향 추세를 보였으며, 특히 봄/가을 이사철에 뚜렷한 계절적 가격 상승 패턴을 나타냈다.
- 1차 예측: 이러한 추세가 이어진다면, A동의 아파트 가격은

향후 2년간 연평균 8%의 안정적인 상승을 보일 것으로 1차 예측되었다.

■ 3단계: LSTM 딥 러닝 모델을 통한 비선형 패턴 분석 및 예측 오차 보정

다음으로, LSTM 딥 러닝 모델이 ARIMA 모델의 예측 결과와 함께, 금리나 정책 변화와 같은 비선형적이고 복잡한 변수들의 상호작용을 학습하여 ARIMA 모델이 놓쳤을 수 있는 미세한 패턴을 분석하고 예측 오차를 보정하였다.

□ 가상 수치(마포구 A동):

- LSTM 추가 분석: A동 주변에 대규모 상업지구 개발 계획이 발표된 뉴스 데이터와, 해당 지역에 대한 소셜 미디어의 긍정적 언급량이 최근 6개월간 급증하는 패턴을 포착하였다.
- 예측 보정: LSTM 모델은 이러한 비정형 데이터의 긍정적 효과가 아직 가격에 완전히 반영되지 않았다고 판단하고, ARIMA의 기본 예측치에 추가적인 상승 요인을 반영하였다.
- 최종 예측: 'AETHER'의 최종 예측 결과, A동의 아파트 가격은 향후 2년간 "연평균 15%"의 높은 상승률을 기록할 것으로 최종 결론 내렸다. 이는 서울시 전체 행정동 중 "상위 1%"에 해당하는 예측치 였다.

■ 4단계: 투자 실행 및 성과 검증

'알파-에스테이트' 펀드는 'AETHER'가 지목한 마포구 A동을 포함한 상위 5개 동의 유망 단지들에 집중적으로 투자하였다. 2년 후, 실제 마포구 A동의 아파트 가격은 대규모 개발 호재가 현실화되면서 "연평균 17%"의 놀라운 상승률을 기록하였고, 펀드는 시장 평균 수

익률을 월등히 뛰어넘는 성과를 거두게 된다.

3) 결론 및 시사점: 이 사례는 시계열 분석과 딥 러닝의 결합이 어떻게 인간의 직관이나 단편적인 정보 분석을 넘어, 데이터 속에 숨겨진 복잡한 맥락을 읽어내고 미래 부동산 시장의 흐름을 놀라운 정확도로 예측할 수 있는지를 명확히 보여준다. 이는 AI가 단순한 분석 도구를 넘어, 성공적인 부동산 투자의 핵심적인 파트너가 되는 시대가 도래했음을 의미하는 것이다.

4. 위성영상과 AI 알고리즘을 통한 도시부동산 개발 프로젝트 수익성 평가 평가와 가상사례

4.1. 도시를 내려다보는 신의 시선, 위성영상 데이터

인공위성이 찍은 영상, 인공지능이 화질 높인다 (https://www.newstheai.com)

과거의 부동산 개발 프로젝트는 현장 답사와 한정된 공공 데이터에 의존하여 사업 부지의 잠재력을 판단하였다. 이는 마치 거대한 코끼리의 일부만을 만져보고 전체를 상상하는 것과 같아, 숨겨진 리스크를 발견하지 못하거나 거대한 기회를 놓치는 경우가 많았다. 그러나 이제 인공위성이 보내오는 고해상도 영상 데이터와 인공지능(AI)의 분석 기술이 결합되면서, 우리는 마치 도시 전체를 내려다보는 '신의 시선'으로 개발의 기회를 포착하는 새로운 시대에 진입하였다.

위성영상은 단순히 땅의 모양을 보여주는 지도를 넘어, 도시의 변화를 동적으로 기록하는 방대한 정보의 보고이다. AI 알고리즘은 이러한 위성영상을 분석하여 인간의 눈으로는 식별하기 어려운 미세한 변화를 감지해낸다. 야간 조도(Nightlight) 변화를 통해 특정 지역의 경제 활동 수준을 측정하고, 식생지수(NDVI) 분석으로 녹지 공간의 질을 평가하며, 차량 및 인구 이동 패턴을 분석하여 상권의 활성도를 예측한다. 이처럼 위성영상과 AI의 결합은 개발 프로젝트의 수익성을 평가하는 패러다임을 현장 중심에서 데이터 중심으로, 정성적 판단에서 정량적 분석으로 전환시키는 가장 강력한 기술이 될 것이다.

■ **위성영상 및 AI 기반 도시부동산 개발 수익성 평가 방법 별 목표, 분석방법 및 기술, 역할, 장단점, 도시부동산 활용예시**

구분	시계열 변화 탐지 분석	환경가치 정량화 평가	AI 객체 탐지 기반 수요 예측
목표	과거부터 현재까지 특정 지역의 위성영상을 비교 분석하여 물리적·경제적 변화의 패턴을 찾아내고, 이를 통해 미래의 성장 잠재력이 높은 지역을 발굴하는 것을 목표로 한다.	다중 분광 위성영상을 활용하여 개발 부지의 녹지, 수자원 등 환경적 자산의 가치를 과학적으로 측정 및 계량화하고, 이를 사업의 친환경 프리미엄 가치로 반영하는 것을 목표로 한다.	고해상도 위성영상 속의 특정 객체(자동차, 선박, 건물 등)를 AI가 자동으로 식별하고 수를 세어, 특정 지역의 경제 활동 수준이나 특정 부동산 유형에 대한 수요를 실증적으로 추정하는 것을 목표로 한다.
분석 방법 및 기술	- 활용 기술: 위성영상 시계열 분석, 변화 탐지 알고리즘, 야간 조도(Nightlight) 데이터 분석	- 활용 기술: 다중 분광/초분광 위성영상, 식생지수(NDVI), 수분지수(NDWI) 분석	- 활용 기술: 초고해상도 위성/항공 영상, 컴퓨터 비전, 객체 탐지 모델(YOLO, R-CNN 등)

	- 분석 방법: 서로 다른 시점의 위성영상을 중첩하여 신규 건물, 도로망의 변화를 탐지하거나, 야간 불빛의 밝기 변화를 통해 인구 및 경제 활동의 증감을 분석한다.	- 분석 방법: 식생의 건강 상태(NDVI), 토양의 습윤도(NDWI), 지표면 온도 등을 분석하여 해당 부지의 생태적 가치, 쾌적성, 열섬 저감 능력 등을 점수 화한다.	- 분석 방법: AI 모델이 특정 지역의 위성영상에서 자동차, 컨테이너, 수영장, 태양광 패널 등의 객체를 학습하여, 그 수량과 밀도를 자동으로 파악하고 통계 데이터를 생성한다.
역할	아직 공공 데이터에 잡히지 않는 개발 초기 단계의 변화를 감지하여, 남들보다 한발 앞서 유망한 개발 후보지를 선별하는 '광역적 탐사(Macro-Screening)' 역할을 수행한다.	개발 프로젝트의 ESG 가치를 객관적인 데이터로 증명하고, 친환경 건축이나 공원 조성 계획의 타당성을 입증하여 투자자를 설득하는 '지속가능성 증명' 역할을 담당한다.	특정 상권의 활성도나 공업 지역의 가동률 등 현장의 실제 수요를 실시간 데이터로 검증하여, 전통적인 시장 조사의 한계를 보완하는 '미시적 검증(Micro-Validation)' 역할을 수행한다.
장점	- 넓은 지역을 빠르고 효율적으로 분석하여 거시적인 트렌드를 파악할 수 있다. - 공공에 공개되지 않은 잠재적 개발 호재를 선제적으로 발견할 수 있다.	- 친환경 프리미엄의 근거를 과학적으로 제시하여 분양가나 자산 가치를 높일 수 있다. - 지속가능한 개발을 통해 인허가 과정이나 투자 유치에 유리한 입지를 확보하게 된다.	- 현장 방문 없이도 실제 경제 활동을 객관적 수치로 파악할 수 있다. - 특정 시점의 수요를 정확히 측정하여 사업의 리스크를 줄일 수 있다.
단점	- 저해상도 영상의 경우, 분석의 정밀도에 한계가 있다. - 변화의 원인에 대한 심층적인 해석이 추가로 요구된다.	- 다중분광 등 특수 위성 영상은 데이터 구매 비용이 매우 비싸다. - 환경적 가치를 실제 수익으로 연결하는 논리를 정교하게 개발해야 한다.	- 초고해상도 영상의 비용 부담이 크고, 분석에 높은 컴퓨팅 파워가 요구된다. - 객체의 수가 반드시 사업의 수익성과 정비례하지는 않을 수 있다.
도시부동산 활용 예시	지난 5년간의 야간 조도 데이터를 분석하여, 특정 신도시 외곽 지역의 불빛이 연평균 20%씩 밝아지는 것을 발견하고 해당 지역을 신규 물류센터 부지 후보로 선정하는 데 활용된다.	식생지수(NDVI) 분석을 통해, 아파트 개발 후보지의 녹지가 인근 타 지역보다 월등히 우수함을 입증하고, 이를 '숲세권 프리미엄'으로 내세워 프로젝트 파이낸싱(PF) 금리를 낮추는 데 활용된다.	대형 쇼핑몰 개발에 앞서, 주말마다 반경 5km 내 경쟁 쇼핑몰들의 주차장 차량 수를 AI로 카운팅하여, 가장 수요가 풍부한 최적의 입지를 최종 결정하는 데 활용된다.

4.2. 가상사례: '에코 시그널' AI를 활용한 친환경 주택단지 개발

용인시, 전원주택 단지 개발시 저탄소·친환경 계획 제출 (https://news.kbs.co.kr)

1) 가상사례 개요

(1) **프로젝트명:** 용인 그린포레스트(Yongin Green Forest) 친환경 주택단지 개발

(2) **위치:** 경기도 용인시 처인구 일대 미개발 임야

(3) **투자 전략:** 위성영상 분석 AI 모델인 '에코 시그널(Eco Signal)'을 활용하여, 개발이 환경에 미치는 영향을 최소화하면서도 쾌적성과 자산 가치를 극대화할 수 있는 최적의 부지를 발굴하고 사업성을 검증한다.

(4) **핵심 기술:** 다중분광(Multispectral) 위성영상 분석을 통한 환경가치 및 개발 잠재력 평가 알고리즘

2) '에코 시그널'을 활용한 사업 부지 선정 및 수익성 평가

'그린포레스트' 개발사는 수도권 남부의 여러 미개발 부지 후보군을 대상으로 '에코 시그널' AI를 통해 비교 분석을 수행하였다.

- **1단계: 환경가치 정량화 및 개발 가능 영역(Developable Area) 분석**

  '에코 시그널'은 지난 10년간 축적된 다중 분광 위성영상을 분석하

여 각 후보 부지의 환경적 가치를 정량 화하였다. 식생의 밀도와 건강 상태를 나타내는 식생지수(NDVI), 토양의 수분 함량을 나타내는 수분지수(NDWI), 그리고 지표면의 온도를 분석하여 열섬 현상 완화 효과 등을 종합적으로 평가하였다.

- 가상 수치(용인 처인구 타겟 부지):
  - 평균 식생지수(NDVI): 0.75(수도권 내에서 매우 우수한 녹지 환경)
  - 평균 수분지수(NDWI): 0.45(소규모 계곡과 습지를 포함하여 생태적 가치 높음)
  - 분석 결과: AI는 부지 전체 면적 중, 생태 보전 가치가 특히 높은 핵심 지역 "30%"를 '절대 보전 구역'으로 자동 설정하고, 경사도가 완만하며 식생 밀도가 비교적 낮은 지역 "40%"를 '최적 개발 가능 영역'으로 도출하였다.

이 분석은 무분별한 개발을 지양하고 환경 훼손을 최소화하는 지속 가능한 개발 계획을 수립하는 과학적인 근거가 되었다.

■ 2단계: 접근성 및 주변 인프라 변화 탐지

다음으로 '에코 시그널'은 부지 주변 지역의 위성영상을 시계열로 분석하여 개발 호재를 탐지하였다. 야간 조도 변화를 통해 주변 지역의 경제 활동 인구 증가를 추정하고, 신규 도로 개설이나 건물 건설과 같은 인프라 변화를 자동으로 감지하였다.

- 가상 수치:
  - 야간 조도(Nightlight) 변화: 타겟 부지 반경 5km 내 야간 조도가 최근 3년간 40% 증가하여, 주변 지역에 인구 유입이 활발함을 입증하였다.

• 인프라 변화 감지: 위성영상 변화 탐지 알고리즘이 부지로부터 2km 떨어진 지점에서 신규 고속도로 IC 건설이 진행 중인 것을 포착하였다. 이는 공공 개발계획 발표 이전에 사업성을 예측할 수 있는 중요한 정보가 되었다.

■ 3단계: 통합 수익성 평가 및 투자 결정

'에코 시그널'은 환경가치, 개발 가능 영역, 접근성 분석 결과를 종합하여 최종적인 개발 수익성을 예측하였다.

□ 가상 수치:

• 분양가 프리미엄 예측: '절대 보전 구역'을 단지 내 중앙공원으로 조성할 경우, 우수한 녹지 조망권을 바탕으로 주변 아파트 시세 대비 최소 20% 높은 분양가 책정이 가능할 것으로 예측되었다.

• 미래가치 상승률 예측: 신규 IC 개통 시, 서울 강남권까지의 접근성이 30분 단축되어, 준공 5년 후 자산 가치는 분양가 대비 40% 추가 상승할 잠재력을 가진 것으로 분석되었다.

• 최종 투자 의견: '에코 시그널'은 용인 처인구 부지가 환경 훼손 리스크는 낮추면서, 미래 교통 호재와 친환경 프리미엄을 통해 높은 수익을 창출할 수 있는 '최우선 투자 대상(Alpha Target)'이라고 최종 결론을 내렸다.

3) 결론 및 시사점: 이러한 데이터 기반의 종합적인 분석 보고서는 프로젝트 파이낸싱(PF) 과정에서 금융기관에 프로젝트의 높은 사업성과 안정성을 증명하는 결정적인 자료로 활용되었고, 성공적인 자금 조달을 이끌어낸다. 이는 위성영상 AI가 어떻게 땅의 과거와 현재를 읽어

내고 미래의 가치를 정확히 예측하는지를 보여주는 혁신적인 사례가 되는 것이다.

5. 소셜 미디어 빅데이터 마이닝(Bigdata Mining)을 통한 지역 선호도 투자지표 개발방법과 가상사례

5.1. 도시의 숨겨진 매력을 발굴하는 디지털 탐사, 빅데이터 마이닝

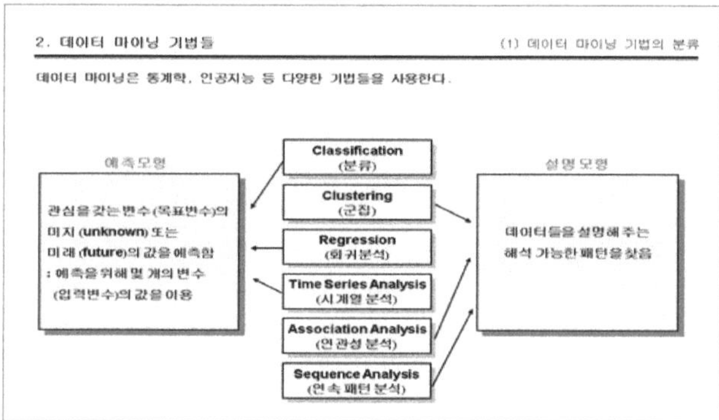

데이터 마이닝(Data Mining)소개 (https://m.yesform.com)

한 도시나 지역의 진정한 가치는 단순히 인구수나 평균 소득과 같은 정량적인 지표만으로 설명될 수 없다. 그곳에 사는 사람들이 느끼는 만족감, 외부인들이 가지는 호감, 그리고 온라인 공간에서 회자되는 '힙함'과 같은 무형의 '지역 선호도(Local Preference)'가 때로는 유형의 자산보다 더 강력한 가치를 창출하기 때문이다. 과거에는 이러한 선호도를 측정하는 것이 거의 불가능했지만, 이제 인스타그램, 유튜브, 블로그 등 소셜 미디어에 매일같이 쌓이는 방대한 빅데이터를 채굴하는 '빅데이터 마이닝(Big Data Mining)' 기술을 통해 우리는 도시의 숨겨진 매력을 과학적으로 측정하고 이를 새로운 투자지표로 활용할 수 있게 되었다.

소셜 미디어 빅데이터 마이닝은 특정 지역에 대해 사람들이 남긴 게시물, 사진, 체크인 기록, 댓글 등의 데이터를 수집하여 그 안에 숨겨진 패턴과 의미를 찾아내는 과정이다. AI는 이 데이터를 분석하여 특정 지역이 어떤 이미지(예: 맛집, 예술, 자연)로 인식되는지, 방문객들은 주로 어떤 활동을 하는지, 그리고 시간에 따라 선호도가 어떻게 변화하는지를 정량적인 지표로 도출해낸다. 이렇게 개발된 '지역 선호도 투자지표'는 전통적인 부동산 분석이 놓치고 있던 도시의 문화적, 사회적 자본의 가치를 측정함으로써, 미래의 성장 잠재력을 예측하는 가장 섬세하고 강력한 나침반이 될 것이다.

1.데이터마이닝의 기법 및 알고리즘

기법의 종류	설명 및 알고리즘
분류 분석 (Classfication)	레코드를 부류나 등급으로 나누는 작업 -Decision Tree : ID3, C4.5 Algorithm -Neural Network, Bayesian ...
군집 분석 (Clustering)	레코드들을 유사한 성격을 가지는 소그룹으로 구분하는 작업 -K-Means Algorithm -EM Algorithm -Cobweb Algorithm
연관규칙 탐사 (Association Rule Discovery)	구매데이터에서 상품 간의 판매 연관성을 파악하는 작업 - Apriori Algorithm
개인화 추천 (Personalized Recommedation)	각 고객별로 선호정보를 파악하여 그 고객에게 적합한 상품을 추천해 주는 작업 -Collaborative Filtering Algorithm -Content based Method

10 숭실대학교 마이닝연구실

PPT - 데이터마이닝의 소개 Data Mining Introduction PowerPoint (https://www.slideserve.com)

■ **소셜 미디어 빅데이터 마이닝 기반 지역 선호도 투자지표 개발 방법 별 목표, 분석방법 및 기술, 역할, 장단점, 도시부동산 활용예시**

구분	버즈량 및 감성분석 기반 활성화 지수	연관 키워드 네트워크 분석	인플루언서 및 전파경로 분석
목표	특정 지역이 온라인상에서 얼마나 많이, 그리고 얼마나 긍정적/부정적으로 언급되는지를 양적으로 측정하여 현재의 인지도와 대중적 호감도를 지수 화하는 것을 목표로 한다.	특정 지역과 함께 언급되는 연관 키워드들의 관계 구조를 분석하여, 해당 지역이 사람들에게 어떤 정체성(Identity)과 이미지로 각인되어 있는지를 심층적으로 파악하는 것을 목표로 한다.	특정 지역에 대한 트렌드가 어떤 인물(인플루언서)로부터 시작되어 어떤 경로를 통해 확산되는지를 추적하고, 이를 통해 미래에 유행할 지역을 선제적으로 예측하는 것을 목표로 한다.
분석방법 및 기술	- 활용 기술: 웹 크롤링(Web Crawling), 텍스트 마이닝, 감성 분석(Sentiment Analysis) - 분석 방법: 특정 지역명이 언급된 소셜 미디어 게시물의 총량(버즈량)을 집계하고, 긍정/부정 감성사전을 활용하여 텍스트의 긍정, 부정 뉘앙스를 점수 화한다.	- 활용 기술: 네트워크 분석(SNA), 단어 동시 출현(Co-occurrence) 분석, 워드 임베딩(Word2Vec) - 분석 방법: 텍스트 내에서 특정 지역과 함께 자주 사용되는 단어들의 관계를 노드(단어)와 엣지(관계)로 시각 화하여, 중심 키워드와 핵심 클러스터(주제 묶음)를 도출한다.	- 활용 기술: 소셜 네트워크 분석(SNA), 영향력 측정 알고리즘(PageRank 등), 정보 확산 모델링 - 분석 방법: 특정 지역을 언급하는 사용자들 간의 관계망을 분석하여 가장 중심에 있는 핵심 전파자(Super Spreader)를 식별하고, 정보가 확산되는 속도와 패턴을 분석한다.
역할	현재 시점에서 가장 대중적인 관심을 받는 지역이 어디인지를 신속하게 파악하고, 마케팅 활동의 성과를 측정하는 '실시간 인기 온도계' 역할을 수행한다.	해당 지역의 핵심 매력 포인트를 발견하여, 이를 기반으로 차별화된 부동산 상품(MD) 기획이나 브랜딩 전략을 수립하는 '지역 정체성 분석기' 역할을 담당한다.	대중에게 알려지기 전, 소수의 트렌드세터들 사이에서 유행이 시작되는 지역을 미리 발견하여 선점 투자의 기회를 포착하는 '미래 트렌드 예측기' 역할을 수행한다.
장점	- 분석 방법이 비교적 단순하고 직관적이어서 빠르게 결과를 얻을 수 있다. - 상권의 전반적인 활성도를 파악하는 데 유용하다.	- 지역의 강점과 약점, 숨겨진 매력을 다각적으로 이해할 수 있다. - 피상적인 인기를 넘어, 지역의 본질적인 가치를 파악하게 한다.	- 미래의 유행을 예측하여 높은 투자 수익을 기대할 수 있다. - 경쟁이 심화되기 전에 저평가된 자산을 매입할 기회를 제공한다.

단점	- 인기가 높은 이유나 구체적인 선호 요인을 설명하지 못한다. - 단기적인 이벤트나 광고로 인해 버즈량이 왜곡될 수 있다.	- 네트워크 분석 결과가 복잡하여 전문가의 깊이 있는 해석이 필요하다. - 문화적 맥락에 대한 이해가 없으면 잘못된 결론을 내릴 수 있다.	- 분석의 기술적 난이도가 매우 높고 복잡하다. - 소수의 영향력이 반드시 대중적 유행으로 이어진다는 보장은 없다.
도시부동산 활용 예시	백화점 출점 후보지인 A, B 두 지역의 최근 1년간 인스타그램 버즈량과 긍정 감성 점수를 비교하여, 더 높은 점수를 받은 A 지역을 최종 입지로 선정하는 데 활용된다.	'을지로'의 연관 키워드 네트워크 분석 결과, '노포', '인쇄소', '힙스터'가 강한 연결망을 형성하는 것을 보고, 오래된 인쇄소를 리모델링한 뉴트로(New-tro) 컨셉의 카페를 기획하는 데 활용된다.	소수의 건축 전문 인플루언서들이 '문래동'의 철공소를 주목하기 시작하는 흐름을 포착하고, 해당 지역의 낡은 공장 건물을 선제적으로 매입하여 갤러리 겸 스튜디오로 개발하는 데 활용된다.

5.2. 가상사례: '힙스터 지수'를 활용한 연남동 골목상권 투자

MZ의 핫플 '연남동'은 홍대와 다른 길 갈 수 있을까 [젠Z의 눈] (https://www.thescoop.co.kr/news)

1) 가상사례 개요

(1) **프로젝트명:** 연남동 '크리에이티브 앨리(Creative Alley)' 조성 프로젝트

(2) **투자 전략:** 소셜 미디어 빅데이터 분석을 통해 자체 개발한 '힙스터 지수(Hipster Index)'를 활용, 대중적인 상권으로 변모하기 직전의 잠재력 높은 골목을 발굴하여 '크리에이터'들을 위한 복

합문화공간을 조성한다.

(3) **핵심 기술:** 인스타그램 및 유튜브 데이터 마이닝을 통한 지역 이미지 및 방문객 특성 분석 알고리즘

2) '힙스터 지수'를 통한 투자 대상지 분석 및 선정

부동산 투자사는 '제2의 가로수길'이 될 잠재력을 지닌 지역을 찾기 위해, 서울의 20여 개 신흥 상권을 대상으로 '힙스터 지수'를 분석하였다. '힙스터 지수'는 특정 지역에 대한 소셜 미디어상의 언급량 중, '대중적 유행'과 관련된 키워드보다 '독창성'과 '새로움'을 나타내는 키워드의 비중이 얼마나 높은지를 측정하는 지표이다.

■ **1단계: 데이터 수집 및 키워드 분류**

지난 1년간 인스타그램과 유튜브에서 각 후보 지역이 태그된 게시물 총 1,000만 건을 수집하였다. AI 텍스트 마이닝을 통해 각 게시물에 사용된 해시태그와 본문 키워드를 '대중성'과 '독창성' 두 그룹으로 자동 분류하였다.

□ **가상 수치(연남동 분석 데이터):**

- '대중성' 키워드: #맛집, #데이트, #유명한, #핫플, #프랜차이즈 등
- '독창성' 키워드: #독립서점, #수제공방, #빈티지, #숨겨진, #나만아는, #작가 등
- 연남동 관련 총 키워드 수: 850,000개
- '대중성' 키워드 비율: 60%
- '독창성' 키워드 비율: 40%

■ **2단계: '힙스터 지수' 산출 및 비교 분석**

'힙스터 지수'는 '독창성 키워드 비율'을 '대중성 키워드 비율'로 나

눈 값으로 산출하였다. 이 지수가 높을수록 해당 지역이 소수의 트렌드세터들이 주도하는, 독창성이 높은 상권임을 의미한다.

□ 가상 수치:

- '힙스터 지수' 산출 공식:(독창성 키워드 비율/대중성 키워드 비율)
- 연남동 힙스터 지수:(40%/60%) = 0.67
- 성수동 힙스터 지수: 0.55(대규모 자본 유입으로 대중화 진행)
- 익선동 힙스터 지수: 0.35(완전한 대중 관광지로 변모)
- 분석 결과: 연남동은 다른 지역에 비해 독창성을 추구하는 방문객의 비중이 월등히 높아, 아직 상업적으로 과포화되지 않은 '성장 초기 단계의 잠재력 높은 상권'으로 분석되었다.

■ 3단계: 투자 결정 및 공간 기획

투자사는 '힙스터 지수'가 높은 연남동의 특정 골목을 최종 투자 대상지로 선정하였다. 특히, 이미지 분석을 통해 '#수제공방', '#작가작업실'과 같은 키워드와 함께 업로드된 사진이 많은, 하지만 아직 저평가된 낡은 다세대 주택 밀집 지역을 타겟으로 정했다.

(1) **투자 실행**: 해당 지역의 노후 건물 3채를 총 150억 원에 매입하였다.

(2) **공간 기획(MD)**: 데이터 분석에서 도출된 '독창성' 키워드를 바탕으로, 건물을 리모델링하여 1층에는 독립서점과 수제 맥주 펍을, 2~3층에는 신진 디자이너와 유튜버를 위한 공유 오피스 및 스튜디오인 '크리에이티브 앨리'를 조성하였다.

(3) **결과**: 이 공간은 연남동의 정체성과 완벽하게 부합하는 콘텐츠로 채워져 소셜 미디어에서 새로운 '성지'로 급부상하였다. 임대

수익률은 시장 평균을 50% 상회하였고, 3년 후 건물 자산 가치는 매입가 대비 2배 이상 상승한 350억 원으로 평가받게 된다.

3) **결론 및 시사점:** 이 가상사례는 소셜 미디어 빅데이터 마이닝이 어떻게 도시의 문화적 코드를 읽어내고 이를 정량적 투자지표로 변환하여, 성공적인 부동산 투자를 이끌어낼 수 있는지를 명확히 보여준다. 이는 데이터가 죽어 있는 건물을 살아 숨 쉬는 공간으로 바꾸는 연금술이 될 수 있음을 증명하는 것이다.

제5장

도시부동산 프로젝트 타당성 분석과 AI 시뮬레이션

1. 도시부동산 프로젝트의 전통적 타당성 분석기법과 AI 기반 타당성분석기법의 비교와 가상사례

1.1. 경험과 직관 vs 데이터와 알고리즘: 타당성 분석의 진화

하나의 도시부동산 프로젝트가 성공적으로 탄생하기까지는 수많은 검증 과정이 필요하며, 그 중에서도 가장 핵심적인 단계가 바로 '사업 타당성 분석(Feasibility Study)'이다. 이는 프로젝트의 잠재적 성공 가

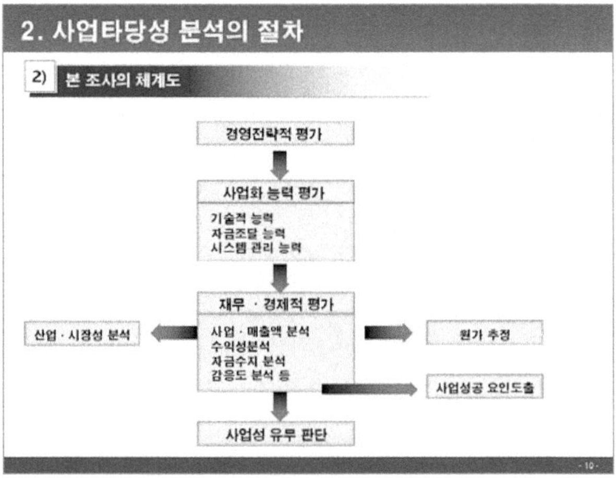

신사업 타당성 분석 기법 (https://www.thinkzon.com)

능성을 모든 측면에서 사전에 평가하여, 불확실한 미래에 발생할 수 있는 위험을 최소화하고 수익을 극대화하기 위한 필수적인 과정이다. 과거 수십 년간 이 과정은 소수의 전문가가 가진 경험과 직관에 크게 의존하는 방식으로 이루어져 왔다. 하지만 이제 인공지능(AI) 기술이 등장하면서, 타당성 분석은 과거의 방식과는 근본적으로 다른, 새로운 차원으로 진화하고 있다.

전통적 타당성 분석은 주로 과거의 유사 사례, 공공 통계 데이터, 그리고 전문가의 정성적 판단에 기반을 둔다. 이는 마치 숙련된 항해사가 자신의 경험과 오래된 해도에 의지하여 항해하는 것과 같다. 이 방식은 특정 상황에서는 매우 효과적일 수 있지만, 급변하는 시장 상황이나 과거에 없었던 새로운 변수를 예측하는 데에는 명백한 한계를 가진다.

반면, AI 기반 타당성 분석은 위성영상, 소셜 미디어, IoT 센서 등 과거에는 상상할 수 없었던 방대한 실시간 빅데이터를 학습한 알고리즘을 활용한다. 이는 수천 개의 센서와 실시간 기상 정보를 분석하는 최첨단 항법 시스템으로 무장한 것과 같다. AI는 인간이 인지하지 못하는 데이터 속의 미세한 패턴과 복잡한 상관관계를 발견하여, 더욱 객관적이고 정밀하며, 미래 예측적인 분석을 가능하게 하는 것이다.

■ 전통적 타당성 분석과 AI 기반 타당성 분석의 목표, 분석방법 및 기술, 역할, 장단점, 도시부동산 활용예시

구분	전통적 타당성 분석 기법	AI 기반 타당성 분석 기법
목표	과거의 유사 사례와 공신력 있는 통계에 기반하여, 투자의 실패 리스크를 최소화하는 보수적이고 안정적인 의사결정을 내리는 것을 최우선 목표로 한다.	실시간으로 수집되는 다차원의 빅데이터 분석을 통해, 숨겨진 기회를 발굴하고 미래를 예측함으로써 투자의 수익성을 극대화하는 선제적 의사결정을 내리는 것을 목표로 한다.
분석 방법 및 기술	- 주요 기법: 시장비교사례법, 수익환원법, 현금흐름할인법(DCF), SWOT 분석, 전문가 델파이 조사 - 활용 기술/데이터: 엑셀, 통계 패키지(SPSS), 국토교통부 실거래가, 인구주택총조사, 지가변동률 등 정형화된 과거 데이터 위주로 분석한다.	- 주요 기법: 머신 러닝(회귀, 군집), 딥러닝(CNN, LSTM), 자연어처리(NLP), 컴퓨터 비전, 시뮬레이션 - 활용 기술/데이터: Python, Tensor-Flow, 위성영상, 소셜 미디어, IoT센서, 통신사 유동인구 등 비정형·실시간 빅데이터까지 통합하여 분석한다.
역할	설정된 최소한의 사업 기준과 과거의 선례를 바탕으로, 프로젝트의 추진 여부를 결정하는 '최종 관문(Gatekeeper)'의 역할을 주로 수행한다.	수만 가지의 미래 시나리오 시뮬레이션을 통해, 최적의 개발 컨셉, 규모, 타이밍을 제시하는 '전략적 항해사(Navigator)'의 역할을 수행한다.
장점	- 분석 방법론이 정형화되어 있고 시장에서 보편적으로 통용되어 이해와 소통이 용이하다. - 과거 데이터에 기반하므로 결과가 안정적이고 신뢰성을 확보하기 유리하다.	- 인간이 인지하기 힘든 데이터 속의 복잡한 패턴과 상관관계를 발견하여 예측 정확도가 높다. - 브랜드 가치, 선호도 등 무형적 자산의 가치를 계량화할 수 있다. - 방대한 데이터를 신속하게 처리하여 의사결정 시간을 단축시킨다.
단점	- 급변하는 시장 트렌드나 새로운 변수를 반영하기 어렵다. - 분석가의 주관적 경험이나 편향이 개입될 여지가 크다. - 데이터 수집과 분석에 많은 시간과 인력이 소요된다.	- AI 모델의 예측 과정이 '블랙박스'처럼 작동하여 결과의 근거를 설명하기 어려울 수 있다. - 데이터의 품질과 양이 분석 결과의 신뢰도를 절대적으로 좌우한다. - 시스템 구축을 위한 초기 투자 비용과 전문가 확보가 필요하다.
도시부동산 활용 예시	신규 오피스 빌딩 개발 시, 반경 1km 내 유사 빌딩들의 지난 5년간 평균 임대료와 공실률을 분석하여 목표 임대료를 책정하고 사업성을 판단한다.	AI가 위성영상, 소셜 미디어, 유동인구 데이터를 종합 분석하여 현재는 낙후되었지만 특정 라이프스타일을 가진 계층의 유입이 시작되는 지역을 '미래 유망 상권'으로 예측하고, 선제적인 상업시설 개발을 추천한다.

1.2. 가상사례: 'G밸리 AI 데이터센터' 개발 프로젝트 타당성 분석 비교

디지털 리얼티, 국내 첫 데이터 센터 '디지털 서울' 오픈 - 지디넷코리아 (https://zdnet.co.kr)

1) 가상사례 개요

(1) **프로젝트명:** G밸리(서울디지털산업단지) AI 데이터센터 신축 프로젝트

(2) **프로젝트 목표:** 4차 산업혁명의 핵심 인프라인 AI 및 클라우드 컴퓨팅 수요에 대응하기 위한 고성능 데이터센터를 건설한다.

(3) **총 사업비:** 5,000억 원

(4) **분석 과제:** 해당 프로젝트의 사업 타당성을 전통적 방식과 AI 기반 방식으로 각각 분석하고, 그 결과를 비교하여 최종 투자 결정을 내린다.

2) 두 방식의 타당성 분석 과정과 결론

- 전통적 타당성 분석 방식

컨설팅사는 과거 10년간의 수도권 오피스 및 데이터센터 임대료 추이, G밸리 지역의 산업 동향 보고서, 그리고 전문가 인터뷰를 기반으로 사업성을 분석하였다.

(1) 시장 분석:

- 과거 데이터상, 수도권 데이터센터의 연평균 임대료 상승률은 5% 수준이었다.
- 전문가들은 향후 5년간 IT 산업의 성장으로 데이터센터 수요가 꾸준히 증가할 것이라고 정성적으로 예측하였다.

(2) 입지 분석:

- G밸리는 IT 기업이 밀집하여 기본 수요는 풍부하지만, 전력 공급 용량과 통신망 안정성에 대한 잠재적 리스크가 있다는 의견이 제시되었다.

(3) 수익성 분석(DCF 기반):

- 보수적인 관점에서, 연간 임대료 상승률을 "5%"로 고정하고 초기 공실률을 "15%"로 가정하였다.
- 가상 수치: 분석 결과, 프로젝트의 내부수익률(IRR)은 "7.5%"로 산출되었다.

(4) 최종 결론: "투자를 고려해볼 만하나, 전력 인프라 리스크와 초기 공실률에 대한 우려가 있어 '조건부 추진'이 바람직하다." 라는 다소 유보적인 결론을 도출하였다.

■ AI 기반 타당성 분석 방식

AI 분석팀은 자체 개발한 '부동산 가치평가 AI 모델'을 활용하여, 전통적 데이터 뿐만 아니라 다양한 비정형, 실시간 데이터를 종합적으로 분석하였다.

(1) 시장 분석(머신러닝 예측):

- AI는 과거 임대료 데이터 뿐만 아니라, 글로벌 클라우드 서비스 기업들의 서버 증설 계획, AI 반도체 시장 성장률, 국내 기

업들의 디지털 전환(DT) 관련 뉴스 데이터 등 수백 개의 변수를 함께 학습하였다.

- 가상 수치: 분석 결과, G밸리 지역의 데이터센터 수요는 향후 5년간 폭발적으로 증가하여, 연평균 임대료 상승률이 12%에 달할 것으로 예측하였다.

(2) **입지 분석**(위성영상 및 IoT 데이터):

- AI는 전력 사용량 데이터를 분석하여, G밸리 내에서도 특정 구역의 전력 예비 용량이 충분함을 과학적으로 증명하였다.
- 또한, 통신사 데이터를 분석하여 가장 안정적인 5G 네트워크 커버리지를 제공하는 최적의 필지를 pinpoint 하였다.

(3) **수익성 분석**(몬테카를로 시뮬레이션):

- AI는 예측된 임대료 상승률(12%)과 다양한 시장 변수를 조합하여 수만 가지의 시나리오를 시뮬레이션 하였다.
- 가상 수치: 시뮬레이션 결과, 프로젝트의 기대 IRR은 "14.2%"이며, 최악의 시나리오에서도 IRR이 9.0% 이하로 떨어질 확률은 5% 미만임을 계산해냈다.

(4) **최종 결론**: "G밸리 내 특정 필지는 숨겨진 인프라 우위를 가진 최적의 입지이며, 시장의 폭발적 성장세를 고려할 때 매우 높은 수익이 기대되는 '적극 추진' 대상이다." 라는 명확하고 자신감 있는 결론을 제시하였다.

3) **결론 및 시사점**: 이 사례는 두 분석 방식의 차이를 명확히 보여준다. 전통적 방식이 과거의 그림자를 보며 미래를 조심스럽게 추측하는 반면, AI 기반 방식은 수많은 데이터의 빛을 모아 미래의 모습을 훨씬 더 밝고 선명하게 그려내는 것이다. 결국 AI의 분석을 채택한 투자사는

성공적으로 프로젝트를 완수하여 시장을 선도하게 된다.

2. 도시부동산 프로젝트 타당성 분석에 활용되는 AI 알고리즘 유형 별 특징과 가상사례

2.1. AI의 도구상자: 문제 해결사 알고리즘 군단

AI 기반의 부동산 타당성 분석은 단 하나의 마법 같은 기술로 이루어지는 것이 아니다. 그것은 마치 잘 갖춰진 도구상자처럼, 각기 다른 문제 해결 능력을 가진 다양한 '알고리즘(Algorithm)'들의 조합으로 완성된다. 알고리즘이란 특정 문제를 해결하기 위한 일련의 절차나 규칙의 집합을 의미한다. 부동산 프로젝트의 복잡하고 다층적인 문제들을 해결하기 위해, AI는 예측, 분류, 군집화 등 각각의 과제에 최적화된 알고리즘을 선택적으로 활용한다.

가령 미래의 부동산 가격을 예측하는 문제에는 회귀(Regression) 알고리즘이, 잠재 고객을 여러 그룹으로 나누는 문제에는 군집화(Clustering) 알고리즘이 사용된다. 또한, 특정 부지가 미래에 상업지역으로 성공할지 주거지역으로 성공할지를 판단하는 문제에는 분류(Classification) 알고리즘이 활약한다. 이처럼 각기 다른 능력을 가진 AI 알고리즘들의 특징을 이해하는 것은, 이들이 어떻게 협력하여 전통적인 방식으로는 불가능했던 정밀하고 과학적인 타당성 분석을 수행하는지를 이해하는 첫걸음이 될 것이다.

■ 도시부동산 타당성 분석 AI 알고리즘 유형별목표, 분석방법 및 기술, 역할, 장단점, 도시부동산 활용예시

구분	회귀 알고리즘	군집화 알고리즘	분류 알고리즘
목표	위치, 면적, 금리 등 여러 독립 변수와의 관계를 학습하여, 미래의 특정 시점에 발생할 부동산 가격, 임대료, 건축비 등 연속적인 숫자 값을 예측하는 것을 목표로 한다.	정답(Label)이 없는 데이터 내에서 숨겨진 패턴을 발견하여, 이질적인 전체 데이터를 유사한 특성을 가진 몇 개의 동질적인 그룹(Cluster)으로 자동으로 나누는 것을 목표로 한다.	주어진 데이터의 속성을 학습하여, 해당 데이터가 미리 정의된 특정 범주(Category) 중 어디에 속할지를 판별하고 할당하는 것을 목표로 한다.
분석 방법 및 기술	- 주요 알고리즘: 선형 회귀, 릿지/라쏘 회귀, 랜덤 포레스트, 그레디언트 부스팅(XGBoost) 등 - 분석 방법: 독립 변수(X)들이 종속 변수(Y)에 미치는 영향을 나타내는 최적의 함수(f(x)=y)를 찾아내고, 이 함수를 통해 새로운 X값에 대한 Y값을 예측한다.	- 주요 알고리즘: K-평균 군집화(K-Means), DBSCAN, 계층적 군집화 등 - 분석 방법: 데이터 포인트들 간의 거리나 유사성을 계산하여, 가까운 데이터끼리 묶어주고 멀리 떨어진 데이터들은 분리하는 방식으로 그룹을 형성한다.	- 주요 알고리즘: 로지스틱 회귀, 서포트 벡터 머신(SVM), 의사결정나무(Decision Tree) 등 - 분석 방법: 정답이 있는 데이터를 학습하여 각 범주를 가장 잘 구분하는 경계선(Decision Boundary)을 찾고, 이 경계선을 기준으로 새로운 데이터의 소속 범주를 결정한다.
역할	사업 타당성 분석의 핵심적인 재무 지표(매출, 비용 등)를 구체적인 숫자로 예측하는 '정량적 예측가(Quantitative Forecaster)'의 역할을 수행한다.	시장의 구조를 이해하고, 맞춤형 상품 개발 및 마케팅 전략 수립을 위해 고객이나 자산을 유형별로 나누는 '시장 세분화 전문가(Market Segmenter)' 역할을 담당한다.	투자 위험도 평가, 우량 임차인 선별, 최적 용도 결정 등 정해진 기준에 따라 'Yes' or 'No'의 의사결정을 돕는 '전략적 분류가(Strategic Sorter)' 역할을 수행한다.
장점	- 재무 모델링에 필수적인 정확한 숫자 값을 제공한다. - 결과에 대한 원인 변수의 영향력을 해석하기 용이하다.	- 사전에 알지 못했던 데이터의 숨은 구조나 인사이트를 발견할 수 있다. - 비지도 학습이므로 정답이 없는 데이터에도 적용이 가능하다.	- '성공/실패', '우량/불량' 등 명확하고 실행 가능한 결론을 제공한다. - 리스크 관리나 자원 배분 결정에 직접적으로 활용될 수 있다.

단점	- 학습 데이터에 없는 돌발 변수나 급격한 시장 변화를 예측하기 어렵다. - 데이터의 노이즈나 이상치(Outlier)에 민감할 수 있다.	- 그룹(군집)의 개수를 사전에 정해야 하는 경우가 많다. - 각 그룹이 무엇을 의미하는지에 대한 해석이 주관적일 수 있다.	- 학습 데이터의 품질과 양에 성능이 크게 좌우된다. - 데이터가 불균형 할 경우(한쪽 범주가 지나치게 많을 때) 성능이 저하될 수 있다.
도시부동산 활용 예시	아파트의 면적, 층수, 지하철역까지의 거리, 학군 점수 등의 변수를 활용하여, 3년 후 해당 아파트의 매매가격을 오차범위 5% 내외로 예측하는 데 활용된다.	신도시 입주민들의 통신 데이터와 카드 소비 데이터를 분석하여, 이들을 '활동적인 1인 가구', '영유아 자녀 보유 가족', '은퇴 후 노년 부부' 등 3개의 그룹으로 분류하고, 각 그룹에 맞는 상업시설(MD)을 기획하는 데 활용된다.	상가 임차 희망자의 과거 재무 데이터와 업종 정보를 학습하여, 해당 임차인이 향후 2년 내에 임대료를 연체할 '고위험군'인지 '저위험군'인지를 판별하는 데 활용된다.

2.2. 가상사례: '송도 스마트-메디 클러스터' 개발 프로젝트와 AI 알고리즘의 협업

세계 최대 바이오도시 송도, 꿈에서 현실로 (https://www.incheonin.com)

1) 가상사례 개요

(1) **프로젝트명:** 송도 스마트-메디 클러스터(Songdo Smart-Medi Cluster) 복합개발

(2) **프로젝트 목표:** 인천 송도국제도시에 고령화 시대에 대비한 시니어 주거시설, 전문 의료센터, 그리고 관련 R&D 및 상업시설이 융합된 복합단지를 조성한다.

(3) **분석 과제:** 다양한 AI 알고리즘을 활용하여, 이 전례 없는 복합 프로젝트의 사업 타당성을 종합적으로 분석하고 최적의 사업 계획을 수립한다.

2) AI 알고리즘 군단의 단계별 임무 수행

'스마트-메디 클러스터' 개발사는 프로젝트의 복잡성을 고려하여, 각 분석 단계별로 최적화된 AI 알고리즘으로 구성된 분석팀을 가동하였다.

■ **1단계: 미래 수요 예측 - 회귀(Regression) 알고리즘**

가장 먼저, 프로젝트의 핵심인 시니어 주거시설과 의료센터의 미래 수요를 예측하는 임무가 주어졌다. 이 과제에는 다양한 변수들의 관계를 분석하여 미래의 특정 수치를 예측하는 회귀 알고리즘, 그 중에서도 여러 변수를 동시에 고려하는 다중 선형 회귀(Multiple Linear Regression) 모델이 투입되었다.

(1) **분석 과정:** AI는 과거 20년간의 전국 인구 고령화 속도, 65세 이상 인구의 소득 수준 변화, 의료비 지출 데이터, 실버타운 입주율, 그리고 송도 지역의 인구 유입률 등 수십 가지 변수를 학습하였다.

(2) **가상 수치:** 분석 결과, AI는 10년 후 송도 지역의 유효 시니어 주거 수요가 3,000세대에 달하며, 이들이 지불하고자 하는 월평균 임대료는 450만 원 수준이 될 것이라고 예측하였다. 이는 프로젝트의 핵심적인 예상 매출액을 산정하는 기준이 되었다.

■ **2단계: 타겟 고객 분류 - 군집화(Clustering) 알고리즘**

다음으로, 예측된 3,000세대의 잠재 수요 그룹이 모두 동일한 특성을 가지지 않을 것이라는 가정하에, 이들을 몇 개의 동질적인 그룹으로 나누는 임무가 주어졌다. 이 과제에는 데이터 내에서 숨겨진 패턴을 발견하여 유사한 데이터끼리 묶어주는 군집화 알고리즘, 특히 K-평균 군집화(K-Means Clustering) 모델이 활약하였다.

(1) **분석 과정:** AI는 잠재 수요 그룹의 소득 수준, 자산 규모, 건강 상태, 라이프스타일(여가, 사회활동 등) 데이터를 기반으로 분석을 수행하였다.

(2) **가상 수치:** 분석 결과, 잠재 수요는 크게 3개의 그룹으로 나뉘었다. '그룹 A: 고액 자산가 그룹'(15%), '그룹 B: 중산층 액티브 시니어 그룹'(60%), '그룹 C: 전문 의료 서비스 집중 요구 그룹'(25%). 이 분석 결과는 각 그룹의 특성에 맞는 맞춤형 주거 상품과 서비스를 기획하는 결정적인 근거가 되었다.

■ **3단계: 상업시설 입점 성공 예측 - 분류(Classification) 알고리즘**

마지막으로, 클러스터 내에 조성될 상업시설에 어떤 업종이 입점해야 성공할 확률이 가장 높을지를 판단하는 임무가 부여되었다. 이는 '성공' 또는 '실패'라는 두 가지 범주로 결과를 나누는 분류 알고리즘의 전문 분야였고, 그 중에서도 의사결정나무(Decision Tree) 모델이 사용되었다.

(1) **분석 과정:** AI는 전국 상업시설의 입점 데이터와 앞서 분석한 시니어 그룹들의 소비 패턴 데이터를 학습하여, 특정 업종이 특정 고객 그룹을 만났을 때의 성공 확률을 계산하는 예측 모델을 구축하였다.

(2) **가상 수치:** 의사결정나무 분석 결과, '그룹 A'를 타겟으로는 고급 레스토랑과 자산관리(PB)센터가, '그룹 B'를 타겟으로는 피트니스 센터와 문화센터가, '그룹 C'를 타겟으로는 약국, 의료기기

판매점, 즉 전문점이 입점했을 때 성공 확률이 90% 이상이라는 결론을 도출하였다.

3) **결론 및 시사점:** 이처럼 회귀, 군집, 분류 알고리즘은 각자의 전문성을 바탕으로 협업하여 프로젝트의 미래 수요를 예측하고, 고객을 이해하며, 최적의 사업 계획을 수립하는 전 과정을 과학적으로 뒷받침하였다. 이는 AI 알고리즘 군단이 어떻게 불확실한 미래를 항해하는 도시부동산 개발 프로젝트의 가장 신뢰할 수 있는 등대가 되는지를 명확히 보여주는 것이다.

3. 도시부동산 프로젝트 수요예측 모델과 AI 알고리즘의 융합과 가상사례

3.1. 거인의 어깨 위에 올라선 AI: 전통과 혁신의 만남

도시부동산 프로젝트 의 성패를 가르는 가장 중요한 질문은 "과연 사람들이 이곳을 원할 것인가?" 즉, '수요예측'이다. 미래의 수요를 얼마나 정확하게 예측하는가에 따라 프로젝트의 규모, 컨셉, 그리고 궁극적인 수익성이 결정되기 때문이다.

이를 위해 전통적인 도시계획 및 부동산학에서는 다양한 수요예측 모델을 발전시켜 왔다. 인구 성장률과 경제 지표를 기반으로 전체 시장의 크기를 예측하는 '거시적 예측 모델'부터, 특정 입지가 주변 경쟁 지역과 고객을 얼마나 끌어올 수 있는지를 계산하는 '중력 모델(Gravity Model)'이나 '허프 모델(Huff Model)'과 같은 '미시적 예측 모델'까지, 이들은 오랜 시간 동안 검증되며 도시 개발의 뼈대를 만들어온 지적 자산이다.

하지만 이 전통적 모델들은 몇 가지 중요한 가정(Assumption) 위에서 작동한다는 한계를 지닌다. 예를 들어, 사람들은 항상 합리적으로 행동하며, 과거의 패턴이 미래에도 반복될 것이라고 가정하는 것이다. 바로 이 지점에서 AI 알고리즘이 융합되면서 수요예측은 한 단계 더 진화하게 된다. AI는 전통 모델의 안정적인 구조를 존중하면서도, 그 모델이 미처 담지 못했던 현실 세계의 복잡성과 인간의 비합리적인 행동 패턴, 그리고 실시간으로 변화하는 트렌드를 빅데이터 분석을 통해 반영한다. 이는 마치 오랜 경험을 가진 장인의 혜안에 최첨단 AI 분석 장비를 더하는 것과 같아, 수요예측의 정확성과 신뢰도를 이전과는 비교할 수 없는 수준으로 끌어올리는 혁신을 가져오는 것이다.

■ **도시부동산 수요예측 모델과 AI 알고리즘 융합 방법 별 목표, 분석방법 및 기술, 역할, 장단점, 도시부동산 활용예시**

구분	AI 기반 변수 고도화 모델	잔차 보정 결합 모델	에이전트 기반 시뮬레이션
목표	허프 모델 등 전통적 수요예측 모델의 기본 구조는 유지하되, 단순했던 입력 변수(매장 면적, 직선거리 등)를 AI가 빅데이터로 분석한 다 차원적인 변수로 대체하여 예측의 현실성을 높이는 것을 목표로 한다.	시계열 모델 등 전통적 모델이 먼저 1차적인 예측을 수행하고, AI 모델이 그 예측의 오차(잔차)에 숨겨진 비선형적 패턴을 학습하여 오차를 보정함으로써 최종 예측 정확도를 극대화하는 것을 목표로 한다.	가상의 소비자(Agent) 수만 명을 AI로 만들어, 이들이 가상 도시 공간 내에서 각자의 선호와 규칙에 따라 어떻게 행동하고 상호작용하는지를 시뮬레이션 하여 상향식(Bottom-up)으로 전체 수요를 예측하는 것을 목표로 한다.
분석 방법 및 기술	- 활용 기술: 전통 모델(중력 모델, 허프 모델) + 머신 러닝(XGBoost), 자연어처리(NLP)	- 활용 기술: 전통 모델(ARIMA 등) + 딥러닝(ANN, LSTM)	- 활용 기술: 에이전트 기반 모델링(ABM) 플랫폼(NetLogo 등), 강화학습

	- 분석 방법: 소셜 미디어, 리뷰 데이터 등을 분석하여 '매력도 지수', '심리적 거리' 등 새로운 변수를 개발하고, 이를 기존 전통 모델의 수식에 대입하여 결과를 도출한다.	- 분석 방법: 1단계로 전통 모델이 예측한 값과 실제 값의 차이(잔차)를 계산한다. 2단계로 AI 모델이 추가적인 변수들을 활용하여 이 잔차를 예측하도록 학습한 뒤, '1단계 예측치 + 잔차 예측치'를 더해 최종 결과를 산출한다.	- 분석 방법: 연령, 소득, 직업 등이 다른 가상 인구 집단을 생성하고, 이들이 주어진 환경(개발 프로젝트, 경쟁 시설 등) 속에서 어떻게 이동하고 소비하는지를 시뮬레이션 하여 그 총합으로 수요를 예측한다.
역할	널리 알려진 전통 모델의 안정성과 해석 력을 유지하면서, 예측의 정교함과 현실성을 보강하는 '성능 개선 전문가(Performance Enhancer)' 역할을 수행한다.	전통 모델의 안정적인 추세 예측 능력과 AI의 비선형적 패턴 인식 능력을 결합하여, 예측의 오차를 최소화하는 '오차 수정 전문가(Error Corrector)' 역할을 담당한다.	다양한 정책이나 외부 충격에 따른 소비자 행동 변화를 실험하고 복잡한 도시 시스템의 동학을 이해하는 '가상 도시 실험실(Virtual Urban Lab)' 역할을 수행한다.
장점	- 기존 모델에 기반하므로 결과를 해석하고 이해하기가 비교적 쉽다. - AI를 전면적으로 도입하는 것보다 기술적, 비용적 부담이 적다.	- 각 모델의 강점만을 취하는 방식으로 예측 정확도를 효과적으로 높일 수 있다. - 복잡한 시계열 데이터 예측에 특히 강력한 성능을 보인다.	- 개인의 미시적인 행동이 거시적인 현상으로 발현되는 과정을 이해할 수 있다. - '만약(What-if)' 시나리오 분석에 매우 강력하다.
단점	- 전통 모델 자체가 가진 근본적인 가정이나 한계에서는 벗어나기 어렵다.	- 분석 과정이 2단계로 나뉘어 있어 모델 설계 및 관리가 복잡하다.	- 모델을 구축하는 데 막대한 데이터와 시간이 필요하며, 연산 비용이 매우 높다. - 초기 에이전트 설정 규칙에 따라 결과가 크게 달라질 수 있다.
도시부동산 활용 예시	신규 쇼핑몰의 허프 모델 분석 시, '매장 면적' 변수를 소셜미디어 언급량, 입점 브랜드 가치, F&B 평점 등을 종합한 AI의 '매력도 점수'로 대체하여 방문객을 예측한다.	ARIMA 모델이 특정 지역 오피스의 임대료가 내년에 5% 상승할 것으로 1차 예측한 후, AI가 '대기업 이전'이라는 뉴스 변수를 분석하여 3%의 추가 상승 요인을 예측하고, 최종적으로 8% 상승할 것으로 보정한다.	신규 주택 단지 개발 시, 가상 가구 에이전트 1만 세대를 만들어 소득, 자녀 수, 통근 시간 선호도에 따라 어떤 아파트를 선택하는지 시뮬레이션 하여 단지의 적정 분양가를 책정한다.

3.2. 가상사례: '스타필드 어반' 도심형 복합 쇼핑몰 수요예측

Urban Sketchers SEOUL 어반스케쳐스서울 (https://urbansketchers-seoul.blogspot.com)

1) 가상사례 개요

- 프로젝트명: 스타필드 어반(Starfield Urban) 광화문
- 프로젝트 목표: 서울 도심의 대규모 오피스 빌딩 저층부를 리모델링하여, 주변 직장인과 국내외 관광객을 타겟으로 하는 도심형 복합 쇼핑몰을 개발한다.
- 분석 과제: 전통적인 '허프 모델'을 기반으로 AI 알고리즘을 융합하여, '스타필드 어반 광화문'의 예상 방문객 수와 매출액을 정밀하게 예측한다.

2) 전통 모델과 AI 융합 모델의 수요예측 비교

■ 전통적 허프 모델(Huff Model) 기반의 1차 예측

$$P_{ij} = \frac{S_j^{\alpha} D_{ij}^{\beta}}{\sum_j S_j^{\alpha} D_{ij}^{\beta}}$$

여기서, P_{ij} = 소비자 i가 점포 j를 이용할 확률

S_j = 점포 j의 크기(면적)

D_{ij} = 소비자 i의 주소지로부터 점포 j까지 거리

https://kpaj.or.kr

개발팀은 먼저, 상권분석의 고전적인 방법론인 허프 모델을 활용하여 기본적인 수요를 예측하였다. 허프 모델은 소비자가 특정 쇼핑몰을 방문할 확률이 '매장의 크기(매력도)'에 비례하고 '거리'에 반비례한다는 원리를 이용한다.

(1) **분석 과정:**

- 사업지(광화문)를 중심으로 반경 5km를 핵심 상권으로 설정한다.
- 상권 내 거주인구 및 직장인 인구 통계 데이터를 수집한다.
- 경쟁 쇼핑몰(롯데백화점 본점, 더현대 서울 등)의 매장 면적과 사업지로부터의 직선거리를 입력한다.

(2) **가상 수치(1차 예측 결과):**

- '스타필드 어반 광화문'의 시장 점유율: 15%
- 예상 연간 방문객 수: 500만 명
- 예상 연간 매출액: 3,000억 원

(3) **한계점:** 이 모델은 모든 소비자가 동일한 선호를 가지며, 매장의 '매력'을 오직 '면적'으로만 판단한다는 명백한 한계를 가지고 있었다.

■ AI 알고리즘 융합을 통한 2차 예측

AI 분석팀은 허프 모델의 기본 골격은 유지하되, AI 알고리즘을 통해 핵심 변수인 '매력도'와 '거리'의 개념을 재정의하고 고도화하였다.

(1) **'매력도'의 재정의(XGBoost 회귀 모델 활용):**

- AI는 단순히 매장 면적뿐만 아니라, 소셜 미디어상의 긍정 언급량(감성지수), 입점 브랜드의 평판, 방문객 리뷰 평점, 주차 편의성, F&B(식음료) 매장의 특색 등 수십 개의 비정형 데이터를 학습하여 각 쇼핑몰의 실질적인 '매력도 지수'를 새롭게 산출하였다.

• 가상 수치: AI 분석 결과, '더현대 서울'은 면적은 작지만 '매력도 지수'가 높아 기존 모델보다 더 강력한 경쟁자로 분석되었고, '스타필드 어반'은 'MZ세대 직장인' 타겟의 F&B를 강화할 경우 매력도 지수가 20% 추가 상승할 것으로 예측되었다.

(2) '거리'의 재정의(이동 데이터 분석):

• AI는 직선거리가 아닌, 통신사 및 내비게이션 앱의 이동 데이터를 분석하여 사람들이 실제로 느끼는 '시간 거리'와 '심리적 거리'를 계산하였다.

• 가상 수치: 분석 결과, 광화문 일대 직장인들은 점심시간에 도보 10분 이내의 거리를 선호하며, 관광객들은 지하철 환승 없이 한 번에 접근할 수 있는 곳을 선호하는 패턴을 발견하였다.

(3) 'AI 융합 모델의 최종 예측 결과:

• AI가 재정의한 '매력도'와 '거리' 변수를 허프 모델에 대입하여 시뮬레이션한 결과, 시장 점유율은 22%로 상향 조정되었다.

• 예상 연간 방문객 수: 720만 명

• 예상 연간 매출액: 4,500억 원

3) 결론 및 시사점: 이처럼 AI 알고리즘은 전통 모델이라는 안정적인 지도 위에 실제 도시의 살아있는 길과 사람들의 미묘한 마음까지 그려 넣음으로써, 프로젝트의 성공 가능성을 훨씬 더 정확하게 예측하는 강력한 능력을 보여주었다. 개발사는 이 예측 결과를 바탕으로 F&B 구성을 특화하고 타겟 마케팅을 정교 화하여, 프로젝트를 성공적으로 완수하게 된다. 이는 전통적 지혜와 AI 기술의 융합이 만들어내는 미래 예측의 새로운 표준이 될 것이다.

4. 도시부동산 프로젝트 유형 별 AI 시뮬레이션과 가상사례

4.1. 미래 도시의 가상 실험실, AI 시뮬레이션

AI 시뮬레이션은 현실 세계의 도시와 부동산 프로젝트를 컴퓨터 속 가상 공간에 그대로 재현하고, 수많은 변수를 바꾸어 가며 미래에 발생할 수 있는 다양한 시나리오를 실험하는 기술이다. 이는 마치 비행기 조종사가 실제 비행에 앞서 수천 번의 모의 비행을 통해 위기 상황에 대처하는 법을 배우는 것과 같다.

What If We Are AI? The Simulation Hypothesis (https://aiceos.com)

전통적인 개발 방식이 한 번 지으면 되돌리기 어려운 현실의 제약에 묶여 있었다면, "이곳에 주상복합을 지으면 교통량은 얼마나 늘어날까?", "공원의 위치를 바꾸면 주변 상권의 매출은 어떻게 변할까?"와 같은 질문에 대해, AI는 수백, 수천 가지의 가능한 미래를 미리 보여주고 가장 최적의 해답을 찾아낼 수 있도록 돕는다.

특히 개발하려는 부동산의 유형이 주거, 상업, 오피스, 물류 등 무엇인가에 따라 시뮬레이션의 목표와 방식은 달라져야 한다. 주거 단지 시뮬레이션은 일조량과 조망권을 극대화하는 것에, 상업 시설 시뮬레이션은 방문객의 동선과 체류시간을 최적화하는 것에 초점을 맞추는 식이다. 이처럼 각 프로젝트의 유형에 맞는 맞춤형 AI 시뮬레이션을 활용하는 것은, 실패의 위험을 최소화하고 성공의 확률을 극대화하여 도시와 투자자 모두에게 이익이 되는 개발을 이끄는 핵심적인 전략이 되는 것이다.

■ **도시부동산 프로젝트 유형별 AI 시뮬레이션 방법 별 목표, 분석방법 및 기술, 역할, 장단점, 도시부동산 활용예시**

구분	에이전트 기반 시뮬레이션	강화학습 기반 운영 최적화	생성적 디자인 시뮬레이션
목표	다수의 가상 행위자(Agent)에게 각기 다른 규칙과 목표를 부여한 뒤, 이들의 상호작용을 통해 나타나는 교통 혼잡, 상권 매출 등 거시적인 현상을 예측하는 것을 목표로 한다.	가상의 환경(디지털 트윈) 속에서 AI가 수많은 시행착오와 학습을 통해 보상(Reward)을 극대화하는 최적의 운영 전략이나 제어 방식을 스스로 발견하도록 하는 것을 목표로 한다.	개발자가 설계의 목표(예: 수익 극대화)와 제약조건(예: 예산, 법규)을 입력하면, AI가 수천 개의 가능한 디자인 대안을 스스로 탐색하고 가장 우수한 결과물을 제안하도록 하는 것을 목표로 한다.
분석 방법 및 기술	- 활용 기술: 에이전트 기반 모델링(ABM) 플랫폼(AnyLogic 등), GIS 데이터 - 분석 방법: 가상의 인간, 차량 등에 소득, 선호도, 이동 목적 등 개별적 특성을 부여하고, 이들이 가상 공간에서 어떻게 행동하는지를 관찰하여 전체 시스템의 변화를 분석한다.	- 활용 기술: 강화학습(RL) 알고리즘(Q-러닝 등), 디지털 트윈 - 분석 방법: 가상 환경 속 AI(에이전트)가 어떤 행동을 하면 보상을, 다른 행동을 하면 페널티를 부여하는 방식으로, 누적 보상을 최대로 만드는 행동 패턴(정책)을 스스로 학습하게 한다.	- 활용 기술: 생성적 디자인 소프트웨어, 파라메트릭 모델링, 최적화 알고리즘 - 분석 방법: 설계 목표와 제약조건을 만족시키는 무수한 형태, 배치, 재료의 조합을 AI가 자동으로 생성하고, 각 조합의 성능(비용, 효율, 수익 등)을 평가하여 최적의 대안들을 선별한다.
역할	상업시설, 주거단지, 교통 허브 등 사람들의 행동이 핵심 변수인 프로젝트의 사회경제적 결과를 예측하는 '가상 사회 실험실' 역할을 수행한다.	물류센터, 데이터센터, 스마트 빌딩 등 복잡한 내부 시스템의 운영 효율을 자동화하고 최적화하는 'AI 운영 전문가' 역할을 담당한다.	인간 설계자의 창의성을 증강시켜주고, 수많은 대안을 객관적으로 평가하여 최적의 건축 형태와 공간 구성을 찾아주는 'AI 건축 파트너' 역할을 수행한다.

장점	- 단순 방정식으로는 예측 불가능한 복잡하고 창발적인 현상을 모델링할 수 있다. - 시나리오 기반의 정책 효과를 분석하는 데 매우 강력하다.	- 인간이 생각하지 못한 최적의 제어 방식을 발견할 수 있다. - 동적으로 변하는 환경에 실시간으로 적응하는 시스템을 만들 수 있다.	- 인간의 편견을 넘어선 새롭고 혁신적인 디자인을 탐색할 수 있다. - 다수의 목표를 동시에 최적화하는 복잡한 문제 해결에 탁월하다.
단점	- 에이전트의 초기 행동 규칙 설정에 따라 결과가 크게 달라질 수 있다. - 연산 량이 많아 시뮬레이션에 많은 시간과 비용이 소요된다.	- 학습 과정이 오래 걸리고, 현실과 유사한 매우 정교한 가상 환경(디지털 트윈)이 필수적이다.	- 설계 목표와 제약조건을 어떻게 정의하는가에 따라 결과의 품질이 결정된다. - 아직 기술의 도입 초기 단계이며 전문적인 운용 능력이 필요하다.
도시부동산 활용 예시	신규 복합 쇼핑몰 개발 시, 가상의 방문객 5,000명을 생성하여 이들의 동선을 시뮬레이션하고, 가장 많은 매출이 발생하는 매장(MD) 배치를 찾아내는 데 활용된다.	스마트 빌딩의 냉난방 시스템을 제어하는 AI가 가상 건물 시뮬레이션을 통해, 날씨와 입주 인원에 따라 실시간으로 에너지 사용을 최적화하는 방법을 학습하고 전기료를 20% 절감하는 데 활용된다.	아파트 단지 설계 시, '전 세대 남향 배치', '최대 조망 권 확보', '최소 공사비'라는 목표를 AI에 입력하여, 수백 가지의 가능한 동 배치 시뮬레이션 결과 중 최적의 안을 찾아내는 데 활용된다.

4.2. 가상사례: '영종 스카이-로지스퀘어' 복합 물류단지 AI 시뮬레이션

스카이로지스코리아, 영종도에 물류 센터 짓는다 : 네이버 블로그 (https://blog.naver.com)

1) 가상사례 개요

(1) **프로젝트명:** 영종 스카이-로지스퀘어(Yeongjong Sky-Logisquare)

(2) **프로젝트 목표:** 인천국제공항 인근에 항공물류와 해상물류를 연계하고, AI 기반 자동화 시스템을 갖춘 차세대 스마트 물류센터와 관련 지원시설(오피스, 상업시설)을 복합적으로 개발한다.

(3) **분석 과제:** 각기 다른 특성을 가진 물류, 오피스, 상업 공간의 기능이 서로 시너지를 내고 부작용을 최소화할 수 있도록, 유형별 AI 시뮬레이션을 다층적으로 적용하여 최적의 개발 계획을 수립한다.

2) 유형별 AI 시뮬레이션의 다층적 적용

'스카이-로지스퀘어' 개발사는 프로젝트의 복잡성을 고려하여, 각 공간 유형에 특화된 AI 시뮬레이션을 순차적으로 그리고 통합적으로 실행하였다.

■ 1단계: 물류센터 시뮬레이션 - '강화학습' 기반 효율 최적화

프로젝트의 핵심인 스마트 물류센터 내부의 효율성을 극대화하기 위해, AI가 스스로 최적의 운영 방법을 학습하는 강화학습(Reinforcement Learning) 기반의 시뮬레이션이 진행되었다.

(1) **시뮬레이션 환경:** 물류센터의 도면을 3D 디지털 트윈으로 구축하고, 수백 대의 자율주행 로봇(AGV)과 자동화 크레인을 가상으로 배치하였다.

(2) **학습 목표:** '최소 시간 내 최대 물동량 처리'를 목표로 설정하였다. AI 로봇들은 수만 번의 가상 운영을 통해 서로 충돌하지 않고 최단 경로로 움직이며, 가장 효율적인 상품 적재 및 분류 방식을 스스로 학습하였다.

(3) **가상 수치:** 강화학습 시뮬레이션 결과, 인간이 설계한 초기 동선 체계 대비 로봇의 평균 이동 거리가 30% 단축되었고, 시간당 처리 가능 물동량(Capacity)은 25% 증가하는 최적의 운영 알고리즘을 확보하였다. 이는 물류센터의 운영비용을 획기적으로 절감하고 수익성을 높이는 핵심 데이터가 되었다.

■ **2단계: 교통 및 접근성 시뮬레이션 - '에이전트 기반 모델' 활용**

물류단지가 완공되었을 때 주변 도로 교통에 미칠 영향을 분석하고, 출퇴근 및 방문 차량의 흐름을 최적화하기 위해 에이전트 기반 모델(Agent-Based Model, ABM) 시뮬레이션이 도입되었다.

(1) **시뮬레이션 환경:** 수천, 수만 개의 가상 자동차(Agent)를 생성하여, 각 자동차가 출퇴근 시간, 화물 운송 스케줄 등 고유의 목적을 가지고 주변 도로망을 주행하도록 설정하였다.

(2) **시나리오 분석:** 단지의 주 출입구 위치를 A, B, C 세 가지 안으로 나누어 시뮬레이션한 결과, A안은 출근 시간대에 극심한 병목 현상을 유발하고, C안은 물류 트럭과 승용차의 동선이 겹쳐 사고 위험이 높음을 발견하였다.

(3) **가상 수치:** 시뮬레이션 결과, 화물차 전용 출입구와 임직원 및 방문객용 출입구를 분리하는 B안을 채택할 경우, 단지 진출입 평균 소요 시간이 A안 대비 15분 단축되고, 주변 도로의 평균 통행 속도 저하율을 5% 미만으로 최소화할 수 있다는 결론을 도출하였다.

■ **3단계: 상업 및 오피스 공간 시뮬레이션 - '생성적 디자인' 적용**

물류센터 근무자와 방문객을 위한 지원시설인 오피스와 상업 공간의 가치를 극대화하기 위해, AI가 최적의 건축 설계를 탐색하는 생성적 디자인(Generative Design) 시뮬레이션이 활용되었다.

(1) **설계 목표 입력**: 개발자는 AI에게 '모든 오피스에서 바다 조망을 확보할 것', '상업시설은 공항철도역과 최단 거리로 연결될 것', '일조량을 최대로 확보할 것' 등 수십 가지의 설계 목표와 제약 조건을 입력하였다.

(2) **AI의 설계안 생성**: AI는 이 조건들을 충족시키기 위해 인간 건축가가 미처 생각하지 못했던 수천 가지의 독창적인 건물 형태와 배치 조합을 스스로 생성하고, 각 설계안의 예상 건축비와 에너지 효율, 예상 임대수익을 동시에 시뮬레이션 하였다.

(3) **가상 수치**: AI가 제안한 수천 개의 설계안 중, 전통적인 직육면체 건물 배치보다 Y자 형태의 타워 3개를 유기적으로 배치하는 설계안이 조망권 확보를 40% 개선하고, 공용 공간 면적을 15% 절약하며, 건물 에너지 효율을 12% 높이는 최적의 대안임을 발견하였다.

3) **결론 및 시사점**: 이처럼 '영종 스카이-로지스퀘어' 프로젝트는 각기 다른 AI 시뮬레이션 기술을 다층적으로 활용하여, 눈에 보이지 않는 운영 효율성부터 거시적인 교통 문제, 그리고 건물의 미시적인 디자인까지 모든 단계의 리스크를 과학적으로 분석하고 최적의 해답을 찾아냈다. 이는 AI 시뮬레이션이 복합개발 프로젝트의 성공을 위한 필수적인 나침반이자 설계도가 됨을 명확히 보여주는 것이다.

제6장

AI 기반 도시부동산 사업 타당성 분석의 새로운 지평

1. 도시부동산에서 전통적 현금흐름할인법(DCF: Discounted Cash Flow)의 한계 및 AI 기반 동적 현금흐름 예측과 비교와 가상사례

1.1. 멈춰진 미래 vs 살아 움직이는 미래: 현금흐름 예측의 두 시선

부동산의 가치를 평가하는 가장 대표적인 방법은 미래에 그 자산이 벌어들일 현금의 흐름을 현재가치로 환산하는 '현금흐름할인법(DCF: Discounted Cash Flow)'이다. 이는 프로젝트의 미래 수익과 비용을 추정하고, 이를 적절한 할인율로 나누어 현재 시점의 가치를 계산하는 논리적이고 강력한 도구이다. 수십 년간 DCF는 부동산 투자금융의 성서와 같은 역할을 해왔다. 하지만 이 전통적인 DCF 모델은 치명적인 한계를 내포하고 있다. 그것은 바로 미래의 현금흐름을 분석가의 '고정된 가정(Fixed Assumption)'에 기반하여 예측한다는 점이다.

전통적 DCF는 미래의 임대료 상승률, 공실률, 운영비용 등을 분석가가 설정한 단 하나의 숫자로 고정하고, 마치 미래가 정해진 궤도를 따라 직선으로 흘러갈 것이라고 가정한다. 이는 변화가 멈춘 흑백 사진으로 미래를 예측하려는 시도와 같다.

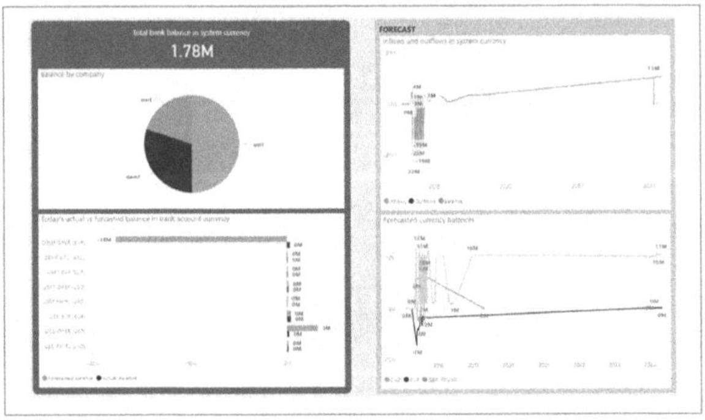

Dynamics 365 Cash Flow Forecasting (https://ellipsesolutions.com)

하지만 현실의 부동산 시장은 금리 변동, 정책 변화, 경쟁 자산의 출현, 소비자 트렌드의 변화 등 수많은 변수가 서로 영향을 주며 끊임없이 요동치는 복잡계(Complex System)이다. 바로 이 지점에서 'AI 기반의 동적 현금흐름 예측(Dynamic Cash Flow Forecasting)'이 등장한다. AI는 수많은 변수들의 상호작용과 불확실성 자체를 학습하여, 단 하나의 고정된 미래가 아닌, 발생 가능한 수만 가지의 미래 시나리오를 시뮬레이션하고 각 시나리오가 나타날 확률을 계산한다. 이는 멈춰진 흑백 사진이 아닌, 살아 움직이는 3D 홀로그램으로 미래를 조망하는 것과 같은 근본적인 패러다임의 전환을 의미하는 것이다.

■ 자연어 처리(NLP) 기반 도시부동산 시장 감성지수 분석법 별 목표, 분석방법 및 기술, 역할, 장단점, 도시부동산 활용예시

구분	전통적 현금흐름할인법 (DCF)	AI 기반 동적 현금흐름 예측
목표	분석가의 고정된 가정(Assumption)에 기반하여, 미래 현금흐름을 단 하나의 확정적인 시나리오로 예측하고 이를 통해 자산의 단일한 현재가치(Single Value)를 산출하는 것을 목표로 한다.	다양한 변수들의 상호작용과 불확실성을 학습하여, 발생 가능한 수만 가지의 미래 시나리오를 시뮬레이션하고, 이를 통해 자산 가치의 확률적 분포(Distribution)를 도출하는 것을 목표로 한다.

분석 방법 및 기술	- 활용 기술: 스프레드시트(Excel), 기초 통계 분석 - 분석 방법: 미래의 임대료 성장률, 공실률, 운영비용, 할인율 등 핵심 변수를 분석가가 설정한 고정된 값으로 입력하여, 선형적인 방식으로 10년, 20년 후의 현금흐름을 계산한다.	- 활용 기술: 머신 러닝, 몬테카를로 시뮬레이션, 베이지안 추론, 빅데이터 플랫폼 - 분석 방법: AI가 거시경제 지표, 시장 트렌드, 경쟁 환경 등 수많은 변수들의 복잡한 관계를 학습하고, 각 변수가 확률적으로 변동하는 수만 가지 시나리오를 생성하여 가능한 모든 현금흐름의 결과를 시뮬레이션 한다.
역할	분석가가 생각하는 '가장 가능성 높은 단 하나의 미래'를 기준으로 자산의 절대 가치를 평가하는 '정적 가치계산기(Static Calculator)' 역할을 수행한다.	최선, 최악의 상황을 포함한 발생 가능한 모든 미래의 스펙트럼과 그 확률을 제시하여, 투자 리스크와 기회를 입체적으로 분석하는 '동적 시뮬레이터(Dynamic Simulator)' 역할을 수행한다.
장점	- 분석의 논리가 단순하고 명확하여 누구나 이해하기 쉽다. - 업계에서 오랜 기간 사용되어 신뢰성과 통용성이 높다.	- 현실 세계의 불확실성을 반영하여 리스크를 정량적으로 관리할 수 있다. - 데이터 속 숨겨진 패턴을 발견하여 인간의 직관을 뛰어넘는 통찰력을 제공한다.
단점	- 시장의 변동성과 불확실성을 전혀 반영하지 못한다. - 분석가의 주관적인 가정에 따라 결과값이 크게 왜곡될 수 있다 - 단 하나의 결과값만 제시하여 그릇된 확신을 줄 수 있다.	- 모델이 복잡하여(블랙박스) 결과의 도출 과정을 완벽히 설명하기 어려울 수 있다. - 분석의 품질이 데이터의 양과 질에 절대적으로 의존한다. - 확률적 결과를 해석하고 의사결정에 활용하기 위한 역량이 요구된다.
도시부동산 활용 예시	오피스 빌딩의 가치를 평가하기 위해, 향후 10년간 임대료가 매년 3%씩 일정하게 성장하고 공실률은 5%로 안정적으로 유지될 것이라고 가정하여 현재가치를 산출한다.	리테일 상가의 가치를 평가하기 위해, 온라인 쇼핑 성장률, 주변 상권 변화, 신규 경쟁자 출현 가능성 등을 변수로 둔 1만 개의 시나리오를 시뮬레이션하여, '가치가 100억 원 이상일 확률은 70%, 50억 원 이하로 떨어질 확률은 10%' 라는 결론을 도출한다.

1.2. 가상사례: '팬데믹 이후'의 명동 리테일 빌딩 가치평가

큰손들 덕에...명동은 대변신 중 | 서울경제 (https://www.sedaily.com)

1) 가상사례 개요

(1) **프로젝트명:** 명동 중앙로 리테일 빌딩 리모델링 및 가치평가

(2) **프로젝트 상황:** 엔데믹 전환 이후, 외국인 관광객이 다시 유입되고 있는 명동의 한 노후 빌딩을 매입하여 리모델링 후 재 매각하려는 투자 프로젝트이다.

(3) **분석 과제:** 불확실성이 높은 시장 상황 속에서 해당 빌딩의 투자 가치를 전통적 DCF 방식과 AI 기반 동적 현금흐름 예측 방식으로 각각 평가하고 비교한다.

2) 두 방식의 가치평가 과정과 결과 비교

■ 전통적 현금흐름할인법(DCF) 분석

가치평가 전문가는 과거 명동 상권의 부흥기 데이터를 참조하고, 최근의 시장 회복세를 반영하여 미래 현금흐름의 핵심 변수들을 가정하였다.

(1) 핵심 가정:

- 임대료 성장률: 향후 10년간 '연평균 4%'로 고정 성장한다고 가정한다.
- 공실률: 리모델링 후 초기 10%에서 시작하여, 3년 차부터 '5%'로 안정화된다고 가정한다.
- 매각 시점 자본환원율(Cap. Rate): 10년 후 '4.5%'에 매각될 것이라고 가정한다.

(2) 분석 과정: 위의 고정된 가정들을 엑셀 시트에 입력하여 10년 치의 현금흐름표(Cash Flow Statement)를 작성하고, 이를 할인율 6%로 할인하여 현재가치를 계산한다.

(3) 가상 수치(평가 결과):

- 산출된 부동산 가치: 1,000억 원
- 한계점: 이 평가는 '만약 중국인 단체 관광객 유입이 다시 중단된다면?', '만약 온라인 쇼핑 트렌드가 더 가속화된다면?'과 같은 미래의 다양한 변수와 불확실성을 전혀 반영하지 못하는 단선적인 결과값일 뿐이다.

3) AI 기반 동적 현금흐름 예측 분석

AI 분석팀은 과거 데이터 뿐만 아니라, 미래의 불확실성을 예측할 수 있는 다양한 실시간 변수들을 머신 러닝 모델에 학습시켜 현금흐름을 예측하였다.

(1) AI의 학습 데이터:

- 거시경제 변수: 환율 변동성, 국제선 항공편 운항 데이터, 글로벌 경기 전망 등

- 시장 트렌드 변수: 소셜 미디어상의 '명동' 관련 키워드 분석, 온라인 쇼핑 거래액 증가율, 주변 상권(성수, 홍대)과의 방문객 비교 데이터 등
- 경쟁 환경 변수: 인근 지역의 신규 상업시설 개발 계획, 유사 빌딩의 임대 계약 조건 등

(2) **분석 과정(몬테카를로 시뮬레이션):**

AI는 학습된 변수들의 관계를 바탕으로, 미래에 발생 가능한 10,000개의 현금흐름 시나리오를 생성하였다. 각 시나리오마다 임대료 성장률, 공실률, 자본환원율이 모두 다른 값을 가진다.

(3) **가상 수치(분석 결과):**

- 평균 기대 가치: 10,000개 시나리오의 평균 부동산 가치는 1,150억 원으로, 전통적 DCF보다 높게 나타났다.
- 가치 분포 분석:
  - 가장 비관적인 시나리오(상위 5%): 관광객 유입이 다시 끊기고 상권이 침체될 경우, 가치는 700억 원까지 하락할 수 있다.
  - 가장 낙관적인 시나리오(상위 5%): K-컬처 유행으로 개별 관광객이 폭발적으로 증가할 경우, 가치는 1,500억 원까지 상승할 수 있다.
- 투자가치에 대한 확률적 결론: 이 빌딩의 가치가 '최소 900억 원 이상일 확률은 85%'이며, '1,300억 원 이상일 확률은 30%'이다.

4) **결론 및 시사점:** 이처럼 AI 기반 동적 예측은 투자자에게 '1,000억 원'이라는 단 하나의 답이 아닌, '1,150억 원을 중심으로 700억 원에서

1,500억 원 사이에 분포할 가능성이 있는 자산'이라는 훨씬 더 현실적이고 입체적인 정보를 제공한다. 이를 통해 투자자는 단순히 가치를 평가하는 것을 넘어, 발생 가능한 최악의 리스크를 인지하고 관리하며, 최상의 시나리오를 실현하기 위한 전략까지 수립할 수 있게 되는 것이다. 이는 불확실성을 외면하는 것이 아니라, 불확실성 자체를 분석하여 기회로 만드는 진정한 의미의 미래 예측이라 할 수 있다.

2. 멀티모달(Multi-modal) AI를 활용한 도시부동산 자산 가치의 정밀 추정 및 검증과 가상사례

2.1. 도시를 오감으로 이해하는 AI, 멀티모달

멀티 모달 AI(Multi Modal AI) [IT조선 백과사전] (https://it.chosun.com)

인간은 하나의 대상을 이해할 때 시각, 청각, 촉각 등 다양한 감각(Mode)을 동시에 활용하여 입체적으로 파악한다. 특정 레스토랑을 평가할 때 음식 사진(시각)만 보는 것이 아니라, 방문객들의 후기(텍스트)와 가격 정보(숫자)까지 종합하여 판단하는 것처럼 말이다. 멀티모달(Multi-modal) AI는 바로 이러한 인간의 다중감각적 인지 능력을 모방한 기술이다. 이는 텍스트, 이미지, 숫자, 소리 등 서로 다른 형태의 데이터들을 단일 모델 안에서 함께 학습하고 분석하여, 각 데이터가 가진 고유의 의미와 그들 사이의 숨겨진 맥락까지 파악하는 가장 진보한 형태의 인공지능이다.

부동산 자산 가치 평가 분야에서 멀티모달 AI의 등장은 가히 혁명적이다. 전통적인 가치 평가는 주로 거래 사례, 면적, 층수와 같은 정형화된 숫자 데이터에 의존해왔다. 이후 AI 기술이 발전하며 건물 외관을 분석하는 이미지 데이터나, 시장의 심리를 읽는 텍스트 데이터를 개별적으로 활용하는 단계에 이르렀다. 하지만 멀티모달 AI는 이 모든 것을 뛰어넘는다. 숫자 데이터의 논리성, 이미지 데이터의 시각적 직관성, 그리고 텍스트 데이터의 감성적 맥락을 하나의 모델 안에서 유기적으로 융합하여, 마치 도시를 오감으로 느끼고 이해하는 것처럼 부동산의 가치를 훨씬 더 정밀하게 추정하고 검증하는 새로운 지평을 열게 된 것이다.

■ **멀티모달 AI 기반 도시부동산 가치 추정 및 검증 방법 별 목표, 분석방법 및 기술, 역할, 장단점, 도시부동산 활용예시**

구분	특징 결합 모델	교차 어텐션 모델	통합 임베딩 모델
목표	이미지, 텍스트, 숫자 등 각기 다른 데이터의 핵심 특징(Feature)을 개별적으로 추출한 뒤, 이를 하나의 벡터로 결합하여 최종적인 가치를 추정하는 것을 목표로 한다.	한 종류의 데이터(예: 텍스트)를 분석할 때, 다른 종류의 데이터(예: 이미지)에서 관련된 중요한 부분에 더 집중(Attention)하여, 데이터 간의 깊은 문맥적 관계를 학습하는 것을 목표로 한다.	모든 종류의 데이터를 하나의 동일한 벡터 공간(Shared Embedding Space)에 표현하여, '이미지로 텍스트를 검색'하는 것처럼 데이터의 경계를 허물고 통합적으로 가치를 비교·분석하는 것을 목표로 한다.
분석 방법 및 기술	- 활용 기술: CNN(이미지), BERT(텍스트), FFN(결합) 등	- 활용 기술: 트랜스포머(Transformer), 교차 어텐션 메커니즘	- 활용 기술: 대조 학습(Contrastive Learning, 예: CLIP), VAEs 등

	- 분석 방법: 각 데이터에 특화된 AI 모델(CNN-이미지, BERT-텍스트)이 특징값을 추출하면, 이 값들을 단순히 이어 붙인(Concatenate) 뒤, 마지막 분석 모델(FFN)이 종합하여 최종 가치를 산출한다.	- 분석 방법: 텍스트에서 '오션뷰'라는 단어를 처리할 때, AI는 이미지 데이터의 '창문과 바다' 부분에 더 높은 가중치를 부여하고, 숫자 데이터의 '고층' 정보와 더 강하게 연결하는 방식으로 데이터를 종합적으로 이해한다.	- 분석 방법: '멋진 외관의 빌딩' 사진과 '세련된 디자인의 건물'이라는 텍스트 설명처럼 서로 연관된 데이터 쌍은 벡터 공간에서 가깝게 위치하도록, 관련 없는 데이터는 멀어지도록 학습하여 공통의 의미 공간을 생성한다.
역할	각 분야 전문가(숫자, 이미지, 텍스트)가 개별 분석 결과를 제출하면, 이를 취합하여 최종 결론을 내리는 '데이터 종합 관리자' 역할을 수행한다.	회의에서 여러 전문가들이 서로의 의견을 참조하고 보완하며 더 깊이 있는 결론에 도달하는 것처럼, 데이터 간의 상호작용을 통해 가치를 판단하는 '문맥적 종합 분석가' 역할을 담당한다.	세상의 모든 부동산 정보를 하나의 거대한 도서관에 동일한 방식으로 색인(Indexing)하여, 어떤 형태의 질문으로도 가장 연관성 높은 자산을 찾아주는 '만능 데이터 번역가' 역할을 수행한다.
장점	- 모델의 구조가 비교적 단순하여 구현하기가 용이하다. - 각 데이터의 개별적인 특징을 충실하게 반영할 수 있다.	- 데이터 간의 복잡하고 미묘한 문맥적 관계를 학습하여 매우 높은 정확도를 보인다. - 특정 결론의 근거를 다른 데이터에서 시각적으로 찾아내는 등 해석력이 높다.	- '이런 느낌의 건물을 찾아줘'와 같은 인간의 감성적, 추상적 검색이 가능해진다. - 완전히 새로운 형태의 자산 가치 비교 및 탐색이 가능하다.
단점	- 데이터들을 결합하는 마지막 단계 전까지는 데이터 간의 상호작용을 파악하지 못하는 한계가 있다.	- 모델의 구조가 복잡하고, 학습에 막대한 연산 자원이 필요하다.	- 모델을 학습시키기 위한 대규모의 정제된 데이터셋 구축이 매우 어렵다. - 현재 가장 연구가 활발히 진행 중인 최첨단 기술 분야이다.
도시부동산 활용 예시	특정 빌딩의 재무제표(숫자), 외관 사진(이미지), 임차인 리뷰(텍스트)를 각각 분석한 점수를 합산하여 최종 투자 등급(AAA, BB 등)을 산출하는 데 활용된다.	'역세권'이라는 텍스트 정보를 처리할 때, 이미지 데이터의 지하철역 입구 부분과 숫자 데이터의 '도보 3분' 정보에 높은 가중치를 부여하여 가치 평가의 프리미엄을 동적으로 조절하는 데 활용된다.	성공적으로 운영되고 있는 어떤 상업시설의 사진 한 장을 AI에 입력하면, AI가 데이터베이스 내에서 그와 가장 유사한 건축 스타일, 입지 조건, 임대 수익 구조를 가진 다른 부동산들을 추천해주는 데 활용된다.

2.2. 가상사례: '이태원 복합문화공간' 인수 검증과 멀티모달 AI 'VALU-E'

개방된 공간의 편안함, 이태원 복합문화공간 사운즈 한남: 네이버 블로그 (https://m.blog.naver.com)

1) 가상사례 개요

(1) **프로젝트명:** 이태원 앤틱가구거리 노후 상업빌딩 인수 및 리모델링

(2) **투자 주체:** K-리츠(REITs) 운용사

(3) **분석 과제:** 매도인이 제시한 희망 가격 500억 원의 타당성을 검증하고, 리모델링 후의 잠재 가치를 정밀하게 추정하기 위해 멀티모달 AI 가치평가 모델 'VALU-E'를 활용한다.

2) 멀티모달 AI 'VALU-E'의 3단계 교차 검증

'VALU-E'는 숫자, 텍스트, 이미지의 세 가지 데이터 모드를 동시에 분석하여 단일 데이터 분석으로는 발견할 수 없는 리스크와 기회를 찾아내도록 설계되었다.

- **1단계: 숫자 데이터 분석(전통적 가치평가)**

먼저, AI는 일반적인 평가 방식과 동일하게 대상 건물과 주변 지역의 정형 데이터를 분석하여 기초 가치를 산출하였다.

(1) **입력 데이터:** 과거 실거래가, 공시지가, 건물의 면적, 층수, 건축연도, 인근 지역의 임대료 시세 및 공실률 등

(2) **가상 수치**(1차 분석 결과): 전통적인 수익환원법 및 거래사례비교법에 기반한 기초 평가액은 450억 원으로, 매도인의 희망가보다 50억 원 낮게 산출되었다. 숫자만 보면 이 거래는 다소 비싼 셈이다.

■ **2단계: 텍스트 데이터 분석**(소셜 미디어 및 뉴스 분석)

다음으로, AI는 지난 3년간 '이태원 앤틱가구거리'와 관련된 소셜 미디어 게시물, 블로그 포스팅, 뉴스 기사 등 약 100만 건의 텍스트 데이터를 분석하여, 숫자에 드러나지 않는 지역의 무형적 가치와 트렌드 변화를 분석하였다.

(1) **입력 데이터**: 인스타그램, 유튜브, 네이버 블로그, 지역 온라인 커뮤_니티, 관련 뉴스 기사 등

(2) **가상 수치**(2차 분석 결과):

- 긍정 연관 키워드: '#유니크', '#이국적', '#골목투어', '#촬영지' 등의 키워드가 꾸준히 증가하며, 마니아층이 형성된 '대체 불가능한 문화적 가치'를 지닌 것으로 분석되었다.
- 트렌드 변화: 최근 1년간 '앤틱가구' 언급량은 정체된 반면, '디자이너 쇼룸', '독립서점', 'LP바' 등 새로운 문화 콘텐츠 관련 언급량이 300% 급증하는 패턴을 발견하였다. 이는 상권의 정체성이 변화하고 있음을 시사하는 중요한 신호였다.

■ **3단계: 이미지 데이터 분석**(위성 및 로드뷰 분석)

마지막으로, AI는 위성영상과 로드뷰 이미지를 통해 대상 건물의 물리적 상태와 주변 환경의 시각적 가치를 정밀하게 분석하였다.

(1) **입력 데이터**: 고해상도 위성영상, 카카오/네이버 로드뷰 시계열 이미지

(2) 가상 수치(3차 분석 결과):

- 건물 상태: 컴퓨터 비전 분석 결과, 건물의 주요 구조는 양호하나 외벽 마감재와 창호의 노후화로 인해 시각적 매력도가 주변 건물 대비 30% 낮게 평가되었다. 리모델링 시 가치 상승 잠재력이 매우 큰 것이다.
- 주변 환경: 로드뷰 이미지 분석 결과, 대상 건물 주변으로 유동인구의 체류시간을 증대 시키는 녹지 공간과 소규모 광장이 최근 2년 사이 다수 조성되었음이 확인되었다. 이는 숫자 데이터(유동인구 수)만으로는 파악할 수 없는 상권의 질적 개선을 의미한다.

3) 최종 결론: 멀티모달 AI의 통합적 판단

'VALU-E'는 3가지 데이터 모드의 분석 결과를 통합하여 최종 결론을 도출하였다.

"기초 평가액(450억 원)은 매도 희망가보다 낮다. 하지만, 텍스트 분석 결과 상권의 문화적 가치와 긍정적 트렌드 변화가 확인되었고, 이미지 분석 결과 리모델링 시의 가치 상승 잠재력과 주변 환경의 질적 개선이 뚜렷하다. 이 무형적 가치와 미래 잠재력을 종합적으로 고려할 때, 매도 희망가 500억 원은 타당하며, 리모델링 후 목표 가치는 700억 원 이상으로 추정된다."

4) 시사점: 이처럼 멀티모달 AI는 각기 다른 종류의 데이터를 교차 검증(Cross-validation)함으로써, 어느 한 종류의 데이터만으로는 결코 도달할 수 없는 깊이 있는 통찰력을 제공하였다. K-리츠 운용사는 이 분석 결과를 바탕으로 성공적인 투자를 결정하게 되며, 이는 AI가 부동

산 투자의 불확실성을 얼마나 정밀하게 제거할 수 있는지를 보여주는 상징적인 사례가 되는 것이다.

3. 도시부동산 시장 미시 데이터 분석을 통한 잠재 수요 및 타겟 고객층 파악 방법과 가상사례

3.1. 도시의 숨결을 느끼는 현미경, 미시 데이터 분석

과거의 도시부동산 시장 분석이 인구, 소득, 주택 보급률 등 거대한 숲을 보는 '거시 데이터(Macro Data)'에 의존했다면, AI 시대의 시장 분석은 개개인의 삶과 욕망이라는 나무 한 그루 한 그루를 관찰하는 미시 데이터(Micro Data) 분석으로 진화하고 있다. 미시 데이터란 신용카드 결제 데이터, 스마트폰 앱 사용 기록, 내비게이션 이동 경로, 배달 주문 데이터 등 도시민들이 일상 속에서 남기는 구체적이고 생생한 행동의 흔적을 의미한다. 이는 마치 도시의 숨결을 느낄 수 있는 고성능 현미경과도 같다.

Consumer Psychology: Latent(Induced) Demand-Moseman Law (https://www.mosemanlaw.com)

이러한 미시 데이터를 AI로 분석하면, 전통적인 설문조사나 인구통계 자료만으로는 결코 알 수 없었던 사람들의 실제적인 라이프스타일과 숨겨진 욕망, 즉 '잠재 수요(Latent Demand)'를 발견할 수 있다. 예를 들어, 특정 지역에서 새벽 배송과 비건 레스토랑 결제 비율이 동시에 높게 나타난다면, 이는 '건강과 시간 가치를 중시하는 고소득 1인 가구'라는 구체적인 타겟 고객층이 존재함을 시사하는 강력한 신호가 된다. 이처럼 미시 데이터 분석은 더 이상 존재하지 않는 '평균적인' 고객이 아닌, 살아 숨쉬는 구체적인 페르소나를 찾아내고 그들을 위한 맞춤형 부동산 상품을 기획하는 가장 정밀한 나침반이 되는 것이다.

■ **도시부동산 미시 데이터 분석 기반 잠재 수요 및 타겟 고객 파악 방법별 목표, 분석방법 및 기술, 역할, 장단점, 도시부동산 활용예시**

구분	결제 데이터 기반 소비 패턴 분석	이동 데이터 기반 시공간 분석	소셜 데이터 기반 라이프스타일 군집화
목표	특정 지역 소비자들이 실제로 어디에 돈을 쓰는지를 분석하여, 설문조사로는 알 수 없는 실질적인 소비 수준과 라이프스타일을 파악하고 잠재 시장의 규모를 정량적으로 추정하는 것을 목표로 한다.	특정 지역에 어디서 온 사람들이, 얼마나 머물다가, 어디로 가는지를 분석하여, 해당 공간의 기능적 특성(업무, 주거, 여가 등)과 방문객들의 숨은 동선을 파악하는 것을 목표로 한다.	소셜 미디어상에 나타난 사람들의 관심사, 취향, 활동 등을 기반으로 유사한 라이프스타일을 가진 그룹을 찾아내고, 이를 통해 새로운 틈새시장과 구체적인 고객 페르소나를 정의하는 것을 목표로 한다.
분석방법 및 기술	- 활용 기술: 빅데이터 처리(Hadoop 등), 데이터 비식별화 기술, RFM(최신성, 빈도, 금액) 분석 - 분석 방법: 카드사나 VAN사의 익명 화된 결제 데이터를 업종별, 시간대별, 지역별로 집계하고, 특정 상품이나 서비스에 대한 소비 집중도를 분석하여 소득 수준이나 소비 성향을 역으로 추정한다.	- 활용 기술: 지리정보 시스템(GIS), 기종점(Origin-Destination) 분석, 통신사/내비게이션 데이터 처리 - 분석 방법: 특정 지역을 출발지 또는 목적지로 설정한 사람들의 이동 경로와 체류 시간을 분석하여, 지역의 성격(주간 활동 중심, 야간 활동 중심 등)과 핵심적인 유입-유출 경로를 파악한다.	- 활용 기술: 자연어 처리(NLP), 컴퓨터 비전, 군집화(Clustering) 알고리즘 - 분석 방법: 특정 지역에서 생성된 인스타그램 해시태그, 지오태깅된 사진, 블로그 텍스트 등을 분석하여, 유사한 관심사(예: #맛집탐방, #운동스타그램)를 가진 사용자들을 하나의 그룹으로 묶는다.

역할	소비자의 실제 구매 행동에 기반하여 시장의 크기와 잠재력을 증명하고, 사업 계획의 매출 추정을 뒷받침하는 '객관적 시장 규모 측정기' 역할을 수행한다.	도시 내에서 해당 입지가 어떤 기능적 역할을 수행하고 있는지를 동적으로 파악하여, 최적의 교통 동선 계획과 공간의 용도(MD) 구성을 제안하는 '공간 맥락 분석가' 역할을 담당한다.	평균적인 통계 데이터 너머에 존재하는 특정 취향을 가진 소수 집단을 발견하고, 이들을 위한 차별화된 부동산 상품을 기획하도록 돕는 '고객 페르소나 정의 전문가' 역할을 수행한다.
장점	- '진술된 선호'가 아닌 '실제 행동'에 기반하므로 신뢰도가 매우 높다. - 잠재 시장의 규모를 구체적인 금액으로 환산하여 보여줄 수 있다.	- 특정 공간이 어떻게 활용되는지를 동적으로 이해할 수 있다. - 상업시설의 유효 상권 범위나 교통 개선 효과를 측정하는 데 탁월하다.	- 새롭게 떠오르는 트렌드나 특정 취향 공동체를 가장 먼저 발견할 수 있다. - 타겟 고객의 심리적, 감성적 특성까지 파악하여 깊이 있는 통찰을 제공한다.
단점	- 데이터 접근성이 매우 제한적이고 구매 비용이 비싸다. - 구매 행동의 이유나 동기를 직접적으로 설명하지는 못한다.	- 이동 패턴이 반드시 특정 상품에 대한 상업적 수요로 직결되지는 않을 수 있다. - 데이터 처리의 기술적 복잡성이 높다.	- 데이터가 특정 연령층(젊은 층)에 편중될 수 있다. - 온라인상의 모습이 실제 구매력이나 행동과 다를 수 있다.
도시부동산 활용 예시	특정 주거 지역의 카드 결제 데이터를 분석한 결과, 고가의 유아용품 및 키즈카페 결제 비중이 서울시 평균 대비 2배 높은 것을 확인하고, 해당 지역에 프리미엄 어린이 교육 시설을 입점시키는 데 활용된다.	광화문 일대의 유동인구 데이터를 분석한 결과, 주중 점심시간의 평균 체류 시간이 40분으로 매우 짧다는 것을 발견하고, 파인 다이닝 레스토랑 대신 '그랩앤고(Grab-and-Go)' 형태의 F&B 매장을 기획하는 데 활용된다.	인스타그램에서 특정 지역을 중심으로 '#비건', '#요가', '#오가닉' 키워드를 동시에 사용하는 사용자 그룹을 발견하고, 이들을 타겟으로 한 친환경 컨셉의 공유 주거 및 리테일 복합 시설을 개발하는 데 활용된다.

3.2. 가상사례: '펫코노미' 잠재 수요를 발견한 '서초 펫-빌리지'

서초구, 설연휴 6일간 '반려견 돌봄쉼터' 운영 | 연합뉴스 (https://www.yna.co.kr)

1) 가상사례 개요

(1) **프로젝트명:** 서초 펫-빌리지(Seocho Pet-Village)

(2) **프로젝트 목표:** 전통적인 아파트 단지에서 한 걸음 더 나아가, 반려동물과 반려인의 삶의 질을 극대화하는 국내 최초의 '펫 프렌들리(Pet-Friendly)' 고급 주거단지를 개발한다.

(3) **분석 과제:** 서울 서초구의 미시 데이터 분석을 통해 '펫코노미(Petconomy)' 시장의 잠재 수요를 정량적으로 증명하고, 핵심 타겟 고객층의 구체적인 페르소나를 정의한다.

2) 미시 데이터를 활용한 잠재 수요 및 타겟 고객 발굴

'펫-빌리지' 개발사는 서초구 일대의 '반려동물 양육 가구' 시장을 분석하기 위해, 특정 카드사와 통신사의 미시 데이터를 익명 화하여 AI로 분석하였다.

■ 1단계: '잠재 고객' 식별 및 규모 추정(카드 결제 데이터 분석)

먼저, 지난 3년간 서초구 내에서 동물병원, 펫샵, 애견 유치원, 펫 호텔 등 반려동물 관련 업종에서 1회 이상 결제한 이력이 있는 고객들을 '잠재 고객'으로 정의하고, 이들의 소비 패턴을 분석하였다.

ㅁ 가상 수치:

- 서초구 내 잠재 고객 수: 약 3만 가구로 추정되었다.
- 1인당 연평균 반려동물 관련 소비액: 250만 원으로, 서울시 평균(150만 원) 대비 월등히 높게 나타났다. 이는 단순한 애완동물을 넘어 '가족'으로 인식하는 '펫 휴머니제이션' 경향이 강함을 의미한다.
- 소비 특성: 고가의 수제 간식, 프리미엄 사료, 반려동물 전용 유모차 등 고급 용품에 대한 소비 비중이 60% 이상을 차지하였다.

■ 2단계: '타겟 고객'의 라이프스타일 분석(모바일 앱 및 이동 데이터 분석)

다음으로, 1단계에서 식별된 '잠재 고객' 그룹이 다른 사람들과 어떻게 다른 라이프스타일을 보이는지를 통신사의 모바일 앱 사용 데이터와 내비게이션 이동 데이터를 통해 심층적으로 분석하였다.

ㅁ 가상 수치:

- 자주 사용하는 앱: 새벽 배송, 홈클리닝, 인테리어 관련 앱 사용률이 일반 고객 대비 3배 이상 높았다. 이는 높은 소득 수준과 함께 시간의 가치를 중시하는 성향을 보여준다.
- 주말 이동 패턴: 내비게이션 목적지 분석 결과, '애견 동반 가능 카페', '대형 공원', '반려견 운동장' 등 반려동물과 함께 여가를 즐길 수 있는 장소 검색 비율이 일반 고객 대비 5배 이상 높게 나타났다. 이는 주거 공간 선택 시 주변의 관련 인프라를 매우 중요하게 고려할 것임을 시사한다.

■ **3단계: 핵심 타겟 고객층 '골드 펫팸(Gold Pet-Fam)' 정의**

AI는 위의 미시 데이터 분석 결과를 종합하여, '서초 펫-빌리지'가 집중해야 할 핵심 타겟 고객층의 페르소나를 구체적으로 정의하였다.

(1) **페르소나 명칭:** '골드 펫팸(Gold Pet-Fam)'

(2) **정의:** 30~40대 고소득 전문직 부부 또는 1인 가구로, 자녀 대신 반려동물을 가족 구성원으로 여기며 이들을 위한 소비에 아낌없이 투자한다. 바쁜 라이프스타일로 인해 시간 효율성을 중시하며, 주말에는 반려동물과 함께 수준 높은 여가 활동을 즐기고자 하는 강한 니즈를 가지고 있다.

(3) **부동산 선호도 예측:** 이들은 단순한 주거 공간을 넘어, 단지 내에 반려동물 전용 산책로, 펫 케어 센터, 그리고 입주민 전용의 반려견 놀이터와 같은 '펫 프렌들리 특화 설계'가 적용된 주택에 기꺼이 높은 비용을 지불할 의사가 있을 것으로 예측되었다.

3) **결론 및 시사점:** 이처럼 미시 데이터 분석은 막연했던 '펫팸족' 시장에 '골드 펫팸'이라는 명확한 타겟을 설정하고, 그들의 숨겨진 수요를 과학적으로 증명해냈다. 이 분석 결과는 '서초 펫-빌리지'의 구체적인 건축 설계와 커뮤니티 시설 기획의 핵심 근거가 되었고, 프로젝트 파이낸싱(PF) 과정에서 금융기관에 프로젝트의 높은 시장성과 차별성을 입증하는 가장 강력한 무기가 된 것이다.

4. 생성형 AI를 활용한 도시부동산 사업성 시뮬레이션과 가상사례

4.1. 미래를 창조하는 AI의 상상력, 생성형 AI

지금까지의 인공지능(AI)이 주로 주어진 데이터를 분석하고 예측하는 데 초점을 맞추었다면, '생성형 AI(Generative AI)'는 한 걸음 더 나아가 세상에 없던 새로운 창작물을 만들어내는 경이로운 능력을 보여준다. 텍스트, 이미지, 음악, 심지어 건축 설계안까지, 생성형 AI는 방대한 데이터를 학습하여 그 안에 내재된 패턴과 스타일을 이해하고, 이를 바탕으로 인간의 상상력을 뛰어넘는 독창적인 결과물을 창조해낸다. 이는 마치 수백만 권의 책을 읽은 작가가 새로운 소설을 쓰거나, 모든 명화를 학습한 화가가 독창적인 그림을 그리는 것과 같다.

도시부동산 프로젝트 분야에서 생성형 AI의 등장은 사업성 분석의 패러다임을 '분석'에서 '창조적 시뮬레이션'으로 바꾸는 혁신을 의미한다. 과거에는 개발자가 제시한 단 하나의 아이디어를 평가하는 데 그쳤다면, 이제는 생성형 AI에게 "이 부지에 가장 수익성이 높을 것 같은 개발 컨셉과 디자인, 그리고 마케팅 문구까지 한번 만들어봐" 라고 요청할 수 있는 시대가 온 것이다.

생성형 AI는 주어진 조건 안에서 수백, 수천 가지의 가능한 개발 시나리오를 텍스트(사업계획서), 이미지(투시도), 그리고 숫자(예상 수익률)의 형태로 동시에 생성하고, 개발자는 이 다양한 미래의 모습을 비교하며 최적의 의사결정을 내릴 수 있다. 이는 단순한 예측을 넘어, 가장 성공적인 미래를 직접 창조해 나가는 과정이라 할 수 있다.

■ 생성형 AI 기반 도시부동산 사업성 시뮬레이션 방법별 목표, 분석방법 및 기술, 역할, 장단점, 도시부동산 활용예시

구분	텍스트 생성 기반 사업계획 시나리오	이미지 생성 기반 건축 디자인 탐색	데이터 생성 기반 재무 시뮬레이션
목표	주어진 부지의 조건과 시장 데이터에 기반하여, 창의적이고 논리적인 다수의 개발 컨셉, 사업 계획, 마케팅 전략 등을 텍스트 형태로 자동 생성하는 것을 목표로 한다.	사용자가 원하는 건축 스타일, 분위기, 기능 등을 텍스트나 스케치로 입력하면, 수백 가지의 다양한 건축 디자인 및 인테리어 시안을 이미지 형태로 빠르게 시각화하고 탐색하는 것을 목표로 한다.	과거의 실제 재무 데이터를 학습하여, 통계적으로 유사하지만 새로운 수천 가지의 미래 현금흐름 시나리오 데이터를 생성하고 이를 통해 확률 기반의 정밀한 사업성을 검증하는 것을 목표로 한다.
분석방법 및 기술	- 활용 기술: 거대 언어 모델(LLM, 예: GPT-4), 프롬프트 엔지니어링 - 분석 방법: 개발자가 부지의 특성, 예산, 타겟 고객 등 핵심 조건을 프롬프트로 입력하면, LLM이 학습한 방대한 지식을 바탕으로 컨셉, MD 계획, 슬로건 등이 포함된 복수의 사업계획서 초안을 생성한다.	- 활용 기술: 확산 모델(Diffusion Model, 예: Midjourney), 생성적 적대 신경망(GANs) - 분석 방법: '인더스트리얼 감성의 붉은 벽돌 건물에 모던한 유리 아트리움이 결합된' 과 같은 텍스트를 입력하면, AI가 해당 설명에 맞는 수십 개의 독창적인 건축 투시도 및 인테리어 이미지를 생성한다.	- 활용 기술: 생성적 적대 신경망(GANs), 변이형 오토인코더(VAEs) - 분석 방법: 실제 과거 현금흐름 데이터를 생성자(Generator)와 감별자(Discriminator) 신경망이 서로 경쟁하며 학습하게 하여, 원본 데이터의 통계적 특성을 완벽히 재현하는 가상의 현금흐름 데이터를 대량으로 생성한다.
역할	인간의 고정관념이나 편견을 넘어, 새로운 사업 아이디어를 제안하고 사업의 방향성을 다각도로 제시하는 '창의적 전략가(Creative Strategist)' 역할을 수행한다.	설계 초기 단계에서 막대한 시간과 비용 없이 다양한 디자인 가능성을 시각적으로 탐색하고, 최적의 컨셉을 빠르게 구체화하도록 돕는 '가상 건축가(Virtual Architect)' 역할을 담당한다.	단 하나의 미래만 가정하는 전통적 DCF의 한계를 넘어, 발생 가능한 모든 재무적 미래를 시뮬레이션하여 투자의 리스크와 기회를 확률적으로 분석하는 '확률적 재무 예측가' 역할을 수행한다.
장점	- 아이디어 발상 단계의 시간을 획기적으로 단축시킨다. - 인간이 생각하지 못한 독창적인 컨셉을 발굴할 수 있다.	- 비전문가도 원하는 이미지를 쉽게 구체화하고 소통할 수 있다. - 수많은 디자인을 빠르게 비교하여 최적의 방향을 결정할 수 있다.	- 최악, 최선 등 다양한 시나리오에 대한 리스크를 정량적으로 관리할 수 있다. - 과거 데이터에 없던 새로운 패턴의 시나리오를 생성하여 스트레스 테스트를 수행할 수 있다.

단점	- 사실과 다른 정보(환각, Hallucination)를 생성할 수 있어 반드시 인간의 검증이 필요하다.	- 아직 정밀한 건축 도면 수준의 결과물 생성에는 한계가 있다. - 저작권 및 독창성에 대한 이슈가 발생할 수 있다.	- 모델의 구현이 기술적으로 매우 복잡하고 어렵다. - 학습 데이터의 품질이 생성되는 데이터의 품질을 결정한다.
도시부동산 활용 예시	개발자가 빈 땅의 정보와 지역 특성을 LLM에 입력하면, AI가 해당 부지에 '공유 주거', '시니어 타운', '부티크 호텔' 등 3가지의 각기 다른 개발 시나리오를 구체적인 컨셉과 함께 제안하는 데 활용된다.	건축가가 '자연 채광이 풍부한 목조 구조의 친환경 도서관'이라는 키워드를 입력하여, AI가 생성한 20가지의 서로 다른 내부 공간 디자인 이미지를 건축주에게 제시하고 소통하는 데 활용된다.	부동산 펀드가 과거 20년간의 오피스 빌딩 임대료 데이터를 GAN에 학습시킨 뒤, 향후 10년간 발생 가능한 1만 개의 가상 임대료 시나리오를 생성하여 투자의사결정에 활용된다.

4.2. 가상사례: '성수동 리-팩토리' 프로젝트와 생성형 AI 'ARCHI-GPT'

한국의 브룩클린 성수동에 공장개조 복합공간 '에스팩토리' 선다 (https://www.econovill.com)

1) 가상사례 개요

(1) **프로젝트명:** 성수동 리-팩토리(Re-Factory)

(2) **프로젝트 목표:** 서울 성수동의 폐공장을 매입하여, MZ세대의 트렌드와 지역의 문화적 맥락을 반영한 복합문화공간으로 재 탄생시킨다.

(3) **분석 과제:** 생성형 AI 모델인 'ARCHI-GPT'를 활용하여, 이 부지에 가장 적합하고 사업성 높은 개발 컨셉 시나리오를 다각적으로 생성하고 시뮬레이션 한다.

2) 생성형 AI 'ARCHI-GPT'를 활용한 창조적 시뮬레이션

개발사는 'ARCHI-GPT'에게 다음과 같은 초기 조건(Prompt)을 입력하였다.

> "서울 성수동 폐공장 부지(대지면적 1,000㎡). 타겟 고객은 MZ세대. 이 지역의 인더스트리얼 감성과 최신 트렌드를 결합하여, 가장 높은 내부수익률(IRR)을 달성할 수 있는 복합문화공간 개발 시나리오 3가지를 각각의 컨셉, 건축 디자인(이미지), 핵심 콘텐츠(MD), 마케팅 슬로건, 그리고 5년 추정 현금흐름표를 포함하여 생성해줘."

'ARCHI-GPT'는 이 명령을 받고, 학습된 방대한 데이터를 바탕으로 다음과 같은 3가지 시나리오를 몇 분 만에 생성하였다.

■ 시나리오 1: '인더스트리얼 가든'(Nature & Industry)

- 컨셉: 폐공장의+ 거친 느낌과 자연 친화적인 요소를 결합한 도심 속 오아시스이다.
- 건축 디자인(이미지 생성): 붉은 벽돌 구조를 최대한 살리면서, 내부에 중정(中庭)을 만들고 옥상 전체를 루프탑 가든으로 조성한 투시도를 생성한다.
- 핵심 콘텐츠(MD): 1층에는 플랜테리어 카페와 유기농 레스토랑을, 2층에는 요가 및 명상 스튜디오를 배치한다.
- 마케팅 슬로건(텍스트 생성): "성수동의 심장에서, 가장 거칠고 가장 싱그러운 휴식을 만나다."

- 사업성 시뮬레이션(숫자 생성):
  - 가상 수치: 초기 투자비는 높지만, F&B와 웰니스 프로그램의 높은 객단가를 반영하여 5년 후 예상 IRR 15.2%를 제시한다.

■ 시나리오 2: '소셜 팩토리'(Community & Creator)

- 컨셉: 신진 아티스트와 크리에이터들을 위한 커뮤니티 기반의 창작 및 네트워킹 허브이다.
- 건축 디자인(이미지 생성): 내부 벽을 최소화하여 개방감을 극대화하고, 이동 가능한 모듈형 가구와 대형 스크린을 설치한 유연한 공간 디자인을 생성한다.
- 핵심 콘텐츠(MD): 공유 오피스, 팝업 스토어 전용 공간, 유튜브 촬영 스튜디오, 그리고 저녁에는 네트워킹 파티 공간으로 변하는 라운지 바로 구성된다.
- 마케팅 슬로건(텍스트 생성): "당신의 아이디어가 성수동의 다음 트렌드가 되는 곳."
- 사업성 시뮬레이션(숫자 생성):
  - 가상 수치: F&B 매출은 낮지만, 안정적인 멤버십 임대 수익과 공간 대관료를 기반으로 5년 후 예상 IRR 13.5%를 제시한다.

■ 시나리오 3: '레트로 퓨처 아케이드'(Tech & Nostalgia)

- 컨셉: 아날로그적 향수와 미래 기술(VR/AR, 인터랙티브 아트)을 결합한 체험형 엔터테인먼트 공간이다.
- 건축 디자인(이미지 생성): 공장 외관은 그대로 두되, 내부는 네온사인과 미디어 파사드로 채워 과거와 미래가 공존하는 듯한 초현실적인 인테리어 이미지를 생성한다.

- 핵심 콘텐츠(MD): 고전 게임 아케이드, 최신 VR 체험존, 미디어 아트 갤러리, 그리고 F&B는 간편한 스트리트 푸드 컨셉으로 구성된다.
- 마케팅 슬로건(텍스트 생성): "시간 여행자를 위한 놀이터, 성수동에 착륙하다."
- 사업성 시뮬레이션(숫자 생성):
  - 가상 수치: 초기 기술 투자비가 가장 높지만, 높은 입장료 수익과 젊은 층의 폭발적인 재방문율을 예측하여 5년 후 예상 IRR 18.1%로 가장 높은 수익성을 제시한다.

3) 결론 및 시사점: 개발사는 AI가 생성한 3가지의 구체적이고 창의적인 시나리오를 보며, 마치 여러 개의 미래를 동시에 들여다보는 듯한 경험을 하게 된다. 각 시나리오의 투시도, 마케팅 문구, 그리고 예상 수익률을 직관적으로 비교하며, 최종적으로 가장 혁신적이고 수익성이 높은 '레트로 퓨처 아케이드' 안을 채택하여 프로젝트를 구체화하게 된다. 이는 생성형 AI가 어떻게 불확실한 개발 프로젝트의 방향성을 제시하고, 사업의 성공 확률을 극대화하는 창조적인 파트너가 될 수 있는지를 명확히 보여주는 것이다.

제7장

프로젝트 금융(PF)의 리스크, AI로 통제한다

1. 도시부동산 프로젝트 PF의 핵심 리스크(시공, 분양, 인허가) 예측 모델과 가상사례

1.1. 보이지 않는 암초를 탐지하는 AI 레이더: PF 리스크 관리

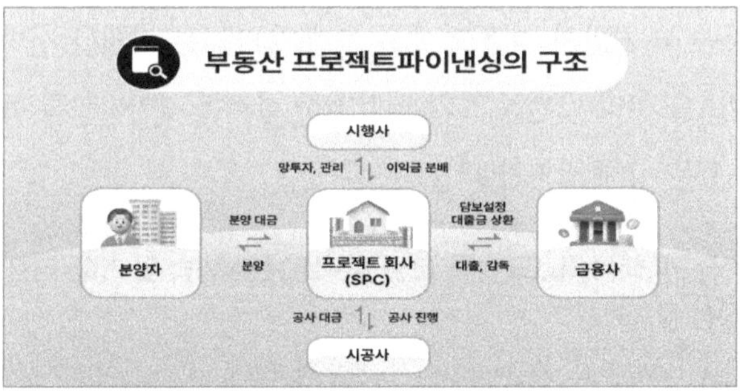

https://kbcapital.co.kr

부동산 프로젝트 파이낸싱(PF)은 하나의 거대한 프로젝트를 담보로 미래의 사업성을 평가하여 자금을 조달하는 복잡하고 거대한 금융 기법이다. 이는 마치 망망대해를 향해 떠나는 거대한 배와 같아서, 눈에 보이는 화려한 청사진 뒤에는 예측 불가능한 수많은 암초, 즉 '리스크(Risk)가 숨어있다.

전통적으로 PF의 성패를 좌우하는 3대 핵심 리스크는 바로 시공 리스크, 분양 리스크, 그리고 인허가 리스크이다. 과거에는 이러한 리스크들을 주로 시공사의 신용등급이나 분양대행사의 과거 실적, 그리고 전문가의 경험적 판단에 의존하여 관리해왔다. 이는 숙련된 선장의 직감에 의존하여 암초를 피해 가려는 시도와 같았다.

하지만 이제 AI는 마치 바닷속 지형까지 꿰뚫어 보는 최첨단 레이더처럼, 데이터 속에 숨겨진 리스크의 신호를 사전에 감지하고 그 발생 확률과 파급 효과까지 정량적으로 예측하는 시대를 열었다. 시공 리스크 예측 모델은 과거 수천 건의 공사 데이터를 학습하여 잠재적인 공기 지연 가능성을 예측하고, 분양 리스크 예측 모델은 소셜 미디어와 미시 데이터를 분석하여 미래의 미분양 확률을 계산한다. 또한 인허가 리스크 예측 모델은 방대한 법규와 판례를 분석하여 복잡한 행정 절차의 난관을 미리 알려준다. 이처럼 AI 기반의 리스크 예측 모델은 PF라는 거대한 선박이 보이지 않는 암초를 미리 발견하고 가장 안전한 항로를 찾아가도록 돕는 가장 신뢰할 수 있는 항해 장치가 되는 것이다.

■ 도시부동산 PF 핵심 리스크 예측 모델 별 목표, 분석방법 및 기술, 역할, 장단점, 도시부동산 활용예시

구분	시공 리스크 예측 모델	분양 리스크 예측 모델	인허가 리스크 예측 모델
목표	과거 유사 프로젝트들의 공사 데이터를 학습하여, 미래의 공사 기간 지연(공기 지연) 또는 공사비 증액 가능성을 확률적으로 예측하고 핵심 위험 요인을 사전에 식별하는 것을 목표로 한다.	거시 경제 지표와 시장의 미시적 데이터를 종합 분석하여, 목표 분양률(또는 임대율)을 달성하지 못할 확률(미분양/미임대 리스크)을 예측하고 시장의 변곡점을 포착하는 것을 목표로 한다.	방대한 법규, 판례, 회의록 등 비정형 텍스트를 분석하여, 사업 계획이 각종 심의를 통과하지 못하거나 행정 절차가 지연될 가능성을 예측하고 잠재적인 쟁점을 도출하는 것을 목표로 한다.

분석방법 및 기술	- 활용 기술: 머신 러닝(랜덤 포레스트, XG-Boost), 몬테카를로 시뮬레이션 - 분석 데이터: 과거 공사 일지, 기상 데이터, 원자재 가격 지수, 시공사 이력, 설계 복잡도, 노조 파업 관련 뉴스 데이터 등을 활용한다.	- 활용 기술: 딥러닝(LSTM), 자연어 처리(NLP), 미시 데이터 분석 - 분석 데이터: 기준금리, 주택가격지수 등 거시 데이터와 소셜 미디어 감성지수, 신용카드 결제 데이터, 잠재 고객 검색 량 등 미시 데이터를 결합하여 분석한다.	- 활용 기술: 자연어 처리(NLP), 법률 텍스트 마이닝, 토픽 모델링 - 분석 데이터: 건축법, 국토계획법 등 법규 원문, 관련 행정소송 판례, 지자체 도시계획위원회 심의 회의록, 관련 정책 보도자료 등을 활용한다.
역할	PF 대주단에게 적정 공사 기간과 예비비(Contingency) 규모를 산정할 객관적인 근거를 제시하고, 시공사에 대한 관리 감독 포인트를 알려주는 '공정 관리 감독관' 역할을 수행한다.	시행사에게 최적의 분양 시점과 분양가를 제안하고, 대주단에게는 미분양 담보대출 확약(매입 확약) 규모의 적정성을 판단하게 하는 '시장 위험 분석가' 역할을 담당한다.	개발 사업 초기 단계에서 인허가의 잠재적 난관을 미리 알려주어 사업 계획을 수정하게 하거나, 법률적 대응 전략을 사전에 수립하도록 돕는 '법률 리스크 스캐너' 역할을 수행한다.
장점	- 인간의 경험만으로는 놓치기 쉬운 복합적인 지연 원인을 찾아낼 수 있다. - 선제적인 공정 관리를 통해 추가 금융비용 발생을 억제한다.	- 전통적 시장조사보다 빠르게 시장의 심리 변화를 감지할 수 있다. - 수요 예측을 기반으로 동적인 마케팅 전략을 구사할 수 있다.	- 인간이 모두 검토하기 불가능한 방대한 양의 법률 문서를 신속하고 일관성 있게 분석한다. - 복잡한 행정 절차의 핵심 쟁점을 명확히 파악할 수 있다.
단점	- 분석의 정확도가 학습에 사용되는 과거 공사 데이터의 양과 질에 크게 좌우된다.	- 갑작스러운 정부 정책 변화나 거시경제의 외부 충격까지 예측하는 데에는 한계가 있다.	- 법률이나 조례의 해석은 규정 이면의 사회적 맥락이 중요하므로, AI의 문자적 해석이 실제와 다를 수 있다.
도시부동산 활용 예시	과거 1,000건의 초고층 빌딩 공사 데이터를 학습한 AI가, 신축 50층 오피스 빌딩 프로젝트의 공기가 동절기 기상 악화와 특정 자재 수급 문제로 6개월 이상 지연될 확률이 40%라고 예측하는 데 활용된다.	AI가 금리 인상 추세와 부동산 관련 부정적 소셜 데이터를 분석하여, 신규 분양하는 고급 아파트 단지의 초기 계약률이 PF 약정 조건인 80%에 미치지 못할 확률이 30%라고 예측하는 데 활용된다.	AI가 특정 지역의 지구단위계획과 과거 심의 회의록을 분석하여, 해당 부지의 공개공지(Public Open Space) 면적이 기준 대비 부족하여 심의가 반려될 확률이 85%라고 사전 경고하는 데 활용된다.

1.2. 가상사례: '용산 국제업무지구' 복합개발 프로젝트의 AI 리스크 대시보드

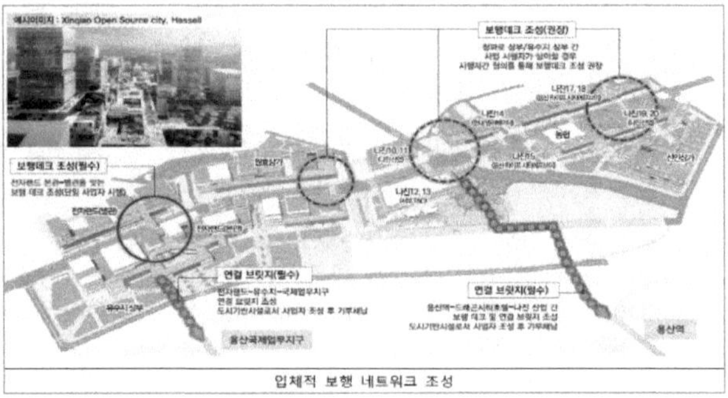

아시아 실리콘밸리 용산 복합개발 대출 2100억, 만기 연장 '성공' (https://marketin.edaily.co.kr)

1) 가상사례 개요

(1) **프로젝트명:** 용산 국제업무지구 '드래곤 밸리' 복합개발 1단계 사업

(2) **프로젝트 목표:** 서울 용산의 핵심 부지에 최첨단 오피스, 고급 주거시설, 그리고 대규모 상업시설이 결합된 랜드마크를 건설한다.

(3) **분석 과제:** 프로젝트의 규모와 복잡성이 큰 만큼, 3대 핵심 리스크(시공, 분양, 인허가)를 AI 모델로 각각 정밀하게 예측하고, 이를 종합하여 'AI 리스크 대시보드'를 구축한다.

2) AI 리스크 예측 모델의 개별 및 통합 분석

'드래곤 밸리' PF 대주단은 AI 리스크 분석팀에 각 리스크에 대한 확률적 예측을 의뢰하였다.

- **1단계: 시공 리스크 예측 - '공기 지연 예측 모델'**

AI는 과거 10년간 국내에서 진행된 유사 규모의 복합개발 프로젝트 500여 건의 공사일지, 자재 수급 데이터, 기상 데이터, 그리고 관련 뉴스(예: 건설노조 파업) 등을 학습하여 미래의 공기 지연 가능성을 예측하였다.

- 분석 알고리즘: 랜덤 포레스트(Random Forest) 분류 모델
- 분석 결과: AI는 프로젝트의 복잡한 설계, 특정 수입 자재의 높은 해외 의존도, 그리고 여름철 집중호우 패턴을 핵심 위험 요인으로 식별하였다.
- 가상 수치: '드래곤 밸리' 프로젝트가 6개월 이상 공기 지연될 확률은 35%이며, 이 경우 약 800억 원의 추가 금융비용이 발생할 것으로 예측되었다.

■ 2단계: 분양 리스크 예측 - '미분양 예측 모델'

AI는 주택담보대출 금리, 가계부채 총량 등 거시경제 지표와 함께, 소셜 미디어상의 '용산' 및 '고급 주거' 관련 감성지수, 잠재 고객층의 소득 및 소비 미시 데이터 등을 종합하여 미래의 분양률을 예측하였다.

- 분석 알고리즘: LSTM(장단기 메모리) 시계열 딥러닝 모델
- 분석 결과: AI는 현재 시장의 높은 관심에도 불구하고, 향후 2년간의 금리 인상 가능성과 고가 주택에 대한 세금 정책 변화가 잠재적 부담 요인임을 발견하였다.
- 가상 수치: 주거시설의 "초기 분양률이 80% 미만일 확률은 25%"이며, 상업시설의 "준공 후 1년 내 공실률이 15% 이상일 확률은 30%"로 예측되었다.

■ 3단계: 인허가 리스크 예측 - '행정 절차 예측 모델'

AI는 용산 지역의 지구단위계획, 건축법, 교통영향평가 등 관련 법

규 텍스트와 지난 20년간의 유사 개발사업에 대한 지자체의 심의 회의록, 판례 데이터 등을 자연어 처리(NLP) 기술로 분석하였다.

- 분석 알고리즘: BERT 기반의 텍스트 분류 및 회귀 모델
- 분석 결과: AI는 특히 '주변 교통량 처리 계획'과 '역사문화유산 보호 계획'이 심의 과정에서 가장 큰 쟁점이 될 것임을 지적하였다.
- 가상 수치: 관련 심의 통과를 위해 "보완 서류 제출이 3회 이상 필요할 확률은 40%"이며, 이로 인해 사업 계획 승인이 평균 8개월 지연될 가능성이 있다고 예측하였다.

3) 최종 결론: AI 리스크 대시보드를 통한 종합적 의사결정

분석팀은 각 모델의 예측 결과를 하나의 '리스크 대시보드'에 시각화하여 대주단에 보고하였다.

리스크 유형	위험 발생 확률	예상 손실 규모/지연 기간	AI의 핵심 경고
시공 리스크	35%	800억 원(추가 금융비용)	특정 수입 자재 수급 불안
분양 리스크	25%	초기 미분양 20% 발생	고금리 및 세제 변화 민감
인허가 리스크	40%	8개월(사업 승인 지연)	교통 및 문화재 심의 쟁점화

4) **결론 및 시사점**: 이 대시보드를 통해 대주단은 막연한 불안감이 아닌, 구체적인 확률과 예상 피해 규모에 기반하여 리스크를 객관적으로 인지하게 되었다. 그 결과, PF 약정서에 '특정 자재의 대체 조달 계획'을 시공사에 요구하고, '초기 분양률 저조 시 추가 금리' 조항을 삽입하며, '인허가 지연에 대비한 예비비'를 증액하는 등 데이터에 기반한 정교한 리스크 관리 전략을 수립할 수 있었다. 이는 AI가 어떻게 PF의 성패를 좌우하는 핵심 리스크들을 사전에 예측하고, 프로젝트를 성공으로 이끄는 안전장치가 되는지를 명확하게 보여주는 것이다.

2. AI 기반 도시부동산 프로젝트 투자수익률 최적화 기법과 가상사례

2.1. 최적의 해답을 찾아 떠나는 AI의 진화적 탐색

도시부동산 프로젝트는 수많은 선택의 연속이다. 주거와 상업의 비율은 어떻게 해야 할까? 분양가는 얼마로 책정해야 하는가? 어떤 자재를 써야 공사비 대비 효율이 가장 높을까? 이 수많은 변수들의 조합은 사실상 무한대에 가까운 경우의 수를 만들어내며, 그 중에서 '투자수익률(ROI, Return on Investment)'을 극대화하는 단 하나의 최적의 조합, 즉 '신의 한 수'를 찾는 것은 인간의 능력만으로는 불가능에 가까웠다. 지금까지 개발자들은 과거의 경험과 직관에 의존하여 몇 가지 제한된 대안을 비교하는 방식으로 의사결정을 내려왔다.

하지만 이제 AI는 인간의 한계를 뛰어넘는 새로운 해법을 제시한다. 특히 생물의 진화 과정에서 영감을 얻은 '유전 알고리즘(Genetic Algorithm)'이나, 보상을 통해 최적의 행동을 학습하는 '강화학습(Reinforcement Learning)'과 같은 최적화(Optimization) AI 기법들은 이 복잡한 문제를 해결하는 데 탁월한 능력을 보인다. AI는 개발 프로젝트의 수백, 수천 가지 변수들을 '유전자'처럼 조합하여 수만 세대에 걸친 가상 진화를 시뮬레이션 한다. 이 과정에서 수익률이 낮은 조합(열성 인자)은 자연스럽게 도태되고, 수익률이 높은 조합(우성 인자)만이 살아남아 서로의 장점을 결합하며 점점 더 완벽한 해답으로 진화해 나간다. 이는 가장 뛰어난 개발 전문가 수천 명이 수십 년간 머리를 맞대도 찾기 힘든 최적의 해답을 단 몇 시간 만에 찾아내는, 경이로운 지적 탐사 과정인 것이다.

■ AI 기반 도시부동산 프로젝트 투자수익률 최적화 기법별 목표, 분석방법 및 기술, 역할, 장단점, 도시부동산 활용예시

구분	유전 알고리즘	강화학습 기반 동적 최적화	그레디언트 부스팅 기반 민감도 분석
목표	용도 비율, 유닛 구성, 분양가 등 수많은 변수들의 무한에 가까운 조합 속에서, 마치 생물의 진화처럼 최적의 조합을 탐색하여 프로젝트의 전체 수익률을 극대화하는 단 하나의 계획(Global Optimum)을 찾는 것을 목표로 한다.	분양 단계별 가격 조정, 에너지 관리 등 시간의 흐름에 따라 변화하는 시장 상황 속에서, 장기적인 관점의 누적 수익률을 최대로 만드는 연속적인 최적 의사결정 '전략(Policy)'을 학습하는 것을 목표로 한다.	수익률에 영향을 미치는 수많은 변수 중, 어떤 변수가 수익률 변화에 가장 큰 영향을 미치는지를 정량적으로 분석하고, 이를 통해 가장 효과적인 수익률 개선 포인트를 찾는 것을 목표로 한다.
분석방법 및 기술	- 활용 기술: 유전 알고리즘(GA), 최적화 이론 - 분석 방법: 프로젝트의 변수들을 유전자(Gene)로 설정하고, 무작위 해답(개체)들을 생성한다. 각 해답의 수익률(적합도)을 평가하여 우수한 해답을 선택, 교차, 변이시키는 과정을 반복하며 최적 해를 진화시킨다.	- 활용 기술: 강화학습(RL), Q-러닝, 마르코프 결정 프로세스, 디지털 트윈 - 분석 방법: AI(에이전트)가 가상 시장 환경 속에서 어떤 행동(가격 인하 등)을 했을 때 보상(수익 증가)을 받는지 학습한다. 이 과정을 반복하여 누적 보상을 최대로 만드는 행동 전략을 스스로 터득하게 한다.	- 활용 기술: 그레디언트 부스팅 머신(XGBoost, LightGBM), SHAP(Shapley Additive exPlanations) - 분석 방법: 먼저 다양한 변수를 기반으로 수익률을 예측하는 정교한 모델을 만든다. 그 후 SHAP 등 XAI(설명가능 AI) 기술을 활용하여, 각 변수가 예측 결과(수익률)에 얼마나 기여했는지를 역으로 추적하고 분석한다.
역할	사업 계획 초기 단계에서, 모든 변수를 동시에 고려하여 전체 프로젝트의 밑그림을 그리는 '총체적 최적화 설계자(Holistic Optimizer)' 역할을 수행한다.	분양, 마케팅, 운영 등 프로젝트 전 생애주기에 걸쳐 시장 변화에 대응하는 최적의 운영 전략을 제시하는 '동적 전략 어드바이저(Dynamic Strategy Advisor)' 역할을 담당한다.	제한된 자원과 노력을 어디에 집중해야 가장 효율적으로 수익률을 높일 수 있는지를 알려주는 '핵심 동인 분석가(Key Factor Identifier)' 역할을 수행한다.
장점	- 변수가 매우 많은 복잡한 문제에서 인간이 생각하지 못한 최적 해를 찾는데 매우 강력하다. - 전역 최적해(Global Optimum)를 발견할 가능성이 높다.	- 변화하는 시장에 동적으로 적응하는 전략을 수립할 수 있다. - 단기 수익이 아닌 장기적 가치를 극대화하는 데 유리하다.	- 어떤 변수가 중요한지를 명확히 알려주므로, 분석 결과가 매우 직관적이고 실행 가능하다. - 수익률 예측 모델 자체의 정확도도 매우 높다.

단점	- 연산량이 많아 분석에 많은 시간이 소요될 수 있다. - 유전자와 적합도 함수 설계에 높은 수준의 전문성이 요구된다.	- 현실과 유사한 매우 정교한 시뮬레이션 환경(디지털 트윈)이 필수적이다. - 모델의 학습 과정이 복잡하고 많은 시간이 필요하다.	- 직접적인 최적화 알고리즘이 아니라, 무엇을 최적화해야 할지 알려주는 분석 도구의 성격이 강하다.
도시부동산 활용 예시	복합개발 프로젝트에서 주거, 상업, 호텔의 연면적 비율과 각 유닛의 가격 조합 수만 가지를 시뮬레이션 하여, 전체 단지의 IRR이 최고가 되는 단 하나의 마스터플랜을 도출하는 데 활용된다.	아파트 분양 시, 경쟁 단지의 분양률, 시장 금리, 소셜 미디어 여론 등의 변화에 맞춰 매주 최적의 할인율과 광고 예산을 동적으로 결정하는 AI 가격 전략을 수립하는 데 활용된다.	특정 오피스 빌딩 개발의 수익률 예측 모델을 분석한 결과, '로비 인테리어 비용'보다 '핵심 임차인의 신용등급'이 수익률에 10배 더 큰 영향을 미친다는 것을 발견하고, 우량 임차인 유치에 모든 역량을 집중하는 데 활용된다.

2.2. 가상사례: '해운대 오션-믹스' 프로젝트의 AI 수익률 최적화

부산에 건설되는 세계 최초 해상도시 '오셔닉스' (https://hypebeast.kr)

1) 가상사례 개요

(1) **프로젝트명:** 해운대 오션-믹스(Ocean-Mix)

(2) **프로젝트 목표:** 부산 해운대 해변에 위치한 부지에 주거, 숙박,

상업 기능이 결합된 최고급 복합단지를 개발하여 투자수익률을 극대화한다.

(3) **분석 과제:** 유전 알고리즘 기반의 'ROI 최적화 엔진'을 활용하여, 주어진 예산(총사업비 1조 원) 내에서 최고의 내부수익률(IRR)을 달성할 수 있는 최적의 개발 계획 조합을 도출한다.

2) 'ROI 최적화 엔진'의 진화적 탐색 과정

개발사는 프로젝트의 핵심 변수들과 각 변수가 선택할 수 있는 옵션을 AI 엔진에 입력하였다.

□ **핵심 변수(유전자):**

- 용도 혼합 비율:(주거 vs 호텔 vs 상업)
- 주거 유닛 구성:(소형 평형 vs 중형 vs 대형 펜트하우스)
- 호텔 등급:(5성급 럭셔리 vs 4성급 비즈니스)
- 상업시설(MD) 컨셉:(명품 브랜드 중심 vs F&B 중심 vs 체험형 콘텐츠 중심)
- 분양가/임대료 수준:(지역 시세 대비 +10% vs +20% vs +30%)
- 건축 마감재 등급:(프리미엄 vs 럭셔리 vs 슈퍼 럭셔리)

■ **1단계: 1세대(1st Generation) 무작위 해답 생성**

AI는 먼저, 입력된 변수들을 무작위로 조합한 1,000개의 초기 개발 계획안(개체)을 생성하였다. 각 계획안은 서로 다른 유전자 조합을 가진 하나의 생명체와 같다.

- 예시 개체 A:(주거 50%, 호텔 30%, 상업 20%/대형 펜트하우스 중심/5성급 호텔/ F&B 중심/분양가 +30% /럭셔리 마감재)

• 예시 개체 B:(주거 70%, 호텔 10%, 상업 20%/소형 평형 중심/4성급 호텔 /명품 중심/분양가 +10% /프리미엄 마감재)

AI는 각 개체의 조합에 따른 예상 총사업비, 예상 분양수익, 임대수익, 운영비용 등을 시뮬레이션 하여 "예상 IRR(적합도 점수)"을 계산한다.

■ 2단계: 선택과 교차(Selection & Crossover)

AI는 1세대 1,000개의 개체 중, 예상 IRR이 가장 높은 상위 20%(200개)의 우수 개체들 만을 생존 시킨다. 그리고 이 우수 개체들의 유전자(개발 계획)를 서로 교차 시켜 새로운 2세대 자손들을 만들어낸다.

• 교차 예시: '개체 A'의 '5성급 호텔'이라는 우성 유자와, '개체 B'의 '소형 평형 중심'이라는 우성 유전자가 결합하여, '소형 평형 중심의 5성급 레지던스 호텔'이라는 새로운 아이디어를 가진 자손 개체가 탄생한다.

■ 3단계: 돌연변이(Mutation) 및 세대교체

AI는 진화의 정체를 막기 위해, 자손 개체들의 유전자 일부를 아주 낮은 확률로 무작위 변경하는 돌연변이를 일으킨다. 예를 들어, 'F&B 중심'이었던 상업시설 컨셉을 갑자기 '미디어 아트 갤러리'로 바꾸어 보는 식이다. 이후, 이렇게 탄생한 2세대 개체들의 IRR을 다시 평가하여 우수한 개체를 선별하는 과정을 수천 세대 반복한다.

■ 4단계: 최적의 해답으로의 수렴(Convergence)

□ 가상 수치(시뮬레이션 결과):

• 1세대 평균 IRR: 8.5%

- 100세대 평균 IRR: 14.2%
- 5,000세대 평균 IRR: 18.8%(이후 세대가 지나도 더 이상 IRR이 오르지 않고 특정 값으로 수렴)

3) 최종 최적화된 개발 계획 결정: 수천 번의 진화적 세대교체 끝에, AI는 마침내 인간의 직관으로는 상상하기 어려웠던 최적의 조합을 찾아냈다.

ㅁ 최종 최적화된 개발 계획:

- 용도 혼합: 주거(레지던스) 40%, 호텔 40%, 상업 20%
- 유닛 구성: 중형 평형(55%) + 대형 펜트하우스(45%)
- 호텔 등급: 5성급 럭셔리(객실 판매와 분양을 겸하는 레지던스 호텔)
- 상업시설 컨셉: F&B(60%) + 체험형 콘텐츠(40%) 결합(미슐랭 레스토랑과 인피니티풀)
- 분양가/임대료: 지역 시세 대비 +25%
- 마감재 등급: 럭셔리
- 최종 예측 IRR: 18.9%

4) 결론 및 시사점: 이 최종안은 '대형 펜트하우스 수요는 강하지만, 동시에 고소득 1~2인 가구를 위한 중형 평형의 수요도 놓쳐서는 안 된다'는 점과, '단순 명품 매장보다는 특별한 경험을 제공하는 F&B와 시설이 더 높은 가치를 창출한다'는 시장의 숨은 니즈를 정확히 찾아낸 결과였다. 이는 AI 최적화 기법이 어떻게 수많은 가능성의 바다에서 가장 빛나는 진주를 건져 올리는지를 명확히 보여주는 것이다.

3. AI와 융합한 도시부동산 프로젝트 헤지 모델과 가상사례

3.1. 불확실성의 파도를 넘는 동적 방패, AI 헤지 모델

도시부동산 프로젝트 투자금융은 본질적으로 미래의 불확실성을 담보로 현재의 자금을 조달하는 행위이다. 이 과정에는 금리 변동, 원자재 가격 급등, 시장 수요의 변화 등 예측하기 어려운 수많은 위험이 파도처럼 밀려온다. '헤지(Hedge)'란 바로 이러한 미래의 불확실한 위험으로부터 자산의 가치를 보호하기 위해, 마치 울타리를 치는 것처럼 일종의 금융 안전장치를 마련하는 전략을 의미한다. 전통적인 헤지 전략은 주로 금리 변동 위험을 회피하기 위해 이자율 스왑(Interest Rate Swap)과 같은 파생상품을 활용하는 방식으로, 특정 시점에 분석가의 예측에 기반하여 '고정된' 방어막을 치는 것과 같았다.

하지만 AI 기술은 이러한 정적인 헤지의 개념을, 시장 상황에 따라 실시간으로 형태를 바꾸며 최적의 방어점을 찾아내는 '동적 헤지 모델(Dynamic Hedge Model)'로 진화 시킨다. AI는 과거 데이터 뿐만 아니라, 전 세계에서 발생하는 수백만 건의 뉴스, 경제 지표, 소셜 미디어의 감성 데

회계 관점의 금융공학, 대차대조표와 동적헤징: 네이버 블로그 (https://m.blog.naver.com)

이터까지 실시간으로 분석하여, 특정 리스크가 발생할 확률과 그 파급 효과를 끊임없이 재계산한다.

그리고 그 예측에 기반하여 가장 비용 효율적인 헤지 수단과 최적의 헤지 비율을 동적으로 추천한다. 이는 마치 정해진 위치에 고정된 방패를 들고 서 있는 것이 아니라, 상대의 움직임을 예측하며 수많은 미사일을 자동으로 요격하는 아이언 돔(Iron Dome) 시스템과 같은 것이다. 이는 더 이상 리스크를 회피하는 수준을 넘어, 리스크를 정밀하게 관리하고 통제하는 새로운 차원의 금융 전략이라 할 수 있다.

3.2. 가상사례: '판교 AI-Plex'의 금리 리스크 동적 헤지

[Tech&] SKT, AI 데이터센터 기반 강력한 AI 혁신 이끈다 | 동아일보 (https://www.donga.com/news)

1) 가상사례 개요

(1) **프로젝트명:** 판교 AI-Plex 오피스 및 데이터센터 개발 프로젝트

(2) **총사업비:** 1조 원(프로젝트 파이낸싱 대출 7,000억 원)

(3) **핵심 리스크:** 프로젝트 기간 5년 동안 변동금리 대출에 따른 금리 상승 리스크에 노출되어 있다.

(4) **분석 과제:** AI 기반의 동적 헤지 모델인 '리스크-가드(Risk-Guard) AI'를 활용하여, 금리 변동 위험을 최소화하고 헤지 비용을 최적화하는 전략을 수립한다.

2) '리스크-가드 AI'를 활용한 동적 헤지 전략 수립

'판교 AI-Plex'의 금융 주관사는 변동성이 큰 시장 상황에 대응하기 위해, '리스크-가드 AI'를 통해 금리 리스크를 분석하고 헤지 전략을 도출하였다.

■ 1단계: 리스크 확률 분포 예측

AI는 먼저, 미래의 금리가 어떤 형태로 움직일지를 단 하나의 시나리오가 아닌 확률 분포로 예측하였다. 이를 위해 기준금리, 국채 수익률, 소비자물가지수(CPI)와 같은 전통적 데이터는 물론, 미국 연준(Fed) 의장의 연설문을 분석한 자연어 처리(NLP) 데이터, 그리고 글로벌 IB들의 시장 전망 리포트까지 학습하였다.

□ 가상 수치(AI 예측 결과):

- 향후 2년 내, 기준금리가 0.5%p 이상 상승할 확률: 60%
- 향후 2년 내, 기준금리가 1.0%p 이상 상승할 확률: 15%
- AI는 특히 '글로벌 공급망 관련 뉴스'와 '미국 CPI 데이터'가 금리 변동에 가장 강력한 선행 지표임을 발견하였다.

■ 2단계: 헤지 포트폴리오 시뮬레이션

AI는 예측된 금리 시나리오들을 바탕으로, 다양한 헤지 수단(이자율 스왑, 이자율 캡 등)을 조합한 수천 가지의 헤지 포트폴리오를 가상으로 구축하고, 각 포트폴리오의 비용과 위험 방어 효과를 시뮬레이션 하였다.

(1) 시뮬레이션 대안:

- 대안 1: 대출금 100%(7,000억)를 고정금리로 바꾸는 이자율 스왑
- 대안 2: 대출금 50%(3,500억)만 스왑하고, 나머지는 변동금리 유지

• 대안 3: 대출금 50%는 스왑하고, 추가로 일정 금리 이상으로 오를 때만 보상받는 '이자율 캡(Interest Rate Cap)' 옵션 상품을 구매

(2) 가상 수치(시뮬레이션 결론):

AI는 '대안 3'이 금리 안정기에는 낮은 비용을 유지하다가, 급격한 금리 상승기에만 효과적으로 위험을 방어하여 비용 대비 가장 효율적인 헤지 전략임을 도출하였다.

■ 3단계: 동적 헤지 실행 규칙(Rule) 생성

'리스크-가드 AI'의 핵심은 여기서 멈추지 않고, 시장 상황 변화에 따라 헤지 전략을 자동으로 조정하는 동적 실행 규칙을 생성하는 것이다.

□ AI가 생성한 동적 헤지 규칙:

• 기본 상태: 대출금의 50%를 이자율 스왑으로 헤지한다.
• 주의 단계: AI가 분석하는 '금리 상승 예측 확률'이 70%를 초과할 경우, 자동으로 이자율 캡 옵션 매입을 추천한다.
• 위험 단계: '금리 상승 예측 확률'이 90%를 초과할 경우, 스왑 비율을 70%로 상향 조정할 것을 경고한다.

3) 실행 결과: 프로젝트 착공 1년 후, 예상치 못한 글로벌 인플레이션 쇼크로 인해 시장의 금리 인상 기대감이 급격히 높아졌다. '리스크-가드 AI'는 이 흐름을 시장 평균보다 2개월 앞서 감지하고, '주의 단계'를 발령하여 이자율 캡 옵션 매입을 추천하였다. 금융팀은 이 추천에 따라 즉시 헤지를 실행하였다. 3개월 뒤, 실제로 기준금리가 0.75%p 급등하였지만, 프로젝트는 스왑과 캡 옵션을 통해 이자율 상승의 충격 대부분을 방어할 수 있었다.

4) 결론 및 시사점: AI의 동적 헤지 모델을 통해 '판교 AI-Plex'는 전통적인 방식으로는 피할 수 없었던 약 150억 원의 추가 이자 비용을 절감하였고, 안정적인 사업 추진 동력을 확보하게 된다. 이는 AI가 어떻게 미래의 위험을 미리 읽어내고, 가장 효율적인 방패를 실시간으로 만들어내는지를 보여주는 명백한 증거인 것이다.

4. 자연어 처리(NLP) 기술에 의한 도시부동산의 법규 및 계약서상 독소 조항 자동 검출방법과 가상사례

4.1. 법률의 바다에서 숨은 암초를 찾는 AI, 법률 자연어 처리

도시부동산 프로젝트는 수백, 수천 페이지에 달하는 복잡한 법규와 계약서의 바다 위를 항해하는 것과 같다. 이 텍스트의 바다 속에는 개발의 발목을 잡거나 예상치 못한 손실을 유발할 수 있는 모호한 표현, 불리한 조건, 상호 충돌하는 규정 등 수많은 '독소 조항(Toxic Clauses)' 이 숨어있다.

과거에는 숙련된 법률 전문가가 자신의 경험과 지식에 의존하여 밤을 새워가며 이러한 숨은 암초를 찾아내는 수작업을 반복해왔다. 이는 시간과 비용이 많이 소요될 뿐만 아니라, 인간의 집중력 한계로 인해 치명적인 조항을 놓칠 수 있는 휴먼 에러(Human Error)의 위험을 항상 내포하고 있었다.

하지만 이제 인간의 언어를 이해하고 분석하는 인공지능 기술인 '자연어 처리(NLP, Natural Language Processing)'가 이 법률의 바다를 탐험하는 가장 강력한 잠수정이 되고 있다. AI는 과거 수십만 건의 판례, 법규, 그리고 표준 계약서들을 학습하여, 어떤 단어와 문장 구조가 미래에 법적 분쟁을 일으킬 가능성이 높은지를 통계적으로 이해한다. 이를 바탕으로

AI는 인간 변호사가 며칠에 걸려 검토해야 할 분량의 문서를 단 몇 분 만에 분석하여, 잠재적인 독소 조항을 자동으로 검출하고 그 위험 등급까지 알려준다. 이는 법률 리스크 관리의 패러다임을 인간의 직관에서 데이터 기반의 과학적 검증으로 바꾸는 혁신적인 변화인 것이다.

■ **NLP 기반 법규 및 계약서상 독소 조항 자동 검출 방법 별 목표, 분석방법 및 기술, 역할, 장단점, 도시부동산 활용예시**

구분	키워드 및 패턴 기반 검출	머신러닝 기반 이진 분류	딥러닝 기반 의미 분석 및 생성
목표	사전에 정의된 '위험 키워드' 리스트나 특정 문장 패턴(예: '~에도 불구하고')을 기반으로, 문서 내에 해당 단어나 구문이 포함된 조항을 빠짐없이 찾아내는 것을 목표로 한다.	과거의 수많은 계약서 데이터를 학습하여, 새로운 조항이 '정상 조항'인지 '독소 조항'인지를 두 가지 중 하나로 자동 분류하고 판별하는 것을 목표로 한다.	단순 분류를 넘어, 문장의 전체적인 문맥과 숨은 의미를 이해하여 잠재적 위험성을 종합적으로 판단하고, 더 나아가 안전한 대체 문구까지 생성하는 것을 목표로 한다.
분석방법 및 기술	- 활용 기술: 정규 표현식(Regex), 텍스트 마이닝 - 분석 방법: 법률 전문가가 '일방적으로', '면책된다', '이의를 제기하지 않는다' 등 위험 단어 목록을 미리 정의하고, 문서 전체에서 해당 단어가 포함된 부분을 모두 색출(Indexing)한다.	- 활용 기술: 머신러닝(SVM, 랜덤 포레스트 등), TF-IDF - 분석 방법: 과거 변호사들이 직접 '독소 조항'으로 분류(Labeling)해 놓은 수만 개의 문장을 AI에 학습시켜, 독소 조항이 가지는 고유한 단어 분포나 통계적 특징을 학습하고 이를 기준으로 새로운 문장을 판별한다.	- 활용 기술: 딥러닝(BERT, GPT 등 거대 언어 모델), 문장 임베딩, 생성 모델 - 분석 방법: AI가 문장의 표면적 의미 뿐만 아니라, 법률적 맥락과 뉘앙스까지 이해한다. 이후 표준 계약서 데이터베이스와 비교하여 이질적인 부분을 찾아내 위험 등급을 부여하고, 안전한 대체 조항을 자동으로 생성(Generation)한다.
역할	계약서 검토의 가장 기본적인 1차 스크리닝을 수행하여, 인간 변호사가 집중적으로 검토해야 할 잠재적 위험 조항의 후보군을 걸러주는 '자동 형광펜' 역할을 수행한다.	학습된 데이터를 바탕으로 새로운 조항의 위험 여부를 신속하게 판별하여, 검토의 일관성을 유지하고 2차 검증을 수행하는 '숙련된 보조 연구원' 역할을 담당한다.	법률 문서의 종합적인 맥락을 이해하고, 위험을 식별하며, 수정안까지 제시하여 인간 변호사의 의사결정을 돕는 '지능형 법률 파트너' 역할을 수행한다.

장점	- 규칙이 단순하고 명확하여 시스템 구축이 쉽고 빠르다. - 정해진 키워드는 절대 놓치지 않아 실수가 없다.	- 학습 데이터에 기반하므로 새로운 패턴의 독소 조항도 발견할 수 있다. - 통계적 확률에 기반하여 객관적인 판단을 내릴 수 있다.	- 인간처럼 문장의 전체적인 맥락과 숨은 의도를 파악하여 정확도가 매우 높다. - 문제 지적을 넘어, 해결책(대체 문구)까지 제시하여 매우 효율적이다.
단점	- 목록에 없는 새로운 유형의 독소 조항은 검출할 수 없다. - 문맥에 따라 아무 문제가 없는 조항도 위험하다고 판단할 수 있다.	- 양질의 학습 데이터(Labeling된 데이터)를 대량으로 확보하기가 매우 어렵다. - 왜 특정 조항을 독소 조항으로 분류했는지 이유를 설명하기 어려울 수 있다.	- 최첨단 기술이므로 모델의 구축 및 운영에 막대한 비용과 자원이 필요하다. - AI가 생성한 문장이 항상 법리적으로 완벽하지는 않을 수 있어 인간의 최종 검토가 필수적이다.
도시부동산 활용 예시	임대차 계약서에서 '원상복구', '필요비', '유익비' 등 과거 분쟁이 잦았던 키워드가 포함된 모든 조항을 자동으로 추출하여 리스트를 만드는 데 활용된다.	과거 수천 건의 재건축 공사 도급 계약서를 학습한 AI가, 새로운 계약서의 공사비 증액 관련 조항이 '시공사에 일방적으로 유리한 독소 조항' 일 확률이 85%라고 분류하는 데 활용된다.	PF 대출 약정서를 분석한 AI가 '기한이익상실(EOD) 사유가 지나치게 포괄적'이라고 위험성을 지적하고, 이를 '구체적인 금전 채무 불이행이 30일 이상 지속될 경우'로 한정하는 수정안을 제시하는 데 활용된다.

4.2. 가상사례: '강남 재건축 PF' 계약서의 숨은 리스크를 찾아낸 '리걸-아이(Legal-Eye)'

부동산 양극화에···건설사, 정비사업 '옥석 가리기' 심화 (https://www.seoulfn.com)

1) 가상사례 개요

(1) **프로젝트명**: 강남구 H아파트 재건축 프로젝트 파이낸싱(PF)

(2) **상황**: 대규모 PF 대출 약정을 앞두고, 시행사와 시공사, 그리고 금융 대주단 간의 복잡한 권리 및 의무 관계가 담긴 500페이지 분량의 사업 약정 계약서를 최종 검토해야 한다.

(3) **분석 과제**: NLP 기반의 법률 문서 분석 AI인 '리걸-아이(Legal-Eye)'를 활용하여, 계약서 내에 숨겨진 잠재적 독소 조항을 자동으로 검출하고 법률 리스크를 사전에 예방한다.

2) '리걸-아이' AI의 독소 조항 검출 과정

PF 주관사인 '미래에셋'은 계약서 최종 날인 전, '리걸-아이'를 통해 마지막 검증을 수행하였다.

■ 1단계: 계약서 데이터 학습 및 비교 분석

'리걸-아이'는 먼저, 이번 H아파트 계약서 전체를 텍스트 데이터로 변환하였다. 그리고 과거 금융감독원과 법원에서 표준으로 인정받은 수천 건의 '표준 PF 약정서' 데이터베이스와 H아파트 계약서의 모든 문장을 상호 비교 분석하였다.

- 분석 알고리즘: 문장 임베딩(Sentence Embedding) 및 유사도 분석
- 검출 내용: AI는 표준 계약서와 문장 구조나 의미가 80% 이상 유사한 일반적인 조항들은 '안전(Safe)'으로 분류하였다. 반면, 표준 계약서에서는 발견되지 않는 특이하거나 이질적인 문장 구조를 가진 조항들을 '주의(Warning)' 대상으로 1차 선별하였다.

■ 2단계: 독소 조항 패턴 식별 및 위험 등급 분류

다음으로, '리걸-아이'는 과거 PF 관련 법적 분쟁 판례 10만여 건을

학습한 데이터를 바탕으로, 1차 선별된 '주의' 조항들이 실제 소송에서 어떤 문제를 일으켰는지를 분석하여 위험 등급을 분류하였다.

- 분석 알고리즘: BERT 기반의 텍스트 분류(Text Classification) 모델
- 가상 수치(독소 조항 검출 결과): AI는 총 3개의 치명적인 독소 조항 후보를 검출하여 경고하였다.

검출 조항 (요약)	위험 등급	AI의 분석 의견 (텍스트 생성)
제23조 1항: ..."시공사는 '중대한 사유' 발생 시, 사업 계획의 변경을 시행사에 요구할 수 있다."	고위험 (High Risk)	'중대한 사유'의 범위가 명확히 정의되지 않아, 향후 시공사가 공사비 증액 등을 위해 자의적으로 해석하고 분쟁을 유발할 가능성이 95% 이상이다. 과거 유사 조항은 12건의 소송으로 이어진 바 있다.
제45조 3항: ..."시행사의 귀책 사유로 사업이 지연될 경우, 대주단은 즉시 기한이익상실(EOD)을 선언한다."	고위험 (High Risk)	'즉시'라는 단어는 시행사에게 어떠한 소명이나 협상의 기회도 부여하지 않는 매우 불공정한 조항이다. 표준 계약서상 통상적으로 '30일 이상의 서면 통지 후'와 같은 유예기간을 명시하는 것과 대비된다.
제58조 2항: ..."분양대금 관리계좌의 우선 인출 순위는 시공사 공사비, 시행사 사업비, 대주단 이자 순으로 한다."	중 위험 (Medium Risk)	대주단의 이자 상환 순위가 시행사 사업비보다 후순위로 설정되어 있다. 이는 사업 초기 현금흐름 악화 시, 대주단의 채권 회수 리스크를 증대 시키는 독소 조항이 될 수 있다.

■ 3단계: 수정 권고안 자동 생성

'리걸-아이'는 단순히 문제점을 찾아내는 것을 넘어, 각 독소 조항에 대한 가장 안전한 형태의 수정 권고안까지 자동으로 생성하여 제시하였다.

- 수정 권고안(제23조 1항에 대하여): (AS-IS) "시공사는 '중대한 사유' 발생 시..."(TO-BE) "시공사는 '천재지변, 전쟁, 관련 법규의 개정 등 계약 당사자 쌍방이 예측 불가능하고 통제 불가능한 사유'가 발생 시..."

3) 결론 및 시사점: 이처럼 '리걸-아이' AI는 단 10분 만에 인간 변호사가 놓칠 수도 있었던 치명적인 독소 조항들을 정확히 식별하고, 구체적인 대안까지 제시하였다. '미래에셋'은 이 분석 결과를 바탕으로 상대방과 재협상을 진행하여 독소 조항들을 모두 수정하였고, 미래에 발생할 수 있었던 수천억 원 규모의 잠재적 법적 분쟁을 사전에 완벽히 차단하게 된다. 이는 AI가 어떻게 복잡한 법률 문서의 미로 속에서 가장 안전한 길을 찾아주는 최고의 안내자가 될 수 있는지를 증명하는 것이다.

5. 시장 충격에 따른 도시부동산 프로젝트의 시나리오 기반 스트레스 테스트의 자동화 모델과 가상사례

5.1. 예고 없이 찾아오는 위기의 파도, 스트레스 테스트의 중요성

도시부동산 프로젝트는 장기간에 걸쳐 막대한 자본이 투입되는 사업이기에, 예측하지 못한 외부의 '시장 충격(Market Shock)'에 매우 취약하다. 갑작스러운 금융 위기, 전염병의 창궐, 급격한 금리 인상, 정부의 강력한 부동산 규제 등은 마치 고요한 바다에 몰아치는 거대한 쓰나미처럼, 순항하던 프로젝트를 한순간에 좌초 시킬 수 있다.

'스트레스 테스트(Stress Test)'란 바로 이러한 극단적이지만 발생 가능한 위기 상황을 가상으로 설정하고, 그 충격 속에서 프로젝트가 과연 생존할 수 있는지를 사전에 시험해보는 재무적 안전성 검사이다. 이는 마치 자동차의 충돌 테스트나 건물의 내진 설계와 같이, 최악의 상황을 가정하여 프로젝트의 재무적 체력과 회복탄력성을 측정하는 필수적인 과정이다.

전통적인 스트레스 테스트는 분석가가 경험에 의존하여 몇 가지 제한된 위기 시나리오(예: 공실률 5%p 상승, 공사비 10% 증가)를 수동으로 설정하고, 그 결과를 엑셀 시트로 계산하는 방식으로 이루어졌다. 하지만 이는 위기의 복합적인 파급 효과를 제대로 반영하지 못하는 한계를 지닌다. AI는 이러한 한계를 극복하는 '자동화된 시나리오 기반 스트레스 테스트' 모델을 통해, 단 몇 가지가 아닌, 수십, 수백 개의 변수가 서로 얽혀 연쇄적으로 반응하는 수만 가지의 위기 시나리오를 자동으로 생성하고 시뮬레이션 한다.

이는 마치 단순한 충돌 테스트를 넘어, 다양한 각도와 속도의 충돌 뿐만 아니라 폭우와 강풍까지 동반되는 최악의 조건을 모두 시뮬레이션 하는 것과 같아, 프로젝트의 숨겨진 약점을 가장 정밀하게 찾아내는 궁극의 리스크 관리 도구가 되는 것이다.

■ **시장 충격 시나리오 기반 스트레스 테스트 자동화 모델목표, 분석방법 및 기술, 역할, 장단점, 도시부동산 활용예시**

구분	변수 기반 민감도 분석 자동화	AI 기반 연쇄 충격 시뮬레이션	생성형 AI 기반 시나리오 생성 및 평가
목표	금리, 공실률 등 사전에 정의된 핵심 변수들이 각각 변동할 때, 프로젝트 수익률이 얼마나 민감하게 반응하는지를 자동으로 계산하고 한계점을 찾는 것을 목표로 한다.	특정 시장 충격이 발생했을 때, 서로 다른 변수들이 어떻게 연쇄적으로 영향을 미치며 전체 시스템에 파급되는지를 동적으로 시뮬레이션 하여 복합적인 리스크를 측정하는 것을 목표로 한다.	과거에 없었던 새로운 유형의 시장 충격 시나리오를 AI가 창의적으로 생성하고, 그 시나리오 하에서 프로젝트가 겪게 될 재무적, 운영적 결과를 종합적으로 평가하는 것을 목표로 한다.
분석방법 및 기술	- 활용 기술: 몬테카를로 시뮬레이션, 데이터 테이블 자동화	- 활용 기술: 시스템 다이내믹스(System Dynamics), 머신러닝(상관관계 분석)	- 활용 기술: 거대 언어 모델(LLM), 생성적 적대 신경망(GAN)

	- 분석 방법: 핵심 변수들의 확률 분포를 정의하고, 수만 번의 무작위 추출을 통해 가능한 모든 변수 조합을 생성하여, 각 조합이 만들어내는 수익률(IRR) 및 이자보상배율(ICR)의 분포를 계산한다.	- 분석 방법: '금리 인상 → 주택 구매력 감소 → 미분양 증가 → 현금흐름 악화'와 같이, 변수 간의 인과관계를 AI가 학습하여 하나의 충격이 전체 시스템에 미치는 연쇄적 파급효과(Domino Effect)를 시뮬레이션 한다.	- 분석 방법: AI에게 '지정학적 리스크로 인한 원자재 가격 300% 급등'과 같은 가상의 충격 상황을 프롬프트로 제시하면, AI가 해당 상황의 구체적인 내용과 파급효과, 그리고 그에 따른 현금흐름 변화를 텍스트와 숫자로 생성한다.
역할	프로젝트의 재무 구조가 어떤 외부 변수에 가장 취약한지를 정량적으로 보여주는 '재무적 약점 진단기' 역할을 수행한다.	단일 변수의 충격을 넘어, 여러 변수가 동시에 맞물려 최악의 상황을 만드는 복합 위기의 발생 가능성과 그 결과를 예측하는 '위기 전개 시뮬레이터' 역할을 담당한다.	인간의 경험과 상상력을 뛰어넘는 미래의 잠재적 위협 시나리오를 발굴하고, 이에 대한 대응 능력을 시험하는 '미래 위기 가상훈련 교관' 역할을 수행한다.
장점	- 분석 모델이 직관적이고 결과의 해석이 용이하다. - 어떤 변수를 집중적으로 관리해야 할지 우선순위를 명확히 알 수 있다.	- 현실 세계와 유사하게, 여러 리스크가 복합적으로 작용하는 상황을 분석할 수 있다. - 시스템의 숨겨진 취약점이나 예상치 못한 연쇄 반응을 발견할 수 있다.	- 과거에 없었던 새로운 유형의 '블랙 스완(Black Swan)' 리스크에 대비할 수 있다. - 정성적 시나리오와 정량적 데이터를 결합한 종합적인 평가가 가능하다.
단점	- 변수들이 서로 독립적으로 움직인다고 가정하여, 변수 간의 복잡한 상호작용을 반영하지 못한다.	- 변수 간의 인과관계를 정확히 모델링하는 것이 매우 어렵고 복잡하다.	- AI가 생성한 시나리오가 비현실적이거나 과장될 수 있어 인간의 검증이 필수적이다. - 최신 기술이므로 모델의 신뢰성에 대한 지속적인 검증이 필요하다.
도시부동산 활용 예시	신축 오피스 빌딩 프로젝트에서 '금리가 1%p 상승할 때마다 ICR은 0.5 하락'하고, '주변 공실률이 1%p 상승할 때마다 ICR은 0.2 하락'함을 분석하여, 금리 리스크가 가장 핵심적인 관리 대상임을 식별하는 데 활용된다.	물류센터 개발 프로젝트에서 '최저임금 20% 인상'이라는 충격이 '운영비 증가'뿐만 아니라, '온라인 쇼핑 증가→물동량 증가→매출 증대'라는 긍정적 연쇄 효과까지 동시에 고려하여 종합적인 손익 변화를 시뮬레이션하는 데 활용된다.	데이터센터 개발 프로젝트에서 '초거대 AI의 등장으로 전력 수요가 예측치의 5배로 폭증하는' 가상 시나리오를 AI가 생성하고, 이에 대응하기 위한 전력 인프라 용량 및 비상 전력 계획의 적정성을 검토하는 데 활용된다.

5.2. 가상사례: '코로나19' 재 확산 시나리오와 '더현대 서울' 스트레스 테스트

더현대 서울 인사이트: 확고한 취향의 시대에 살아남는 공간 - PUBLY (https://publy.co)

1) 가상사례 개요

(1) **프로젝트명:** 더현대 서울(가상) PF 대출 사후관리 스트레스 테스트

(2) **상황:** 성공적으로 개점하여 운영 중인 '더현대 서울'에 대해, PF 대주단이 미래에 발생 가능한 시장 충격에 대비하여 재무적 안정성을 재 검증하고자 한다.

(3) **분석 과제:** AI 기반 스트레스 테스트 자동화 모델인 '크라이시스-맵(Crisis-Map)'을 활용하여, '코로나19와 같은 신종 감염병 재 확산'이라는 최악의 시나리오 하에서 프로젝트의 현금흐름과 대출 상환 능력이 어떻게 변화하는지를 시뮬레이션 한다.

2) '크라이시스-맵' AI의 자동화된 스트레스 테스트

대주단은 '크라이시스-맵' AI에 다음과 같은 핵심 스트레스 요인을 입력하였다.

"신종 감염병 재확산으로 인해, 정부가 과거 코로나19 유행 시와 유사한 수준의 '사회적 거리두기'를 6개월간 시행하는 시장 충격 발생"

AI는 이 단 하나의 시나리오를 입력 받고, 과거 코로나19 팬데믹 기간 동안 축적된 방대한 빅데이터를 학습하여 수만 가지의 연쇄적인 충격 시나리오를 자동으로 생성하였다.

■ 1단계: 충격 시나리오의 자동 생성 및 변수 간 상관관계 분석

AI는 사회적 거리두기가 각 변수에 미치는 영향을 과거 데이터를 통해 학습하고, 변수들이 서로 어떻게 영향을 주는지를 분석하여 시나리오를 구체화하였다.

□ AI의 시나리오 자동 생성:

- (입력) 사회적 거리두기 시행 →(1차 영향) 오프라인 방문객 수 감소, 온라인 매출 증가 →(2차 영향) 임차인(입점 브랜드) 매출 급감, 단기 임대료 연체율 증가 →(3차 영향) 공실률 상승, 장기 임대료 인하 압력 가중 →(4-차 영향) 건물 자산가치 하락, 대출 부실화(LTV 상승)

■ 2단계: 몬테카를로 시뮬레이션을 통한 확률적 결과 도출

AI는 위 시나리오에 따라 각 변수들이 확률적으로 변동하는 10,000개의 가상 미래를 시뮬레이션 하여, 프로젝트의 핵심 재무 지표(KPI)가 어떻게 변화할지를 예측하였다.

□ 가상 수치(시뮬레이션 결과):

- 월평균 방문객 수: 현재 200만 명 → 최악의 경우 50만 명까지 감소(평균 80만 명으로 감소할 확률 60%)
- 임차인 월평균 매출: 현재 대비 평균 70% 감소
- 임대료 연체율: 현재 1% → 최악의 경우 30%까지 상승(평균 15%로 상승할 확률 70%)

• 연간 영업이익(NOI): 현재 1,000억 원 → 평균 350억 원으로 감소

■ 3단계: 재무 건전성 및 회복탄력성 평가

AI는 시뮬레이션 결과를 바탕으로, 프로젝트가 대출 계약상의 의무(Covenants)를 준수할 수 있는지를 최종적으로 평가하였다.

(1) 핵심 검증 지표: 이자보상배율(ICR, Interest Coverage Ratio) = 영업이익/ 이자비용

(2) PF 약정 조건: ICR이 1.2배 미만으로 하락할 경우 채무불이행(Default)으로 간주한다.

(3) 가상 수치(스트레스 테스트 최종 결과):

- 현재 ICR: 4.0배(매우 안정적)
- 스트레스 상황하의 ICR 분포:
- 평균 기대 ICR: 1.4배(턱걸이 수준)
  - ICR이 1.2배 미만으로 하락(채무불이행)할 확률: 35%
  - ICR이 1.0배 미만(이자조차 상환 불가)으로 하락할 확률: 15%

3) 최종 결론: AI 스트레스 테스트 결과, '더현대 서울'은 현재 매우 우량한 자산이지만, 과거와 같은 수준의 팬데믹 충격이 재발할 경우 35%의 높은 확률로 PF 대출 계약을 위반할 수 있는 잠재적 취약성을 가지고 있음이 증명되었다.

4) 결론 및 시사점: 이 분석을 통해 대주단과 사업주는 막연한 불안감을 넘어, 위기의 발생 확률과 재무적 결과를 구체적인 숫자로 인지하게 되었다. 그 결과, 이들은 사전에 '임대료 유예 및 감면 정책의 단계별 실행 계획'을 수립하고, '정부의 소상공인 지원 정책자금 연계 방안'

을 마련하며, '온라인 플랫폼과의 협업을 통한 매출 방어 전략'을 구체화하는 등, 데이터에 기반하여 위기 상황에 대응할 수 있는 정교한 비상 계획(Contingency Plan)을 수립하게 되는 것이다.

제8장

AI와 포트폴리오 이론의 만남

1. 전통적 포트폴리오 이론(MPT)의 개념과 AI 기반 포트폴리오 이론 비교와 가상사례

1.1. 달걀과 바구니의 지혜: 포트폴리오 이론의 시작

"달걀을 한 바구니에 모두 담지 말라"는 오래된 격언은 투자 세계의 가장 근본적인 지혜를 담고 있다. 1952년, 해리 마코위츠(Harry Markowitz)는 이 격언에 수학적, 통계적 질서를 부여하여 현대 투자의 패러다임을 바꾼 '현대 포트폴리오 이론(MPT: Modern Portfolio Theory)'을 탄생시켰다. MPT의 핵심은 단순히 여러 자산에 나누어 투자하는 것을 넘어, 각 자산의 '기대수익률'과 '위험(변동성)', 그리고 자산들 간의 '상관관계'를 통계적으로 분석하여, 주어진 위험 수준에서 최고의 수익률을 얻거나, 주어진 수익률 수준에서 최소의 위험을 감수하는 최적의 자산 조합을 찾는 것이다. 이는 마치 각기 다른 특징을 가진 재료들을 조합하여 최고의 맛과 영양을 내는 레시피를 찾는 과정과 같다.

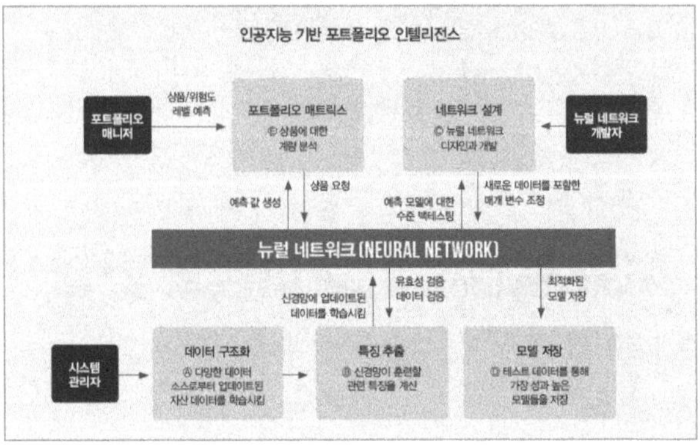

https://www.techm.kr

하지만 MPT는 몇 가지 강력한 가정 위에서 작동하는 이론적 모델이라는 한계를 가진다. 예를 들어, 자산의 수익률은 정규분포를 따르며, 자산 간의 상관관계는 미래에도 안정적으로 유지될 것이라고 가정한다. 또한, M-V(평균-분산) 모델은 계산이 복잡하여 소수의 자산으로 포트폴리오를 구성할 때 주로 사용되었다.

바로 이 지점에서 AI 기반 포트폴리오 이론이 등장한다. AI는 MPT의 기본 철학을 계승하면서도, 그 한계를 뛰어넘는다. AI는 정규분포를 따르지 않는 현실의 복잡한 수익률 패턴을 학습하고, 수많은 자산 간의 비 선형적이고 동적으로 변화하는 상관관계를 분석하며, 나아가 소셜 미디어나 뉴스 데이터 같은 비정형 데이터까지 통합하여 분석한다. 이는 전통적인 레시피를 넘어, 각 재료의 미세한 화학적 반응과 실시간 트렌드까지 고려하여 궁극의 요리를 만들어내는 것과 같은 혁신적인 진화인 것이다.

■ 전통적 MPT와 AI 기반 포트폴리오 이론 모델목표, 분석방법 및 기술, 역할, 장단점, 도시부동산 활용예시

구분	전통적 현대 포트폴리오 이론 (MPT)	AI 기반 평균-분산 최적화 확장 모델	강화학습 기반 동적 자산배분 모델
목표	각 자산의 과거 기대수익률, 위험, 그리고 자산 간의 고정된 상관관계를 기반으로, 주어진 위험 하에서 수익률을 극대화하는 최적의 자산 배분 비중을 찾는 것을 목표로 한다.	전통적 MPT의 한계를 극복하기 위해, AI를 활용하여 기대수익률과 위험, 상관관계를 더욱 정교하게 예측하고, 이를 평균-분산 최적화 프레임워크에 적용하는 것을 목표로 한다.	시장 상황의 변화에 실시간으로 대응하여, 포트폴리오의 장기적인 누적 수익을 극대화하는 최적의 연속적인 매매(리밸런싱) '전략(Policy)' 자체를 학습하는 것을 목표로 한다.
분석방법 및 기술	- 활용 기술: 평균-분산 최적화(Mean-Variance Optimization), 선형대수 - 분석 방법: 과거 데이터의 평균값으로 기대수익률을, 표준편차로 위험을, 공분산으로 상관관계를 계산한 뒤, 수학적 계산을 통해 효율적 투자선(Efficient Frontier)을 도출한다.	- 활용 기술: 머신러닝(XGBoost, LSTM), 몬테카를로 시뮬레이션 - 분석 방법: AI 예측 모델이 거시경제 지표, 미시 데이터 등 수많은 변수를 학습하여 미래의 기대수익률과 위험을 예측하고, 자산 간의 동적인 상관관계를 시뮬레이션 하여 MPT의 입력값을 고도 화한다.	- 활용 기술: 강화학습(RL), 심층 Q-네트워크(DQN), 디지털 트윈 - 분석 방법: AI 에이전트가 가상의 시장 환경에서 자산을 매매하는 행동을 반복하고, 그 결과로 얻는 보상(수익)과 페널티(손실)를 통해 시장 상황에 맞는 최적의 자산배분 및 리밸런싱 전략을 스스로 학습한다.
역할	포트폴리오 이론의 기본적인 철학과 분석의 뼈대를 제공하며, 모든 자산 배분 전략의 출발점이 되는 '고전적 교과서' 역할을 수행한다.	전통적 MPT의 입력 데이터(기대수익률, 위험)를 더욱 정확하게 예측하여 모델의 현실 적합성을 높이는 '정밀 계측 장비' 역할을 담당한다.	시장 상황에 맞춰 언제, 무엇을, 얼마나 사고 팔아야 하는지를 스스로 판단하여 행동하는 '알파고와 같은 지능형 펀드매니저' 역할을 수행한다.
장점	- 이론이 명확하고 직관적이어서 이해하기 쉽다. - 분산 투자의 중요성을 수학적으로 증명한 최초의 모델이다.	- 전통적 모델의 안정적인 프레임워크를 유지하면서 예측의 정확도를 높일 수 있다. - 다양한 빅데이터를 활용하여 시장의 미묘한 변화를 반영한다.	- 정해진 규칙 없이 시장의 변화에 동적으로 적응할 수 있다. - 거래 비용까지 고려한 현실적인 최적 전략을 수립할 수 있다.

단점	- 과거 데이터가 미래를 반복한다는 비현실적인 가정을 한다. - 수익률의 비정규분포성이나 자산 간의 동적 상관관계를 반영하지 못한다.	- AI 예측 모델의 정확도에 전체 결과의 신뢰성이 크게 좌우된다.	- AI의 학습 과정과 의사결정 이유를 파악하기 어려운 '블랙박스' 문제가 있다. - 학습을 위한 정교한 가상 시장 환경과 방대한 데이터가 필수적이다.
도시부동산 활용 예시	과거 10년간의 수익률 데이터를 바탕으로, '강남 오피스 50%'와 '수도권 물류센터 50%'로 포트폴리오를 구성하는 것이 최적의 위험 대비 수익률을 제공한다고 판단하는 데 활용된다.	AI가 미래 이커머스 성장률과 소비 트렌드를 분석하여, '수도권 물류센터'의 미래 기대수익률을 전통 모델의 8%보다 높은 11%로 재조정하고, 포트폴리오 비중을 65%로 늘릴 것을 제안하는 데 활용된다.	AI 펀드매니저가 금리 인상기에는 오피스 자산의 비중을 자동으로 줄이고, 엔데믹으로 전환될 때는 호텔 자산의 비중을 늘리는 최적의 리밸런싱 전략을 스스로 실행하는 데 활용된다.

1.2. 가상사례: 'K-밸류' 부동산 펀드의 AI 포트폴리오 리밸런싱

1) 가상사례 개요

(1) **투자 주체:** K-밸류 부동산 전문 사모펀드

(2) **운용 자산(AUM):** 1조 원

(3) **투자 목표:** 연평균 목표수익률 8%를 달성하면서, 포트폴리오의 변동성(위험)을 최소화하는 최적의 부동산 포트폴리오를 구성한다.

(4) **분석 과제:** 동일한 투자 유니버스(Universe)를 대상으로 전통적 MPT 방식과 AI 기반 방식으로 각각 최적 포트폴리오를 도출하고 비교한다.

2) 두 방식의 포트폴리오 구성과 결과 비교

■ 전통적 MPT 기반 포트폴리오 구성

펀드매니저는 과거 10년간의 각 자산군별 수익률 데이터를 기반으

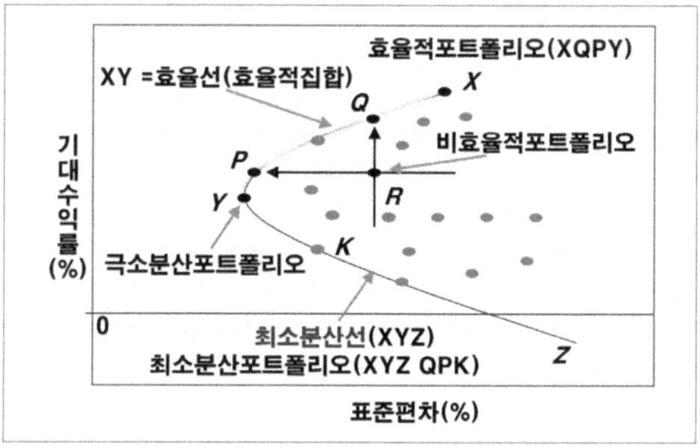

효율적 투자선(Efficient Frontier) 포트폴리오 최적화(feat. 파이썬) [https://inv42195.tistory.com/7]

로 평균-분산 최적화 모델(Mean-Variance Optimization)을 사용하여 효율적 투자선(Efficient Frontier)을 도출하고, 목표수익률 8%에 맞는 최적 포트폴리오를 구성하였다.

(1) 핵심 분석: 과거 데이터에 기반한 자산 간 '상관관계 행렬'을 계산한다. 예를 들어, 오피스와 물류센터는 안정적인 임대 수익을 기반으로 하여 낮은 양(+)의 상관관계를, 리테일과 호텔은 경기 변동에 민감하여 높은 양(+)의 상관관계를 가진다고 분석되었다.

(2) 가상 수치(MPT 포트폴리오):

- (A) 강남 오피스: 50%(포트폴리오의 안정성을 위해 가장 큰 비중 할당)
- (B) 성수동 리테일: 10%
- (C) 용인 물류센터: 30%(오피스와의 낮은 상관관계 고려)
- (D) 판교 데이터센터: 10%
- (E) 해운대 호텔: 0%(변동성이 너무 높아 포트폴리오에서 제외)
- 포트폴리오 총 예상수익률: 8.0%
- 포트폴리오 총 예상위험: 7.5%

■ AI 기반 포트폴리오 구성

AI 포트폴리오 엔진은 과거 수익률 데이터는 물론, 수백 가지의 추가적인 데이터를 학습하여 자산 간의 동적이고 비 선형적인 관계를 분석하고 최적 조합을 탐색하였다.

(1) AI의 추가 학습 데이터:

- 미시 데이터: 각 자산 군 주변 지역의 유동인구, 카드 매출, 소셜 미디어 감성지수
- 거시 데이터: 글로벌 이커머스 시장 성장률, 반도체 산업 전망, 국제선 항공편 예약률
- 대체 데이터: 위성영상을 통한 물류센터 주변 교통량, 야간 조도 변화 등

(2) 핵심 분석: AI는 '해운대 호텔'이 높은 변동성을 가지지만, '판교 데이터센터'와는 매우 낮은 음(-)의 상관관계를 가지는 숨은 패턴을 발견하였다.(이유: 글로벌 IT 경기가 호황이면 데이터센터 수요가 폭증하지만, 사람들의 여가 소비는 줄어들고, 반대로 IT 경기가 둔화되면 억눌렸던 여행 수요가 폭발하여 호텔 수익률이 급증하는 경향)

(3) 가상 수치(AI 포트폴리오):

- (A) 강남 오피스: 30%
- (B) 성수동 리테일: 15%
- (C) 용인 물류센터: 20%
- (D) 판교 데이터센터: 20%(호텔과의 위험 헷지 효과 고려)
- (E) 해운대 호텔: 15%(MPT에서 제외되었던 자산을 편입하여 전체 위험을 낮추는 역 발상)
- 포트폴리오 총 예상수익률: 8.5%(목표수익률 초과 달성)

• 포트폴리오 총 예상위험: 6.8%(MPT보다 낮은 위험)

3) **결론 및 시사점:** 결론적으로, 전통적 MPT는 과거의 통계에 기반하여 호텔이라는 고위험 자산을 단순히 배제하는 안정적인 길을 선택하였다. 반면, AI는 데이터 이면의 숨겨진 관계를 파악하여, 서로 다른 위험을 가진 자산을 정교하게 조합함으로써 '더 높은 수익률'을 '더 낮은 위험'으로 달성하는 놀라운 결과를 만들어냈다. 이는 AI가 어떻게 포트폴리오 투자의 고전적인 지혜를 한 단계 더 높은 차원으로 끌어올리는지를 명확히 보여주는 것이다.

2. AI를 활용한 개별 부동산 자산의 기대수익률과 위험 측정 모델 및 가상사례

2.1. 자산의 미래를 그리는 AI의 정밀 붓터치

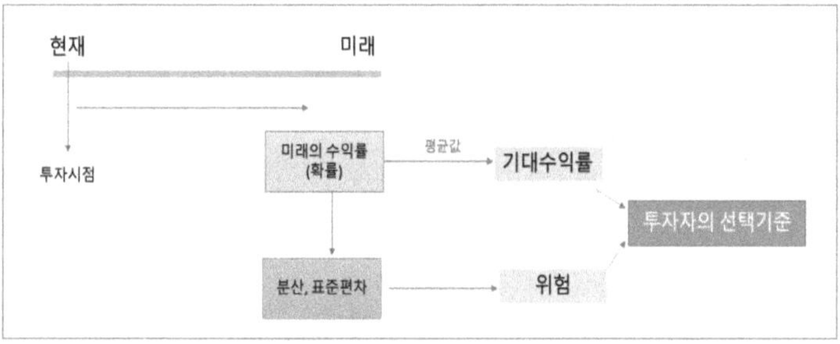

포트폴리오 이론 기초 2 : 기대수익률, 위험, 분산투자 효과 : 네이버 블로그 (https://m.blog.naver.com)

모든 투자의 시작은 개별 자산이 미래에 가져가줄 '기대수익률'과 그 수익률의 불확실성인 '위험'을 정확하게 측정하는 것에서부터 출발한다. 전통적으로 부동산 자산의 기대수익률은 과거의 평균적인 임대료 상승률이나 자산 가격 상승률에 기반하여 추정되었고, 위험은 주로 과거 데이터의 변동성(표준편차)이라는 단일한 지표로 측정되었다. 이는 마치 한 사람의 과거 성적표만 보고 미래의 성공 가능성을 점치는 것과 같아서, 그 사람의 숨겨진 재능이나 앞으로 닥쳐올 환경의 변화를 전혀 고려하지 못하는 한계를 가지고 있었다.

하지만 AI는 이러한 전통적인 측정 방식의 해상도를 획기적으로 높이는 정밀한 붓터치와 같다. AI는 단순히 과거의 수익률 데이터 뿐만 아니라, 해당 자산을 둘러싼 수백 가지의 미시적, 거시적 데이터를 종합적으로 학습하여 미래의 기대수익률을 확률적인 분포로 예측한다.

또한, AI는 '위험'을 단순히 과거의 변동성으로만 보지 않는다. 소셜미디어의 부정적인 여론, 주변 경쟁 자산의 출현 가능성, 예상치 못한 정책 변화의 파급 효과 등 과거 데이터에는 존재하지 않았던 다양한 비정형적 위험 요인들을 감지하고 이를 시뮬레이션 하여, 자산이 가진 다층적인 위험의 구조를 입체적으로 보여준다. 이는 한 사람의 성적표 뿐만 아니라 그의 재능, 인성, 그리고 미래 환경 변화까지 모두 고려하여 성공 가능성을 예측하는 것과 같은 근본적인 차이를 만들어내는 것이다.

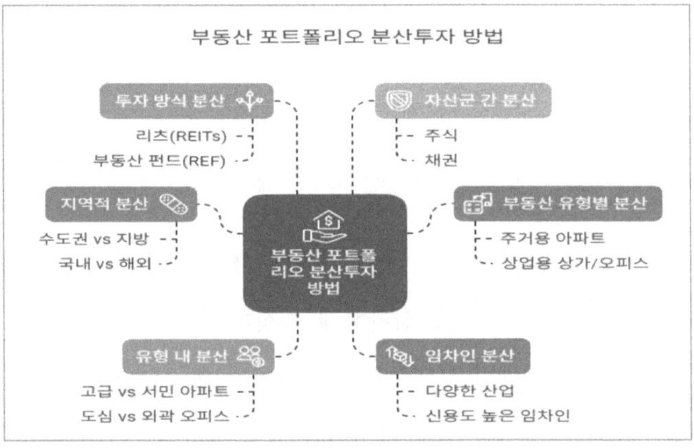

[부동산] 부동산 투자 포트폴리오 이론이란? 주요 분산투자 방법 (https://jkcb.tistory.com)

■ AI 기반 개별 부동산 자산 기대수익률 및 위험 측정 모델 별 목표, 분석방법 및 기술, 역할, 장단점, 도시부동산 활용예시

구분	머신 러닝 기반 다중 회귀 모델	시계열 딥러닝 기반 예측 모델	멀티모달 AI 기반 종합평가 모델
목표	건물의 물리적 특성, 입지 요인 등 다양한 정형 데이터 변수들이 자산의 수익률에 미치는 영향을 통계적으로 분석하여, 현재 시점의 적정 기대수익률을 추정하는 것을 목표로 한다.	과거부터 현재까지 축적된 수익률 데이터의 시간적 패턴과 추세를 딥러닝으로 학습하여, 미래의 특정 시점에 발생할 기대수익률과 변동성(위험)을 직접적으로 예측하는 것을 목표로 한다.	정형 데이터, 텍스트, 이미지를 모두 통합 분석하여, 자산의 재무적 가치 뿐만 아니라 눈에 보이지 않는 무형적 가치와 잠재 리스크까지 종합적으로 평가하고 설명하는 것을 목표로 한다.
분석방법 및 기술	- 활용 기술: 다중 선형 회귀, 랜덤 포레스트, XGBoost - 분석 방법: 종속변수(수익률)와 독립변수(면적, 층수, 지하철역 거리 등) 간의 회귀 방정식을 도출하고, 각 변수가 수익률에 미치는 영향력(계수)을 계산하여 기대수익률을 추정한다.	- 활용 기술: 순환신경망(RNN), LSTM, GRU - 분석 방법: 과거 수익률 데이터의 연속적인 흐름(Sequence)과 그 패턴을 학습하여, 미래의 특정 시점에 나타날 수익률의 궤적과 변동폭을 시계열적으로 예측한다.	- 활용 기술: 멀티모달 AI, 트랜스포머(Transformer), 교차 어텐션 - 분석 방법: 재무제표(숫자), 건물 외관(이미지), 시장 평판(텍스트) 등 서로 다른 형태의 데이터를 융합하여, 각 데이터가 서로의 의미를 보강하고 교차 검증하는 방식으로 종합적인 수익과 위험을 추정한다.
역할	수많은 변수 중 수익률에 가장 큰 영향을 미치는 핵심 요인이 무엇인지를 식별하고, 현재 가치 평가의 객관적인 근거를 제시하는 '가치평가 분석가' 역할을 수행한다.	과거의 데이터 패턴이 미래에도 이어진다는 가정하에, 미래의 특정 시점에 대한 구체적인 수익률 시나리오를 제시하는 '미래 예측 전문가' 역할을 담당한다.	단편적인 정보들을 모아 자산에 대한 하나의 완전한 입체적인 서사(Narrative)를 구축하고, 투자 결정의 최종적인 통찰력을 제공하는 '최고 투자 책임자(CIO)' 역할을 수행한다.
장점	- 어떤 변수가 왜 수익률에 영향을 미치는지 직관적으로 설명하기 용이하다. - 모델이 비교적 단순하여 결과의 안정성이 높다.	- 복잡한 시계열 데이터의 비선형적 패턴을 학습하여 예측 정확도가 높다. - 미래의 변동성(위험)을 확률적 분포로 제시할 수 있다.	- 정량적, 정성적 정보를 모두 활용하여 가장 종합적이고 깊이 있는 분석이 가능하다. - 데이터 간 교차 검증을 통해 분석의 오류를 최소화한다.

단점	- 동적으로 변화하는 시장의 미래 추세를 반영하기 어렵다. - 비정형 데이터가 가진 무형적 가치를 평가하지 못한다.	- 예측 결과가 '블랙박스'처럼 도출되어 이유를 설명하기 어려울 수 있다. - 과거에 없던 새로운 시장 충격에는 취약할 수 있다.	- 모델의 구조가 매우 복잡하고, 학습을 위한 데이터 처리 기술의 난이도가 가장 높다. - 최고 수준의 기술력과 컴퓨팅 자원을 필요로 한다.
도시부동산 활용 예시	특정 오피스 빌딩의 기대수익률을 추정하기 위해, '강남 3구 소재 여부', '지하철역 도보 5분 이내', '신축 5년 이내' 변수가 각각 수익률을 얼마나 높이는지를 계량적으로 분석하는 데 활용된다.	지난 20년간의 호텔 객실 점유율과 요금 데이터를 학습한 AI가, 향후 2년간의 분기별 예상 매출액과 함께, 엔데믹과 같은 외부 충격이 발생했을 때의 최대 예상 손실 폭(위험)을 예측하는 데 활용된다.	AI가 물류센터의 낮은 임대수익률(숫자)에도 불구하고, 최첨단 자동화 설비(이미지)와 우량 임차인과의 장기 계약(텍스트)을 긍정적으로 평가하여, 종합적인 투자가치가 높다고 최종 판단하는 데 활용된다.

2.2. 가상사례: '광화문 K-타워' 오피스 빌딩의 AI 기반 가치 분석

케이트원타워 임대 광화문역 대형 프라임 오피스: 네이버 블로그(https://blog.naver.com)

1) 가상사례 개요

(1) **대상 자산:** 서울 광화문역 인근의 20년 된 중대형 오피스 빌딩 'K-타워'

(2) **분석 목표:** 리모델링 후 5년간 운영하다 매각할 경우, 이 자산의 실질적인 기대수익률과 잠재적 위험을 AI 모델 '밸류-스코프(Value-Scope)'를 통해 정밀하게 측정한다.

2) '밸류-스코프' AI의 기대수익률 및 위험 측정

'밸류-스코프' AI는 전통적 데이터와 AI만의 대체 데이터를 융합하여 분석을 수행하였다.

- **1단계: 기대수익률(Expected Return)의 다차원적 예측**

  전통적인 방식이 과거 10년 평균 임대료 상승률(연 3%)을 기반으로 미래 수익률을 예측했다면, AI는 다음과 같은 다차원적 분석을 통해 미래 수익률을 확률적으로 예측하였다.

  (1) AI의 추가 학습 데이터:

  - 기업 데이터: 광화문 일대 주요 기업들의 향후 5년간 채용 계획, 재택근무 비율 정책 변화 관련 뉴스
  - 이동 데이터: 지하철 이용객 데이터 및 통신사 유동인구 데이터를 통해 본 광화문 지역의 주중/주말 인구 회복 속도
  - 소셜 데이터: '공유 오피스', '거점 오피스' 등 새로운 업무 형태에 대한 직장인들의 온라인 관심도 및 선호도 변화

  (2) 가상 수치(AI의 기대수익률 예측):

  - AI는 '대기업의 거점 오피스 수요 증가'라는 긍정적 요인과 'IT 기업들의 재택근무 확산'이라는 부정적 요인을 동시에 고려하였다.
  - 예측 결과: 'K-타워'의 향후 5년간 연평균 기대수익률은 단일값 6%가 아니라, 평균 5.5%를 중심으로 3%에서 8% 사이에 분포할 것이라고 예측되었다.
  - 시나리오별 확률: 기대수익률이 7% 이상을 기록할 낙관적 시나리오의 확률은 20%, "4% 이하로 떨어질 비관적 시나리오의 확률은 15%"라는 구체적인 확률 정보를 제공하였다.

■ 2단계: 위험(Risk)의 구조적 분석

전통적인 방식이 과거 수익률의 표준편차(변동성)만을 위험으로 측정했다면, AI는 다양한 비정형 데이터를 분석하여 위험의 원인을 구조적으로 진단하였다.

□ AI의 위험 분석:

- 시장 리스크(40%): AI는 금리 변동이 'K-타워'의 가치에 미치는 영향을 시뮬레이션 하여, 금리가 1%p 상승할 때마다 자산 가치가 약 7% 하락하는 높은 민감도를 가지고 있음을 경고하였다.
- 공실 리스크(30%): AI는 인근에 신축 예정인 경쟁 빌딩 'G-타워'의 정보를 입수하고, 'G-타워'가 최첨단 친환경 설비(ESG)를 갖추었을 경우, 'K-타워'의 핵심 임차인 중 25%가 이전할 가능성이 있음을 시뮬레이션을 통해 예측하였다.
- 평판 리스크(20%): AI는 컴퓨터 비전을 통해 'K-타워'의 노후화된 외관 이미지를 분석하고, 소셜 미디어상에서 '낡은', '답답한' 등의 부정적 이미지가 확산될 경우, 신세대 인재를 중시하는 IT 기업들의 임차 기피 현상이 발생할 수 있음을 지적하였다.
- 기타 리스크(10%): 정책, 운영 등 기타 리스크를 포함한다.

3) 최종 결론: AI '밸류-스코프'의 분석 보고서

"'K-타워'는 평균 5.5%의 기대수익률을 중심으로 분포하는 자산이다. 그러나 단순 변동성 리스크 외에도, 향후 금리 변동에 매우 취약하며, 특히 2년 후 준공될 'G-타워'와의 경쟁에서 밀릴 경우 공실 리스크가 급격히 커질 수 있다. 따라서 성공적인 투자를 위해서는 단순 리모델링을 넘어, '친환경(ESG) 인증'을 획득하고 '스마트 오피스' 기능을 도입하여 경쟁 빌딩과의 차별성을 확보하는 전략이 반드시 필요하다."

4) 결론 및 시사점: 이처럼 AI 기반의 분석 모델은 투자자에게 단순한 숫자 예측을 넘어, 자산의 미래에 대한 깊이 있는 통찰력과 구체적인 전략 방향까지 제시한다. 이는 투자의 성공 확률을 높이는 가장 정교하고 지능적인 의사결정 지원 시스템이 되는 것이다.

3. 다목적 최적화 알고리즘을 이용한 최적의 도시부동산 포트폴리오 구성 방법과 가상사례

3.1. 세 마리를 잡는 AI의 지혜: 다목적 최적화 딜레마

전통적인 포트폴리오 이론(MPT)이 '수익률 극대화'와 '위험 최소화'라는 두 마리 토끼를 잡는 문제였다면, 오늘날의 도시부동산 투자는 훨씬 더 복잡한 딜레마에 직면해 있다. 높은 수익률을 올리면서도, 동시에 탄소 배출을 줄여 환경에 기여하고(ESG), 지역 사회에 긍정적인 영향을 미쳐야 하는 '세 마리, 네 마리의 토끼'를 동시에 잡아야 하는 과제가 주어진 것이다.

이러한 상호 충돌하는 여러 목표(Multi-objective)들 사이에서 '최고의 선택'이란 존재하지 않는다. 수익률을 조금 양보하면 환경 점수를 더 높일 수 있고, 사회적 가치를 우선하면 수익률이 낮아지는 트레이드오프(Trade-off) 관계가 존재하기 때문이다.

바로 이 지점에서 인간의 직관적 판단은 한계에 부딪히며, '목적 최적화 알고리즘(Multi-objective Optimization Algorithm)' 그 해답을 제시한다. 이 알고리즘은 단 하나의 정답을 찾는 것이 아니라, 주어진 여러 목표들을 고려했을 때, '어느 한 목표를 개선하기 위해서는 다른 목표의 희생이 불가피한' 최적의 해답들의 집합, 즉 '파레토 최적 경계(Pareto Optimal Frontier)'를 찾아낸다. 이는 마치 여러 명의 까다로운 심사위원(수익률, 환경, 사회적 가치) 모두로부터 "이 이상은 개선할 수 없다"고 인정받은 최종 후보들의 명단을 만드는 것과 같다. 투자자는 AI가 찾아낸 이 최종 후보들 중에서, 자신의 투자 철학에 가장 부합하는 단 하나의 포트폴리오를 최종적으로 선택하는, 현명하고 전략적인 의사결정을 내릴 수 있게 되는 것이다.

■ **다목적 최적화 알고리즘 기반 도시부동산 포트폴리오 구성 방법별 목표, 분석 방법 및 기술, 역할, 장단점, 도시부동산 활용예시**

구분	유전 알고리즘 기반 최적화	목표 계획법 기반 최적화	파티클 스웜 최적화
목표	수익률, 위험, ESG 점수 등 여러 목표를 동시에 고려하여, 우열을 가릴 수 없는 최적의 해답 집합(파레토 최적 경계) 전체를 탐색하는 것을 목표로 한다.	투자자가 각 목표(수익률, 환경 점수 등)에 대해 최소한 달성하고자 하는 목표치와 우선순위를 설정하면, 그 편차를 최소화하는 단 하나의 절충안을 찾는 것을 목표로 한다.	새 떼나 물고기 떼처럼, 단순한 규칙을 가진 여러 입자(Particle)들이 서로의 정보를 공유하며, 복잡한 해답 공간 내에서 가장 최적의 지점을 협력적으로 찾아내는 것을 목표로 한다.
분석방법 및 기술	- 활용 기술: 다목적 유전 알고리즘(NSGA-II 등), 진화 연산 - 분석 방법: 각 포트폴리오를 하나의 유전자(염색체)로 간주하고, 선택, 교차, 돌연변이의 진화 과정을 반복하여 여러 목표를 동시에 만족시키는 우수한 해답의 집합을 생성하고 발전시킨다.	- 활용 기술: 선형/비선형 계획법(Linear/Non-linear Programming), 최적화 솔버(Solver) - 분석 방법: '수익률은 최소 8% 이상', '탄소 배출량은 100톤 이하'와 같은 각 목표에 대한 제약 조건을 설정하고, 모든 조건을 최대한 만족시키는 최적의 자산 배분 비율을 수학적으로 계산한다.	- 활용 기술: 파티클 스웜 최적화(PSO) 알고리즘, 군집 지능(Swarm Intelligence) - 분석 방법: 각 입자(가능한 포트폴리오)가 자신이 찾은 최적해와 집단 전체가 찾은 최적해를 바탕으로 다음 위치를 결정하는 과정을 반복하여, 점진적으로 가장 우수한 해답으로 수렴해 나간다.

역할	투자자에게 하나의 정답이 아닌, 다양한 철학을 담은 여러 최적의 대안(파레토 경계)을 제시하여 최종적인 전략적 선택의 폭을 넓혀주는 '다중 대안 제시 전문가' 역할을 수행한다.	투자자의 명확한 목표와 우선순위에 기반하여, 가장 현실적이고 만족도 높은 단 하나의 맞춤형 해답을 제공하는 '현실적 목표 달성 조력자' 역할을 담당한다.	복잡하고 비 선형적인 문제 공간 속에서, 전역 최적해(Global Optimum)를 효율적으로 탐색하여 숨겨진 최적의 포트폴리오 조합을 찾아내는 '지능형 탐색 전문가' 역할을 수행한다.
장점	- 다양한 트레이드오프 관계를 가진 해답들을 한 번에 얻을 수 있다. - 최종 의사결정자가 선택할 수 있는 대안의 폭이 넓다.	- 투자자의 요구사항을 명확하게 반영할 수 있다. - 수학적으로 증명된 단 하나의 최적해를 제공하여 의사결정이 단순하고 명확해 진다.	- 알고리즘이 비교적 단순하고 계산 속도가 빠르다. - 변수가 매우 많은 복잡한 문제에서도 좋은 성능을 보인다.
단점	- 어떤 해답이 가장 좋은지에 대한 명확한 기준을 제시하지는 않는다. - 연산 량이 많고 상대적으로 수렴 속도가 느릴 수 있다.	- 목표치와 우선순위를 사전에 정확히 설정해야만 의미 있는 결과를 얻을 수 있다. - 고려하지 않은 다른 우수한 대안들을 놓칠 수 있다.	- 지역 최적해(Local Optimum)에 빠질 위험이 유전 알고리즘보다 다소 높을 수 있다. - 파라미터 설정에 따라 알고리즘의 성능이 민감하게 변한다.
도시부동산 활용 예시	'수익률'과 '공실률'이라는 두 가지 목표를 동시에 고려하여, '고위험-고수익' 포트폴리오부터 '저위험-저수익' 포트폴리오까지 다양한 최적의 대안들을 투자자에게 제시하는 데 활용된다.	'연평균 수익률 7% 이상, ESG 점수 80점 이상'이라는 두 가지 목표를 설정하고, 이 두 목표로부터의 이탈을 최소화하는 단 하나의 최적 포트폴리오 자산 배분 비율을 찾는 데 활용된다.	수십 개의 부동산 자산과 수백 개의 제약조건이 얽혀 있는 매우 복잡한 포트폴리오 문제에서, 가장 높은 샤프 비율(Sharpe Ratio)을 가지는 최적의 조합을 효율적으로 탐색하는 데 활용된다.

3.2. 가상사례: '서울 임팩트 펀드'의 파레토 최적 포트폴리오

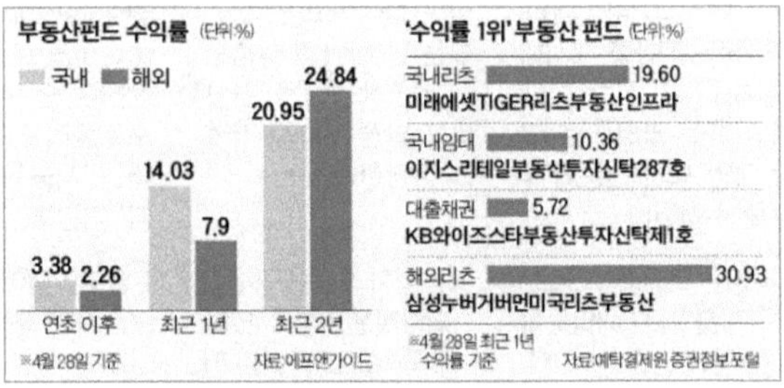

인플레 시대, 이만한 투자처 있나…부동산펀드, 수익률 14% 쏠쏠 | 한국경제 (https://www.hankyung.com)

1) 사례 개요

(1) 투자 주체: 서울 임팩트 부동산 펀드

(2) 운용 자산(AUM): 5,000억 원

(3) 투자 목표: 다음 세 가지 목표를 동시에 최대한 만족시키는 최적의 부동산 포트폴리오를 구성한다.

- 재무적 수익률(IRR) 극대화
- 환경적 기여도(탄소 저감량) 극대화
- 사회적 기여도(일자리 창출 및 공공성) 극대화

2) '파레토 최적 포트폴리오' 집합을 도출: 다목적 최적화 AI를 활용하여, 세 가지 목표를 모두 고려한 '파레토 최적 포트폴리오' 집합을 도출한다.

투자 유니버스(각 자산별 3가지 목표 점수)

자산 후보	예상 IRR	환경 기여도	사회 기여도
(A) 강남 재건축 아파트	15%(매우 높음)	20점(낮음)	10점(매우 낮음)
(B) 구로디지털단지 데이터센터	12%	30점	40점

(C) 종로 노후빌딩 리모델링 (녹색 건축)	8%	90점(매우 높음)	60점
(D) 성수동 사회주택 및 청년 창업공간	5%(매우 낮음)	70점	95점(매우 높음)

3) 다목적 최적화 AI의 파레토 최적 경계 도출

AI는 위 4가지 자산을 다양한 비율로 조합하는 수만 가지의 포트폴리오를 생성하고, 각 포트폴리오의 IRR, 환경 기여도, 사회 기여도를 평가하여 최종적인 파레토 최적 포트폴리오 3개를 추천하였다. 이 3개의 포트폴리오는 우열을 가릴 수 없는 '각기 다른 철학을 가진 최적의 대안'이다.

■ 포트폴리오 X: 수익 극대화형(Aggressive Growth)

(1) AI의 자산 배분:

- (A) 강남 재건축: 60%
- (B) 구로 데이터센터: 30%
- (C) 종로 리모델링: 10%
- (D) 성수동 사회주택: 0%

(2) 가상 수치(포트폴리오 성과):

- 종합 IRR: 13.5%
- 환경 기여도: 29점
- 사회 기여도: 22점

(3) AI의 평가: 재무적 수익률을 가장 우선시하는 투자자를 위한 최적의 선택지이다. 하지만 환경 및 사회적 기여도는 매우 낮아 임팩트 투자 철학과는 거리가 있다.

■ 포트폴리오 Y: 균형 성장형(Balanced)

(1) AI의 자산 배분:

- (A) 강남 재건축: 20%
- (B) 구로 데이터센터: 20%
- (C) 종로 리모델링: 40%
- (D) 성수동 사회주택: 20%

(2) 가상 수치(포트폴리오 성과):

- 종합 IRR: 9.6%
- 환경 기여도: 70점
- 사회 기여도: 63점

(3) AI의 평가: 세 마리 토끼를 가장 균형 있게 잡은 포트폴리오이다. 적절한 수익률을 유지하면서도 환경과 사회에 미치는 긍정적 영향을 극대화한, 가장 이상적인 임팩트 투자 조합이다.

■ 포트폴리오 Z: 사회적 가치 최우선형(Social Value First)

(1) AI의 자산 배분:

- (A) 강남 재건축: 0%
- (B) 구로 데이터센터: 10%
- (C) 종로 리모델링: 30%
- (D) 성수동 사회주택: 60%

(2) 가상 수치(포트폴리오 성과):

- 종합 IRR: 6.9%
- 환경 기여도: 75점
- 사회 기여도: 85점

(3) AI의 평가: 재무적 수익보다는 사회적 책임을 가장 중요하게 생각하는 투자 철학에 완벽하게 부합한다. IRR은 낮지만, 환경과 사회에 미치는 긍정적 영향력(Impact)은 가장 강력하다.

4) 최종 의사결정: '서울 임팩트 펀드'의 펀드매니저는 AI가 제시한 3개의 파레토 최적 포트폴리오를 보고 명확한 의사결정을 내릴 수 있었다. 그는 펀드의 정체성에 가장 부합하는 '포트폴리오 Y(균형 성장형)'를 최종 투자안으로 선택하였다. 이는 어느 한쪽의 희생을 감수하는 것이 아니라, AI를 통해 수익과 공공성의 두 가지 목표가 가장 조화롭게 만나는 지점을 과학적으로 찾아낸 것이다. 이처럼 다목적 최적화 AI는 복잡한 현대 사회의 투자 딜레마 속에서, 투자자가 자신의 철학을 지키면서도 가장 현명한 선택을 할 수 있도록 돕는 최고의 전략적 파트너가 되는 것이다.

4. '안정적 임대수익형'과 '고위험 시세차익형' 자산 조합에 의한 투자자 맞춤형 포트폴리오 구축 방법과 가상사례

4.1. 투자자의 위험 선호도와 투자 목표에 따라 최적화된 맞춤형 포트폴리오를 구축하는 이론적 방법론 이해하기

어떤 자산은 꾸준한 현금 흐름을 생성하며 안정적인 심장 박동을 유지하는 반면, 어떤 자산은 폭발적인 성장을 통해 도시의 스카이라인을 바꾸는 역동적인 에너지를 품고 있다. 현대의 도시부동산 투자는 바로 이 두 가지 성격의 자산을 어떻게 조화롭게 엮어내어 투자자의 목표에 부합하는 최적의 포트폴리오를 구축하는가에 그 성패가 달려있다. 과거의 투자가 직관과 경험에 의존했다면, 이제 우리는 인공지능(AI)이라는 강력한

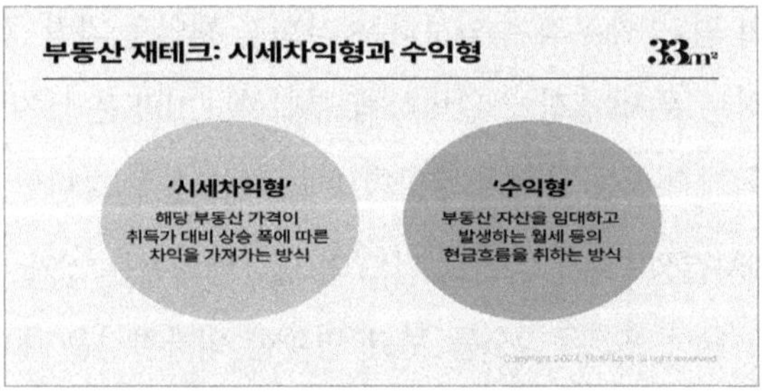

제네시스박 전문가칼럼 7편 https://33m2.co.kr/

도구를 통해 데이터에 기반한 정밀하고 과학적인 포트폴리오 구축이 가능한 시대에 살고 있다.

본 절에서는 상반된 매력을 지닌 '안정적 임대수익형' 자산과 '고위험 시세차익형' 자산을 AI를 활용하여 조합함으로써, 투자자의 위험 선호도와 투자 목표에 따라 최적화된 맞춤형 포트폴리오를 구축하는 이론적 방법론과 가상 사례를 심도 있게 탐구하고자 한다.

■ **안정적 임대수익형 자산과 고위험 시세차익형 자산 비교**

구분	안정적 임대수익형 자산	고위험 시세차익형 자산
개념	예측 가능한 꾸준한 현금 흐름(Cash Flow) 창출을 핵심 가치로 하는 자산이다.	자산의 미래 가치 상승에 투자하여 자본 이득(Capital Gain)을 추구하는 자산이다.
주요 목표	장기적이고 안정적인 임대수익 확보를 목표로 한다.	단기간 내 높은 시세차익 실현을 목표로 설정한다.
수익 방식	우량 임차인과의 장기 임대 계약을 통해 지속적인 수익을 창출하는 방식으로 운영된다.	저평가된 부동산을 매입하여 개발, 리모델링 등을 통해 가치를 증대 시킨 후 매각한다.
포트폴리오 역할	전체 포트폴리오의 변동성을 낮추고 재무적 안정성을 부여하는 '닻(Anchor)'의 역할을 수행한다.	전체 포트폴리오의 수익률을 극대화하는 성장 '엔진(Engine)'의 역할을 담당한다.
장점	투자 리스크가 비교적 낮으며, 시장 변동성에 둔감하여 예측 가능한 수익 확보가 가능하다.	투자 성공 시, 단기간에 수십, 수백 퍼센트의 매우 높은 자본 이득을 얻을 수 있다.

단점	자산 가치의 폭발적인 상승을 기대하기 어려우며, 유동성이 낮을 수 있다.	투자 실패 시 원금 손실 가능성이 크며, 높은 수준의 변동성과 불확실성을 감수해야 한다.
도시부동산 활용 예시	• 정부기관 또는 대기업이 장기 임차한 프라임 오피스 빌딩 • 최신 자동화 시스템을 갖춘 대규모 물류센터 • 안정적 배후 수요를 가진 신도시 대단지 내 상업시설	• 잠재력 높은 구도심의 주택 또는 상업시설 재개발 프로젝트 • 신규 교통 허브(GTX 등) 예정지 인근의 토지 • 혁신적 컨셉의 복합문화공간 개발 사업

이 두 자산은 서로의 단점을 보완하는 완벽한 파트너가 될 수 있다. 임대수익형 자산이 포트폴리오의 재무적 안정성을 지키는 든든한 닻이 되어준다면, 시세차익형 자산은 포트폴리오 전체의 수익률을 극대화하는 강력한 엔진이 될 수 있는 것이다.

4.2. 가상사례: AI '어반 위버(Urban Weaver)'를 활용한 은퇴 투자자 맞춤형 포트폴리오 구축

이제, AI가 어떻게 이 두 자산을 엮어 투자자에게 최적의 솔루션을 제공하는지 가상사례를 통해 생생하게 살펴본다.

〈 인출 기간 은퇴자들에 치명적인 5가지 상황 〉

(1) 소득 유연성 감소	연금소득 외 별다른 소득이 없는 상황
(2) 인플레이션	물가 상승으로 소득의 실질구매력 저해
(3) 인지 능력 저하	노화에 따라 투자 판단 또는 재무설계사 선택 능력이 저하
(4) 장수	수명이 늘어 사망 전 노후자금이 먼저 소진될 가능성 상승
(5) 수익률 순서 리스크	은퇴 초기 수익률이 나쁠 경우 노후자금 소진 속도가 급격히 증가

전략적 인출 설계와 은퇴 포트폴리오의 과학 | 미래에셋투자와연금센터 (https://investpension.miraeasset.com)

1) 투자자 프로필:

(1) 성명: 김민준(가명, 58세)

(2) 직업: 대기업 임원 출신, 은퇴 준비 중

(3) 투자 목표: 은퇴 후 매월 안정적인 생활비를 확보(현금흐름)하면서도, 자산의 일부는 적극적으로 증식 시켜 자녀에게 증여(자본이득)하고자 한다.

(4) 투자 성향: 중 위험·중 수익 선호

(5) 총 투자 가능 금액: 100억 원

김민준 씨는 자신의 복합적인 투자 목표를 달성하기 위해 AI 도시부동산 투자 자문 플랫폼 '어반 위버(Urban Weaver)'를 활용하기로 결정한다. '어반 위버'는 도시의 인구통계, 교통 데이터, 산업 클러스터 변화, 소셜미디어의 지역 평판 데이터, 건축 인허가 정보 등 수천 개의 비정형 데이터를 실시간으로 분석하여 미래 가치를 예측하는 AI 시스템이다.

2) '어반 위버'의 분석 및 포트폴리오 제안 과정:

(1) 데이터 분석: '어반 위버'는 김민준 씨의 투자 목표와 성향을 입력받은 후, 대한민국 전역의 도시 데이터를 분석하기 시작한다. AI는 수도권의 신규 산업단지 확장 데이터와 구도심의 문화적 자본 성장 데이터를 동시에 분석하여 유망 자산군을 식별한다.

(2) 자산 후보군 도출:

• 안정적 임대수익형 후보: AI는 반도체 클러스터 확장과 e커머스 시장 성장에 따라 장기 임차 수요가 폭발적으로 증가할 것으로 예상되는 '용인 남사읍 스마트 물류센터'를 최우선 후보로 추천한다. 이미 글로벌 굴지의 3자 물류(3PL) 기업과 10년

장기 임대차 계약이 체결되어 연 5%의 안정적인 수익률이 확정된 상태이다.

- 고위험 시세차익형 후보: 동시에 AI는 빅데이터 분석을 통해 젊은 창업가와 예술가들이 몰려들며 '힙플레이스'로 급부상 중인 '서울 문래동 예술창작촌'의 복합문화공간 재개발 프로젝트를 발굴한다. 현재는 노후된 공장지대이지만, '어반 위버'는 3년 내 GBC(강남국제교류복합지구)와 유사한 형태의 문화-업무-주거 복합지구로 변모할 가능성을 75%로 예측하며, 성공 시 5년 내 200%의 시세차익을 전망한다.

(3) **최적 포트폴리오 조합 및 시뮬레이션:** '어반 위버'는 김민준 씨의 '중위험·중수익' 선호도를 반영하여, 두 자산에 대한 최적의 투자 배분 비율을 계산한다. 수만 번의 몬테카를로 시뮬레이션을 통해, '안정형 60% : 성장형 40%'의 비율이 김민준 씨의 목표 달성 확률을 극대화하는 '골든 레이시오(Golden Ratio)'임을 도출해낸다.

3) 최종 제안 포트폴리오:

구분	안정적 임대수익형	고위험 시세차익형	총계
자산명	용인 남사읍 스마트 물류센터	서울 문래동 복합문화공간 재개발	맞춤형 포트폴리오
투자금액	60억 원(60%)	40억 원(40%)	100억 원(100%)
기대수익률 (연평균)	연 5% (확정 임대수익)	연 25% (5년 후 200% 목표)	연 13%
특징 및 AI 분석 근거	- 반도체 클러스터 배후 지원 기능 - 대기업 10년 장기 임차 계약 - 안정적 월 현금흐름 발생	- 소셜 데이터상 '힙플레이스' 지수 급등 - 주변 지역 대규모 개발 계획과 연계성 - AI 예측 성공 확률 75%	- 위험 분산: 물류센터의 현금흐름이 재개발 프로젝트의 불확실성을 상쇄 - 목표 부합: 안정적 현금흐름과 높은 자본이득 추구의 균형 달성

4) 결론 및 시사점: '어반 위버'가 제시한 포트폴리오는 김민준 씨에게 연간 3억 원(60억 원 × 5%)의 안정적인 임대수익을 제공하여 은퇴 후 생활의 재정적 기반을 마련해준다. 동시에, 40억 원을 투자한 재개발 프로젝트가 성공할 경우 5년 뒤 80억 원의 추가 자본 이득을 기대할 수 있게 된다. 이는 투자자의 복합적인 니즈를 데이터 기반의 정량적 분석을 통해 완벽하게 충족시킨 사례이다. 이처럼 AI를 활용한 도시부동산 프로젝트 금융은 더 이상 막연한 미래가 아닌, 투자자의 꿈을 현실로 만드는 가장 정교하고 강력한 도구가 된 것이다. 도시와 부동산, 그리고 금융의 미래는 데이터와 AI의 결합을 통해 더욱 환상적인 모습으로 진화해 나갈 것이 분명하다.

제9장

AI와 부동산 증권화

1. 전통적 부동산 증권화 개념과 AI 기반 부동산 증권화 개념의 비교분석과 가상사례

거대한 빌딩이나 대규모 복합단지 같은 부동산은 그 자체로 막대한 가치를 지니지만, 마치 육중한 황금 덩어리처럼 분할하거나 거래하기 어려운 비 유동성(Illiquidity)의 덫에 갇혀 있다. 부동산 증권화(Securitization)는 바로 이 황금 덩어리를 잘게 쪼개어 누구나 쉽게 거래할 수 있는 금화(증권)로 바꾸는 현대 금융의 연금술이라 할 수 있다. 이는 부동산 시장에 유동성을 공급하고 대중의 투자를 가능하게 한 혁명적인 개념이다.

그러나 이 전통적인 연금술은 아날로그 시대의 한계에 부딪혔다. 평가 과정은 더디고, 정보는 불투명하며, 거래 비용은 높았다. 이제 우리는 인공지능(AI)이라는 새로운 불꽃을 통해 부동산 증권화를 한 차원 높은 단계로 진화 시키는 시대의 서막에 서 있다.

1.1. 전통적 부동산 증권화: 가치의 '물리적' 분할

전통적 부동산 증권화는 특정 부동산 자산에서 발생하는 미래의 현금흐름(임대수익 등)을 기반으로 유가증권을 발행하고, 이를 투자자들에게 매각하는 금융 기법이다.

그 핵심 구조는 특수목적법인(SPV, Special Purpose Vehicle)의 설립에 있다. 자산 소유자는 소유한 부동산을 이 SPV라는 서류상 회사에 매각(양도)한다. 그러면 SPV는 해당 부동산을 담보로 주식이나 채권 형태의 증권을 발행하여 투자자로부터 자금을 조달하고, 이 자금을 자산 소유자에게 지급한다. 투자자들은 증권 보유에 대한 대가로 부동산에서 발생하는 임대수익이나 매각차익을 배당 받게 된다. 우리가 흔히 접하는 리츠(REITs) 가 바로 이러한 구조를 활용한 대표적인 부동산 증권화 상품이다.

구분	SPC	PFV
법	상법	상법 · 법인세법 · 조세특례제한법
자본금	5천만원이상	50억 이상
사업규모 형태	중소형 규모사업	중대형 규모사업
회사존립기간	2~3년(중도하차가능)	2년이상 운영
운영주체	SPC에서 직접운영(출자사 결정)	자산관리관리(자산관리회사:AMC) 및 자금관리업무(금융기관) 위탁
세제혜택	이중과세	등록세 50/100 감면 취득세 50/100 감면
회사구성	2~3개업체	2개이상 출자자 및 금융기관(5%이상 출자
AMC(Asset Management Company : 자산관리 및 업무위탁사) 외사의 부실채권이나 부동산을 맡아 관리하면서 출자전화, 신규자금지원 등으로 회생후 매각하는 업무 및 부동산개발, 채권추심, 신용조사 등의 업무하는 회사)		

https://blog.naver.com

이 방식의 본질은 '과거 데이터에 기반한 신뢰' 와 '중앙화된 기관에 의한 발행' 이다. 자산 평가는 과거의 유사 거래 사례와 현재의 임대차 계약서에 크게 의존하며, 증권 발행과 유통은 증권사, 신탁사, 은행 등 소수의 금융기관이 독점적으로 수행한다. 이로 인해 정보 비대칭이 발생하고, 높은 수수료가 부과되며, 소액 투자자들의 접근성은 제한되는 한계를 가진다.

■ 전통적 부동산 증권화와 AI 기반 부동산 증권화 방법 별 목표, 분석방법 및 기술, 역할, 장단점, 도시부동산 활용예시

구분	안정적 임대수익형 자산	고위험 시세차익형 자산
주요 목표	비 유동자산인 부동산을 유동화하여 대규모 자금을 조달하고, 기관 중심의 투자 기회를 제공하는 것을 목표로 한다.	자산의 잠재 가치를 초정밀 분석하여 가치를 극대화하고, 소액 투자자까지 참여하는 투자의 민주화를 실현하는 것을 목표로 한다.
분석 방법 및 기술	• 분석 방법: 과거 거래사례비교법, 수익환원법 등 전통적 감정평가 기법에 의존한다. • 핵심 기술: 특수목적법인(SPV), 부동산투자회사(REITs) 등 법률적·재무적 구조 설계 기술이 핵심이 된다.	• 분석 방법: 머신 러닝, 빅데이터 분석을 통해 유동인구, 상권, 소셜 데이터 등 비정형 데이터를 포함한 종합적 가치를 산출한다. • 핵심 기술: AI 예측 알고리즘, 블록체인(분산원장), 스마트 계약(Smart Contract) 등 핀테크(FinTech) 기술이 핵심이 된다.
핵심 주체의 역할	금융기관(증권사, 신탁사) 및 평가기관이 자산평가, 구조설계, 증권발행, 자금모집 등 전 과정을 중앙에서 주도하는 역할을 수행한다.	AI 플랫폼이 데이터 기반의 객관적 가치 산출과 리스크 분석을 수행하며, 블록체인 네트워크가 투명하고 자동화된 거래와 소유권 증명의 역할을 담당한다.
장점	법적·제도적 안정성이 확보되어 있으며, 시장에서 검증된 구조를 가진다.	거래 비용이 획기적으로 절감되고, 정보의 투명성이 높으며, 빠른 유동화와 실시간 거래가 가능하다.
단점	정보 비대칭성이 높고, 과도한 중개 수수료와 긴 처리 시간이 소요되며, 소액 투자자의 접근이 제한된다.	새로운 기술과 규제에 대한 불확실성이 존재하며, 데이터의 질과 알고리즘의 신뢰도가 중요하다.
도시부동산 활용 예시	• 강남 GBD의 프라임 급 오피스 빌딩을 기초자산으로 하는 리츠(REITs) 공모. • 대형 복합쇼핑몰의 장기 임대수익을 기반으로 발행되는 자산유동화 증권(ABS). • 안정적 현금흐름을 창출하는 데이터 센터(IDC) 개발 프로젝트 파이낸싱.	• 역사적 가치를 지닌 건축물의 미래 관광수익과 문화적 가치를 AI로 계량화하여 발행하는 증권형 토큰(STO). • 스마트시티 내 에너지 효율화 빌딩의 탄소배출권 수익을 예측하여 토큰화. • 소규모 공유오피스 네트워크의 통합 운영 수익을 기반으로 한 디지털 자산 증권 발행.

■ AI 기반 부동산 증권화 기법의 목표, 분석방법 및 기술, 역할, 장단점, 도시부동산 활용예시

구분	구체적 내용
주요 목표	• 부동산의 현재 가치를 실시간으로 정밀하게 측정하고 미래 가치를 예측하여 자산 가치를 극대화하는 것을 목표로 한다. • 소유권을 잘게 분할하여 소액 투자자의 시장 진입을 가능하게 함으로써 '투자의 대중화'를 실현하는 것을 지향한다.
분석 방법 및 기술	• 분석 방법: 유동인구, 교통량, 상권 변화, SNS 평판, 위성사진 등 정형 및 비정형 빅데이터를 실시간으로 분석한다. 또한 금리, 공실률, 개발 계획 등 잠재적 리스크 요인을 지속적으로 모니터링하고 시뮬레이션 한다. • 핵심 기술: 빅데이터(Big Data) 분석, 머신 러닝(Machine Learning) 예측 모델, 블록체인(Blockchain), 증권형 토큰(Security Token), 스마트 계약(Smart Contract) 기술을 핵심적으로 활용한다.
핵심 주체의 역할	• AI: 초정밀 가치평가(Hyper-Precise Valuation)와 동적 리스크 관리(Dynamic Risk Management)의 핵심적인 역할을 수행한다. • 블록체인: 분할된 소유권을 디지털 토큰 형태로 분산원장에 기록하여 거래의 투명성과 보안을 보장하는 역할을 한다. • 스마트 계약: 배당금 지급, 소유권 이전 등 계약 조건을 사전 프로그래밍하여 조건 충족 시 자동으로 이행하는 역할을 담당한다.
장점	스마트 계약을 통해 중개 비용을 획기적으로 절감하며, 블록체인 기술로 거래 투명성과 보안성을 극대화한다. 또한, 소액 단위 투자를 가능하게 하여 부동산 시장의 접근성을 높인다.
단점	분석 결과가 데이터의 질과 양에 크게 의존하며, 복잡한 AI 알고리즘의 편향성 문제가 발생할 수 있다. 신기술 도입에 따른 법적·제도적 불확실성이 존재한다.
도시부동산 활용 예시	• AI로 미래 관광객 수와 수익을 예측한 역사적 건축물의 소유권을 토큰 화하여 보존 및 개발 자금을 모집한다. • 특정 상권의 SNS 평판과 실시간 유동인구 데이터에 연동하여 상업용 건물의 가치를 평가하고 이를 증권 화한다. • 스마트시티 내 친환경 빌딩의 에너지 절감 성과를 AI로 측정하고, 그 수익에 연동되는 디지털 수익증권을 발행한다.

1.2. 가상사례: '마곡 넥서스 타워' 증권화 프로젝트 비교

마곡 서울식물원·더넥센유니버시티 '서울시 건축상' (https://www.slnews.co.kr)

1) **현안 과제:** AI 기반 증권화의 혁신성을 이해하기 위해, 서울 마곡지구에 위치한 최첨단 친환경 오피스 빌딩 '마곡 넥서스 타워'를 증권화하는 가상사례를 비교 분석한다.

2) **자산 개요:**

(1) **자산명:** 마곡 넥서스 타워

(2) **특징:** LEED 플래티넘 등급의 친환경 스마트 빌딩, IT 및 바이오 기업 다수 입주.

(3) **목표:** 자산 유동화를 통해 5,000억 원의 자금을 조달한다.

[사례 A] 전통적 방식(리츠 설립)

- 자산평가: 감정평가법인이 유사 빌딩의 과거 매매 사례 및 현재 임대수익을 기반으로 3개월에 걸쳐 평가를 진행, 자산가치를 5,000억 원으로 평가한다.
- 증권발행: 주관 증권사가 리츠(REITs)를 설립하고 총 1,000만 주의 주식을 발행한다. 1주당 공모 가는 50,000원으로 책정된다.

- 비용 및 시간: 평가, 법률 자문, 증권사 인수 수수료 등으로 총 발행 금액의 5%인 250억 원의 비용이 발생하며, 전체 과정에 약 6~8개월이 소요된다.
- 투자자: 주로 기관투자자 위주로 공모가 진행되며, 일반 투자자는 상장 후 주식시장을 통해 제한적으로 참여하게 된다.

[사례 B] AI 기반 방식(STO 발행)

- 자산평가: AI 가치평가 플랫폼 '어반렌즈(UrbanLens)'가 마곡지구의 지하철 이용객 데이터, 주변 R&D 센터의 특허 출원 수, 소셜미디어의 직장인 만족도 데이터 등을 종합 분석한다. AI는 향후 3년간 바이오 클러스터 성장에 따른 추가 가치 상승분을 8%로 예측하여, 현재 자산가치를 5,400억 원으로 평가한다. 이 과정은 2주 만에 완료된다.
- 증권발행: 블록체인 기반 STO(증권형 토큰 발행) 플랫폼을 통해 총 5,400만 개의 디지털 토큰(NEX-Token)을 발행한다. 1토큰당 가격은 10,000원이다.
- 비용 및 시간: 스마트 계약을 통한 자동화로 법률 및 중개 비용이 최소화되어, 총 발행 금액의 1.5%인 81억 원의 비용만 발생한다. 전체 과정은 약 2개월이 소요된다.
- 투자자: 국적과 자산 규모에 상관없이 누구나 전용 모바일 앱을 통해 최소 1 토큰(10,000원)부터 실시간으로 투자하고 거래할 수 있다. 모든 거래 내역은 블록체인에 투명하게 기록된다.

3) 전통적 증권화와 AI 기반 증권화(STO) (리츠) 비교 분석표

구분	전통적 증권화(리츠)	AI 기반 증권화(STO)
평가 기반	과거 유사사례, 현재 임대수익	실시간 빅데이터, 미래 성장성 예측
평가 가치	5,000억 원	5,400억 원
소요 기간	6 ~ 8개월	2개월
총 발행 비용	250억 원(발행액의 5%)	81억 원(발행액의 1.5%)
최소 투자 단위	50,000원(1주)	10,000원(1토큰)
주요 투자자	기관 투자자 중심	일반 대중(소액 투자자)
거래 투명성	제한적	완전 개방(블록체인 기반)

4) 결론 및 시사점: 이 가상사례는 AI 기반 부동산 증권화가 단순히 전통적 방식의 개선이 아니라, 부동산 투자의 판을 완전히 바꾸는 패러다임의 전환(Paradigm Shift) 임을 명확히 보여준다. AI는 보이지 않던 도시의 미래 가치를 숫자로 증명하고, 블록체인은 그 가치를 신뢰할 수 있는 디지털 조각으로 나누어 모든 사람의 손에 쥐여주는 혁신을 가능하게 하는 것이다. 도시 부동산 금융의 미래는 이처럼 더욱 정교하고, 투명하며, 민주적인 방향으로 나아갈 것이 확실하다.

2. AI 기반 부동산 REITs 가치평가방법과 가상사례

2.1. AI 기반 부동산 REITs 가치평가방법

리츠(REITs)는 수많은 투자자에게 대형 부동산에 간접적으로 투자할 기회를 제공하는 매력적인 금융 상품이다. 그러나 이 리츠의 가치를 평가하는 과정은 오랫동안 과거의 데이터라는 백미러(rear-view mirror)에 의존하는 운전과 같았다. 과거의 임대 수익과 주변의 낡은 거래 사례에 기대

어 미래를 추측하는 방식은, 하루가 다르게 변화하는 도시의 역동성과 잠재력을 온전히 담아내지 못하는 명백한 한계를 가진다.

	부동산투자회사 (REITs)	기업구조조정REITs (CR-REITs)	은행 부동산투자신탁
근거법	부동산투자회사법	부동산투자회사법	신탁업법
설립인가	건설교통부	건설교통부	금융감독위원회 등록
감독	건설교통부	금융감독위원회	금융감독위원회
영속성여부	영속적 실체 회사	한시적 명목 회사	회사 없음
자본금	500억원	500억원	없음
표방증권	주식	주식	수익증권
상장여부	의무화	의무화	불가
존속기간	무제한	정관기재 의무	5년 이내
자산관리/업무위탁	자기관리	일괄위탁/자기관리	은행 또는 위탁관리

[부동산114] 은행 부동산투자신탁과 리츠(REITs)의 비교 (https://www.r114.com)

이제 우리는 인공지능(AI)이라는 최첨단 내비게이션 시스템을 통해 미래의 교통상황과 잠재적 위험까지 예측하며 리츠의 가치를 평가하는 새로운 시대에 진입하였다. AI 기반 가치평가 방법은 단순히 숫자를 계산하는 것을 넘어, 도시의 숨겨진 맥락(Context)을 읽어내고 데이터 속에서 미래의 가치를 발굴하는 혁신적인 프로세스이다. 본 장에서는 전통적 평가 방식의 한계를 짚어보고, AI가 어떻게 리츠 가치평가의 패러다임을 바꾸고 있는지 가상사례를 통해 생생하게 탐구하고자 한다.

■ 전통적 가치평가: 과거 실적에 기반한 '정적' 분석

전통적인 리츠 가치평가는 주로 두 가지 방법에 크게 의존한다.

1) **소득접근법**(Income Approach): 리츠가 보유한 부동산 자산이 미래에 창출할 것으로 '기대되는' 순영업소득(NOI)을 현재가치로 할인하여 평가하는 현금흐름할인법(DCF) 이 대표적이다. 이는 미래 현금흐름의 성장률과 할인율이라는 몇 가지 변수에 의존하는데, 이 변수들마저 과거의 평균적인 데이터와 평가자의 주관적 판단에 따라 결정되는 경우가 많다.

2) **시장접근법**(Market Approach): 평가 대상 리츠와 유사한 조건의 다른 리츠나 부동산 자산이 시장에서 어떻게 거래되고 있는지를 비교하여 가치를 산정하는 방식이다. 이 방법 역시 '과거의 거래'라는 프레임에 갇혀있어, 대상 자산만이 가진 고유한 미래 잠재력을 반영하기 어려운 한계를 가진다.

이러한 전통적 방법들은 이미 발생한 실적을 분석하는 데는 유용하지만, 도시의 패러다임을 바꾸는 새로운 기술의 등장, 라이프스타일의 변화, 잠재적인 사회적 트렌드 등 무형의 가치를 계량화하여 평가에 반영하지는 못한다.

리츠(REITs)의 기본구조

※ 자료: 국토교통부 리츠정보시스템, NH투자증권100세시대연구소

부동산 임대 vs 리츠투자

부동산 임대	구분	리츠투자
목돈 필요	투자금액	소액 가능
소득세, 부가세, 보유세 등 복잡	세금	배당소득세로 단순
개인 직접투자로 비전문적	투자전문성	숙련된 전문가의 자산운용
현금화까지 시간 필요	유동성	원하는 시점 매매 가능
관리부담, 세입자 갈등 등	관리부담 등	관리부담 없음

※ 자료: NH투자증권100세시대연구소

https://bravo.etoday.co.kr

■ AI 기반 가치평가: 미래 예측에 기반한 '동적' 분석

AI 기반 리츠 가치평가는 과거 데이터는 물론, 도시의 미래를 예측할 수 있는 온갖 종류의 대안 데이터(Alternative Data)를 실시간으로 학습하여 가치를 산출하는 방식이다. 이는 정적인 스냅샷(snapshot)이 아닌, 살아 움직이는 도시의 미래를 담아내는 동영상(movie)과 같다.

[AI 평가 모델이 활용하는 데이터와 기술]

1) **다차원 데이터 통합 분석**: 전통적인 재무 데이터를 넘어 ① 공간정보 데이터(위성사진, 유동인구, 교통량), ② 소셜 데이터(지역 평판, 상권 관련 SNS 언급량), ③ 환경 데이터(에너지 효율, 친환경 인증) 등 이질적인 데이터를 통합 분석하여 자산의 숨겨진 가치 동인을 찾아낸다.

2) **머신러닝 예측 모델**: 수집된 빅데이터를 바탕으로 특정 변수(예: 신규 지하철 노선 개통)가 미래 임대료와 공실률에 미칠 영향을 시뮬레이션하고, 가장 확률 높은 미래 시나리오를 예측한다.

3) **가치 동인 자동 식별**: AI는 수많은 데이터 속에서 인간이 미처 인지하지 못했던 가치 상승의 핵심 요인(Key Driver)을 자동으로 식별하고, 이를 평가 모델에 가중치로 반영한다.

정리하면, AI는 단일한 추정치가 아닌, 여러 시나리오에 기반한 확률적 가치 범위(Probabilistic Valuation Range)를 제시함으로써 투자자가 보다 정교하고 데이터에 기반한 의사결정을 내리도록 돕는다.

■ AI 기반 부동산 REITs 가치평가방법 상세 분석

구분	구체적 내용
주요 목표	• 부동산 자산의 숨겨진 미래 가치를 데이터 기반으로 발굴하여 평가의 정확성과 객관성을 극대화하는 것을 목표로 한다. • ESG, 기술 혁신, 사회적 트렌드 등 정성적 요소를 계량화하고, 투자자에게 정교한 의사결정 근거를 제공한다.
분석 방법 및 기술	• 분석 방법: 위성사진, 유동인구, 소셜 미디어 데이터 등 전통적 재무제표 외의 대안 데이터를 통합 분석한다. 머신 러닝을 활용하여 미래 현금흐름 시나리오를 다각적으로 시뮬레이션하고, 확률적 결과를 도출한다. • 핵심 기술: 머신 러닝(Machine Learning) 예측 모델, 공간정보분석(Geo-spatial Analysis), 자연어처리(NLP), 몬테카를로 시뮬레이션(Monte Carlo Simulation) 등의 기술을 활용한다.
핵심 주체의 역할	• AI 모델: 인간이 인지하기 어려운 데이터 속의 복잡한 패턴과 상관관계를 발견하는 분석가의 역할을 수행한다. • 데이터 플랫폼: 도시 전반의 이질적인 데이터를 실시간으로 수집하고 정제하여 분석의 기초를 제공하는 정보 허브의 역할을 한다. • 시뮬레이션 엔진: 미래의 불확실성을 확률적 가치 범위로 시각 화하여 투자자가 리스크를 직관적으로 이해하도록 돕는 역할을 한다.
장점 및 단점	• 장점: 평가의 객관성과 정확성을 획기적으로 향상시키고, 자산의 잠재적 가치를 발견할 수 있다. 시장의 동적인 변화를 신속하게 가치 평가에 반영하여 시의성 있는 투자 판단을 지원한다. • 단점: 분석 결과가 데이터의 품질과 양에 절대적으로 의존하며, 알고리즘의 편향성(Bias) 위험이 존재한다. 초기 모델 개발 비용이 높고, AI의 복잡한 의사결정 과정을 이해하기 어려운 '블랙박스' 문제가 발생할 수 있다.
도시부동산 활용 예시	• (ESG 리츠): 친환경 건축물 인증 등급이 장기적으로 공실률 감소와 우량 임차인 유치에 미치는 긍정적 효과를 계량화하여 리츠 가치에 반영한다. • (리테일 리츠): 신규 교통망 개통, 주변 지역 개발 계획이 특정 상업용 리츠 자산의 미래 유동인구와 예상 매출에 미칠 영향을 시뮬레이션 하여 가치를 평가한다. • (오피스 리츠): 특정 산업(예: 바이오, AI) 클러스터의 성장이 주변 오피스 리츠의 임대료 상승률과 장기 임차인 확보 가능성에 미칠 효과를 예측한다.

2.2. 가상사례: '여의도 그린핀 타워(Green-Fin Tower)' 리츠 가치평가

'여의도 핫플' TP타워 오픈…한지붕 밑에 모이는 대우증권맨들 | 연합뉴스 (https://www.yna.co.kr)

1) 현안 과제: 서울 여의도 금융 중심지에 위치한 차세대 친환경 스마트 오피스 빌딩, '그린핀 타워'를 기초자산으로 하는 신규 상장 리츠의 가치를 평가하는 가상사례를 살펴본다.

2) 자산 개요:

(1) 자산명: 여의도 그린핀 타워 리츠

(2) 특징: LEED 플래티넘 등급의 친환경 건축물, 최첨단 IoT 기반 빌딩 관리 시스템, 핀테크 및 IT 기업 중심의 임차 구성.

(3) 평가 과제: '친환경'과 '스마트'라는 무형의 가치가 미래 수익에 미칠 영향을 어떻게 객관적으로 평가할 것인가?

[사례 A] 전통적 DCF 방식에 의한 평가

평가자는 과거 여의도 권역 오피스 시장의 평균 임대료 상승률과 공실률 데이터를 활용하여 현금흐름을 추정한다.

- 현재 순영업소득(NOI): 400억 원
- 향후 NOI 성장률 가정: 연 2%(과거 5년 평균치 적용)
- 적정 할인율(자본환원율): 4.5%

• 평가 결과: DCF 모델에 따라 산출된 리츠의 가치는 약 1조 원으로 평가된다. 이 평가는 '그린핀 타워'가 가진 친환경·스마트 기술의 프리미엄을 계량적으로 반영하지 못한다.

[사례 B] AI 기반 예측 모델 '시티펄스(CityPulse)'에 의한 평가

AI 평가 플랫폼 '시티펄스'는 재무 데이터와 함께 다음과 같은 대안 데이터를 통합 분석하여 미래 가치를 예측한다.

(1) **ESG 프리미엄 분석**: '시티펄스'는 글로벌 기업들의 ESG 경영 보고서 1만여 건을 분석하여, LEED 플래티넘 등급 빌딩에 입주한 기업이 일반 빌딩 입주 기업보다 우수 인재 유지율이 15% 높다는 상관관계를 발견한다. 이를 통해 '그린핀 타워'가 향후 주변 오피스보다 연 0.5%의 추가 임대료 상승 여력을 가질 것으로 예측한다.

(2) **교통망 변화 분석**: GTX-B 노선 개통에 따른 여의도역의 유동인구 변화를 시뮬레이션 하여, 개통 1년 후 빌딩 저층 부 리테일 공간의 매출이 평균 20% 증가할 것을 예측하고, 이를 임대료 상승분으로 반영한다.

(3) **임차인 산업 군 분석**: 링크드인(LinkedIn), 잡플래닛 등 채용 플랫폼 데이터를 분석하여, 최근 3년간 여의도 권역으로 이전을 희망하는 산업군 중 'AI'와 '핀테크'의 비중이 300% 급증했음을 확인한다. 이는 '그린핀 타워'의 스마트 오피스 컨셉이 고성장 임차인을 유치할 강력한 무기가 됨을 의미하며, 공실률 리스크를 시장 평균보다 1% 낮게 책정하는 근거가 된다.

3) **AI 평가 결과**: '시티펄스'는 10만 번의 몬테카를로 시뮬레이션을 통

해 확률적 가치 범위를 도출한다. 시뮬레이션 결과의 중앙값(Median)으로 산출된 리츠의 가치는 1조 1,500억 원이다. 이는 전통적 방식으로는 발견할 수 없었던 1,500억 원의 '숨겨진 미래 가치'를 AI가 데이터 분석을 통해 증명해낸 것이다.

구분	전통적 가치평가(DCF)	AI 기반 가치평가(CityPulse)
핵심 데이터	과거 재무 데이터 (NOI, 임대료 등)	재무 데이터 + 대안 데이터 (ESG, 교통, 소셜 등)
분석 관점	과거 실적 기반의 정적 분석	미래 예측 기반의 동적 시뮬레이션
핵심 가정	평가자의 주관적 가정에 의존	데이터 기반의 객관적 상관관계 분석
결과물	단일 추정 가치(1조 원)	확률적 가치 범위(중앙값 1조 1,500억 원)
시사점	자산의 고유한 미래 잠재력 미 반영	무형의 가치를 계량화하여 '숨겨진 가치' 발굴

4) 결론 및 시사점: AI 기반 리츠 가치평가는 더 이상 상상 속의 미래가 아니다. 이는 도시의 복잡한 데이터를 해석하고 부동산 자산의 잠재력을 극대화하는 가장 진보된 도구이다. 전통적 평가가 땅의 가치를 측정했다면, AI 평가는 그 땅 위에서 펼쳐질 '미래의 시간'까지 측정하는 것이라 할 수 있다. 이 새로운 눈을 통해 투자자들은 도시와 부동산의 미래를 더욱 깊이 있게 통찰하고 성공적인 투자의 길을 열어갈 수 있을 것이다.

3. 토큰화된 부동산 금융모델과 가상사례

3.1. '토큰화된 부동산 금융모델'은 부동산 자산에 대한 소유권을 블록체인 상에 기록되는 디지털 증표, 즉 '증권형 토큰(Security Token)'으로 변환하여 자금을 조달하고 유통하는 혁신적인 방식이다.

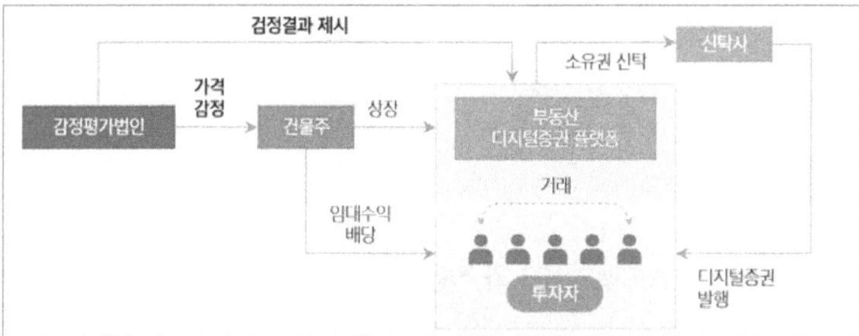

부동산, 음악, 미술 등 STO 적용한 사례 분석 토큰증권(STO) (https://www.blockchainus.co.kr)

부동산은 인류의 가장 오래되고 육중한 자산이다. 이 거대한 자산은 높은 가치와 안정성을 자랑하지만, 동시에 '분할 불가능성'과 '비 유동성'이라는 태생적 한계에 묶여 있다. 마치 거대한 산을 통째로만 거래해야 하는 것처럼, 부동산 투자는 막대한 자본을 가진 소수에게만 허락된 영역이었다. 그러나 블록체인 기술을 기반으로 한 '토큰화(Tokenization)'는 이 거대한 산을 수억 개의 디지털 조약돌로 바꾸어 누구나 소유하고 거래할 수 있게 만드는 금융의 패러다임 전환을 이끌고 있다.

'토큰화된 부동산 금융모델'은 부동산 자산에 대한 소유권을 블록체인 상에 기록되는 디지털 증표, 즉 '증권형 토큰(Security Token)'으로 변환하여 자금을 조달하고 유통하는 혁신적인 방식이다. 이는 단순히 자금 조달 방식을 바꾸는 것을 넘어, 부동산 투자의 대중화와 자산의 유동성 극대화를 통해 도시 개발의 새로운 동력을 창출한다.

토큰 증권(STO: Security Token) 이해와 생태계 (https://www.irsglobal.com)

■ 토큰화 부동산 금융모델의 구조와 작동 원리

단계	핵심 내용 및 역할
1. 자산 선정 및 SPV 설립	증권화의 대상이 될 부동산 자산을 선정하고, 해당 자산을 법적으로 소유·관리하는 특수목적법인(SPV)을 설립한다. 투자자는 토큰을 통해 이 SPV의 지분을 소유하게 된다.
2. 가치평가 및 토큰 설계	AI 기반의 정밀 가치평가 모델 등을 통해 자산의 현재 및 미래 가치를 산정한다. 이를 바탕으로 총 발행 토큰의 수량과 개당 가격 등 토큰 경제(Tokenomics)를 설계한다.
3. 증권형 토큰 발행(STO)	설계된 내역에 따라 블록체인 상에 부동산 소유권을 나타내는 증권형 토큰을 발행한다. 이 과정(STO)은 블록체인 기술 기반의 자금 공모 방식이 된다.
4. 자금 조달 및 거래	발행된 토큰은 투자자에게 판매되어 프로젝트 자금을 조달하는 데 사용된다. 투자자는 디지털 자산 거래소에서 주식처럼 토큰을 자유롭게 거래하며 유동성을 확보한다.
5. 수익의 자동 분배	부동산에서 발생한 임대수익이나 매각차익은 스마트 계약(Smart Contract)에 의해 모든 토큰 보유자에게 오차 없이 자동으로 분배된다. 이는 중개 비용을 최소화하고 투명성을 극대화한다.

■ 토큰화된 부동산 금융모델 상세 분석

구분	구체적 내용
주요 목표	• 거대 부동산 자산을 잘게 분할하여 유동성을 극대화하고, 국경 없는 24시간 거래가 가능한 시장을 창출하는 것을 목표로 한다. • 높은 자본의 장벽을 허물어 소액 투자자의 부동산 시장 접근성을 높임으로써 '투자의 민주화'를 실현한다.
분석 방법 및 기술	• 분석 방법: AI 기반의 가치평가 모델을 통해 자산의 객관적 가치를 산정한다. 스마트 계약을 통해 배당 정책, 의결권 행사 등 투자자산의 운영 규칙을 사전에 코드 화하여 설정한다. • 핵심 기술: 자산의 소유권을 분산원장에 기록하여 거래의 투명성과 위변조 불가능성을 보장하는 블록체인(Blockchain) 기술, 법적 권리를 나타내는 증권형 토큰(Security Token), 계약 조건을 자동 이행하는 스마트 계약(Smart Contract) 기술을 활용한다.
핵심 주체의 역할	• 블록체인: 모든 거래 기록을 공유하는 신뢰할 수 있는 '디지털 등기부등본'의 역할을 수행한다. • 증권형 토큰: 부동산 자산에 대한 소유권, 수익 분배 청구권 등 법적 권리를 담은 '디지털 주식'의 역할을 한다. • 스마트 계약: 인간 중개자 없이 배당 지급, 소유권 이전 등 계약 조건을 자동으로 처리하는 '자율 실행 에이전트'의 역할을 담당한다.
장점 및 단점	• 장점: 높은 유동성과 거래 투명성을 확보하며, 중개 비용 절감 및 거래 시간 단축이 가능하다. 소액 분산 투자를 통해 투자자 저변을 전 세계적으로 확대할 수 있다. • 단점: 증권형 토큰의 발행 및 유통과 관련된 법률 및 규제 프레임워크의 불확실성이 존재한다. 해킹, 스마트 계약의 오류 등 기술적 위험과 디지털 자산 시장의 높은 변동성에 노출될 수 있다.
도시부동산 활용 예시	• (커뮤니티 펀딩): 지역 주민들이 소액으로 투자하여 동네의 낙후된 상업 시설을 리모델링하고, 발생한 임대수익을 토큰 보유량에 따라 배당 받는다. • (역사적 자산 보존): 개인이 소유하기 어려운 역사적 건축물의 보존 및 운영 비용을 STO로 조달하고, 시설 운영 수익을 투자자에게 분배한다. • (특수목적 부동산 개발): 데이터센터, 스마트 팜, 신재생에너지 시설 등 초기 자본 투자가 큰 인프라 자산의 개발 자금을 다수의 대중으로부터 조달한다.

3.2. 가상사례: '부산 센텀-버스 타워(Centum-Verse Tower)' STO 프로젝트

부산 게임산업 미래, 게임융복합스페이스 설계공모 당선작 선정 | 연합뉴스 (https://www.yna.co.kr)

1) **현안 과제:** 미래형 복합단지인 부산 센텀시티에 건설 중인 미디어-데이터 융복합 빌딩 '센텀-버스 타워'의 개발사가 자금 조달을 위해 토큰화 금융모델을 도입하는 가상사례를 살펴본다.

2) **프로젝트 개요:**

(1) **자산명:** 센텀-버스 타워(데이터센터, 미디어 제작 스튜디오, 코워킹/코리빙 공간으로 구성)

(2) **총 프로젝트 가치:** 1,000억 원

(3) **필요 자금:** 2단계 공사 및 초기 운영자금 500억 원

(4) **자금 조달 방식:** 전통적 프로젝트 파이낸싱 대신 STO를 통한 자금 조달 결정.

(5) **토큰 발행(STO) 계획:** '센텀-버스 타워'의 SPV는 프로젝트 지분의 50%에 해당하는 500억 원을 조달하기 위해 다음과 같이 토큰을 발행한다.

• 토큰 명칭: CENT

• 총 발행량: 5,000만 CENT

• 1 토큰당 가격: 1,000원

• 투자자 최소 참여 금액: 1 CENT(1,000원)

3) **투자 시나리오 및 효과:**

(1) **소액 투자자의 탄생:** 부산 소재 대학생 김지훈 군은 아르바이트로 모은 20만 원으로 200 CENT 토큰을 매입한다. 그는 이제 단순한 학생이 아니라, 부산의 새로운 랜드마크가 될 빌딩의 엄연한 '주주'가 되어 프로젝트의 성장을 응원하고 미래 수익을 기대할 수 있게 된다.

(2) **국경 없는 투자:** 미국 실리콘밸리에 거주하는 IT 엔지니어 제임스는 '센텀-버스 타워'의 비전에 공감하여 5만 달러를 투자한다. 블록체인을 통해 복잡한 해외 송금이나 환전 절차 없이, 몇 번의 클릭만으로 투자가 완료된다.

(3) **스마트 계약을 통한 수익 분배:** '센텀-버스 타워'가 준공 후 1분기에 15억 원의 순영업소득(NOI)을 달성한다. 이 중 50%인 7억 5천만 원이 토큰 보유자에게 배당된다. 스마트 계약은 즉시 토큰당 배당금(7.5억 원 ÷ 5,000만 CENT = 15원)을 계산하여, 김지훈 군의 지갑에는 3,000원(200 CENT × 15원)을, 제임스의 지갑에는 그에 상응하는 암호화폐를 수수료 거의 없이 자동으로 입금한다.

4) '센텀-버스 타워' STO 프로젝트 요약

항목	내용
프로젝트명	부산 센텀-버스 타워(Centum-Verse Tower)
총 자산 가치	1,000억 원
STO 조달 목표액	500억 원(지분율 50%)
토큰 총 발행량	5,000만 CENT
토큰당 공모가	1,000원
예상 연간 수익률	연 6.0%(분기 배당 15원 × 4 = 연 60원 기준)

5) 결론 및 시사점: 토큰 화된 부동산 금융모델은 부동산이라는 거대한 자산을 잘게 쪼개어 자본의 규모, 국적, 지리적 위치의 장벽을 허무는 혁신적인 솔루션이다. 이는 개발자에게는 유연하고 빠른 자금 조달의 길을 열어주고, 대중에게는 새로운 부의 형성 기회를 제공한다. 스마트 계약을 통한 투명하고 자동화된 수익 분배는 투자자와 개발자 간의 신뢰를 구축하는 강력한 기반이 된다. 이처럼 부동산과 블록체인의 환상적인 결합은 도시의 물리적 공간을 창조하는 방식을 근본적으로 바꾸고, 보다 개방되고 역동적인 도시 금융의 미래를 열어갈 것이다.

참고문헌

I. AI, 빅데이터와 부동산 가치평가 (Chapters 1, 5, 7)

기존 보행 수요 예측 모델의 한계를 넘어, 시나리오 기반의 장기 예측 및 실시간 이상 상황 감지 등 생성형 AI가 제공하는 새로운 가능성을 탐구한 연구들을 소개한다.

1. Athey, S. (2017). Beyond prediction: Using big data for policy problems. Science.
2. Bin, J., & Gardiner, A. (2020). Computer vision in real estate: A survey. ACM Computing Surveys.
3. Butt, M. A. (2021). The application of computer vision to real estate valuation: a systematic review. Journal of Property Research.
4. Ching, J., & Fu, Y. (2018). Big data as a new source of information for real estate. Journal of Real Estate Portfolio Management.
5. Cock, N., Koponen, E., & Partanen, A. (2017). Big data in real estate? From manual appraisal to automated valuation. Journal of Portfolio Management.
6. Glaeser, E., Kominers, S. D., Luca, M., & Naik, N. (2018). Big data and big cities: The promises and limitations of passively collected data for urban economic research. In Big Data for Twenty-First-Century Economic Statistics (pp. 39-72). University of Chicago Press.
7. Goodman, S., & Thibodeau, T. G. (2020). The impact of big data and machine learning on real estate valuation. Journal of Real Estate Literature.
8. Gu, S., Kelly, B., & Xiu, D. (2020). Empirical asset pricing via machine learning. The Review of Financial Studies.

9. Hu, M., & Wang, Y. (2019). Analyzing temporal and spatial characteristics of housing prices in China with a GWR-based machine learning approach. Habitat International.
10. Law, S., et al. (2019). A deep learning approach for real estate appraisal. Journal of Real Estate Research.
11. Li, H., & Chen, Y. (2020). House price prediction with deep learning: A case study of the US market. Journal of Housing Research.
12. Mullainathan, S., & Spiess, J. (2017). Machine learning: an applied econometric approach. Journal of Economic Perspectives.
13. Poursaeed, O., et al. (2018). Vision-based real estate price estimation. Machine Vision and Applications.
14. Vo, H. T., & Coulson, N. E. (2021). Sentiment analysis of online reviews and its impact on real estate prices. Journal of Housing Economics.
15. Wang, D., & Li, V. O. (2019). A survey on deep learning for networked systems: From a communication perspective. IEEE Communications Surveys & Tutorials. (소셜 미디어 마이닝 관련)

II. 디지털 트윈, 스마트시티와 도시 기술 (Chapter 4)

스마트시티와 디지털 트윈 기술이 도시 개발 및 부동산 금융과 어떻게 융합되는지에 초점을 맞춘 연구들이다. IoT, 5G와 같은 기반 기술의 영향력을 분석한다.

16. Alawadhi, S., et al. (2020). A systematic review of urban digital twins. IEEE Access.
17. Batty, M. (2018). Digital twins. Environment and Planning B: Urban Analytics and City Science.
18. Demetriou, D. (2019). The impact of 5G on the real estate sector. Journal of Property Investment & Finance.
19. Guo, F., et al. (2020). An analysis of the application of IoT and big data technology in smart city. Journal of Ambient Intelligence and Humanized Computing.

20. Kamel, B., & Pigneur, Y. (2017). A smart city business model framework. In Smart City Emergence (pp. 119-144). Elsevier.

21. Khajavi, S. H., Motlagh, N. H., & Vatansever, K. (2019). Digital twin: Vision, benefits, and challenges. IEEE Access.

22. Noori, N., & Rohani, A. (2021). The role of digital twin in smart city development: a survey. Journal of Urban Management.

23. Petri, I., et al. (2020). A review of the digital twin concept for smart city applications. Sensors.

24. Yigitcanlar, T., & Kamruzzaman, M. (2018). Does smart city policy lead to sustainability of cities?. Land Use Policy.

III. 프로젝트 금융(PF), 리스크 관리 및 타당성 분석 (Chapters 2, 6, 8)

AI를 프로젝트 금융의 리스크 평가, 신용 분석, 사업 타당성 검토 및 계약 분석에 적용하는 연구들이다. 딥 러닝과 자연어 처리 기술의 활용이 중심이 된다.

25. Butaru, F., et al. (2016). A new approach for credit risk assessment in the banking sector using machine learning. Journal of Credit Risk.

26. Chong, E., Han, C., & Park, F. C. (2017). Deep learning for predicting financial market volatility. Quantitative Finance.

27. Ecer, F. (2021). A hybrid risk assessment model for project finance in the construction sector using AHP and machine learning. Applied Soft Computing.

28. Finn, G., & Glynne, J. (2007). Project Finance: A Legal Guide. Sweet & Maxwell.

29. Kou, G., et al. (2019). Machine learning for credit scoring: A systematic literature review. Journal of the Operational Research Society.

30. Leo, M., Sharma, S., & Madan, S. (2019). Blockchain in finance: A review of an emerging literature. The Quarterly Review of Economics and Finance.

31. Li, J., & Zou, X. (2018). A deep learning approach to project risk identification from contract texts. Project Management Journal.
32. Sadoughi, M., & Kardi, V. (2020). Application of artificial intelligence in project management. Journal of Project Management.
33. Salas, P., & Hallowell, M. R. (2016). Predicting and communicating construction hazard exposures with augmented reality and machine learning. Construction Management and Economics.
34. Trippi, R. R., & Turban, E. (1992). Neural Networks in Finance and Investing. McGraw-Hill.
35. Tsai, C. F., & Wu, J. W. (2017). Using stacked ensembles for financial distress prediction. Expert Systems with Applications.
36. Yescombe, E. R. (2013). Principles of Project Finance. Academic Press.
37. Zhong, R. Y., et al. (2019). Natural language processing for construction: a literature review. Automation in Construction.

IV. 블록체인, 토큰화와 부동산 금융 혁신 (Chapters 3, 10)

블록체인 기술을 활용한 부동산 자산의 토큰화, 증권화 및 크라우드펀딩에 대한 연구를 포함한다. 이는 자금 조달 방식의 혁신을 다룬다.

38. Ante, L. (2021). The tokenization of assets: a review of the legal, economic, and technological implications. Journal of Risk and Financial Management.
39. Cai, Y. J. (2018). The rise of real estate crowdfunding. Journal of Real Estate Literature.
40. Chen, Y., & Bellavitis, C. (2020). Blockchain's disruptive potential for the real estate industry. Journal of Property Investment & Finance.
41. Fabian, C., & Alexander, H. (2019). Security token offerings (STOs). Business & Information Systems Engineering.
42. Finck, M. (2018). Blockchain Regulation and Governance in Europe. Cambridge University Press.
43. Kauko, T., & Vimpari, J. (2020). Real estate tokenization: A blockchain-based solution for illiquid assets. Journal of Property Investment & Finance.

44. Narayanan, A., et al. (2016). Bitcoin and cryptocurrency technologies: A comprehensive introduction. Princeton University Press.

45. Wouda, H. P., & Opdenakker, R. (2019). Blockchain technology in commercial real estate. Journal of Property Investment & Finance.

46. Yermack, D. (2017). Corporate governance and blockchains. The Review of Financial Studies.

V. AI 기반 포트폴리오 최적화 및 증권화 (Chapters 9, 10)

전통적인 포트폴리오 이론을 넘어 AI를 활용한 자산 배분 및 최적화 전략을 다룬다. 또한 AI를 부동산 투자신탁(REITs) 분석에 적용하는 연구를 포함한다.

47. Ban, G. Y., El Karoui, N., & Lim, A. E. (2018). Machine learning and portfolio optimization. Management Science.

48. Brabazon, A., & O'Neill, M. (2006). Biologically Inspired Algorithms for Financial Modelling. Springer.

49. Chen, L., et al. (2019). Artificial intelligence in financial services. The Journal of Finance.

50. Chinco, A., Clark-Joseph, A. D., & Ye, M. (2019). Sparse signals in the cross-section of returns. The Journal of Finance.

51. Cont, R. (2001). Empirical properties of asset returns: stylized facts and statistical issues. Quantitative Finance.

52. Deng, Y., & Liu, X. (2017). Artificial intelligence in the real estate market: A literature review. Journal of Property Research.

53. Ferreira, F., et al. (2021). A machine learning approach to real estate portfolio optimization. Expert Systems with Applications.

54. Heaton, J. B., Polson, N. G., & Witte, J. H. (2017). Deep learning for finance: deep portfolios. Applied Stochastic Models in Business and Industry.

55. Israel, R., Kelly, B. T., & Moskowitz, T. J. (2020). Can machines 'learn' finance?. Journal of Investment Management.

56. Kolm, P. N., Tütüncü, R., & Fabozzi, F. J. (2014). 60 years of portfolio optimization: Practical challenges and current trends. European Journal of Operational Research.
57. Markowitz, H. (1952). Portfolio selection. The Journal of Finance.
58. Pástor, Ľ., & Stambaugh, R. F. (2012). Are stocks really less volatile in the long run?. The Journal of Finance.
59. Shen, W., & Wang, J. (2017). A deep learning approach for REITs valuation and prediction. Journal of Real Estate Finance and Economics.
60. Zhang, J., & Zaeem, R. N. (2020). Machine learning in REITs: A survey. Journal of Real Estate Literature.

【저자 약력】

원제무

저자는 한양대 공대, 서울대 환경대학원, 미국 UCLA도시건축대학원을 졸업하고, MIT도시대학원에서 도시계획 및 교통계획 박사학위를 받았다.
저자는 귀국 후 KAIST 도시교통연구본부장, 서울연구원 선임연구위원, 서울시립대 도시공학과 교수 등을 거쳐 국토도시계획학회장과 한양대 도시대학원장을 역임했다.
현재는 한양대 도시대학원 명예교수로 재직하면서 연구와 강의를 해오고 있다.

AI 도시부동산 프로젝트 투자금융

– 가상사례로 배우는 AI 투자금융 시뮬레이션 –

초판 인쇄 2025년 10월 25일
초판 발행 2025년 10월 30일

지은이 원제무
펴낸이 박노일

총괄기획 최준규
편 집 이상민

펴낸곳 publishing and culture 피앤씨 미디어
경기도 고양시 일산동구 강송로 153, 310-1501
등록 제396-2012-000203호
전 화 070)7550-3758 팩 스 02)6280-3758
홈페이지 www.pncmedia.co.kr 이메일 pnc@pncmedia.co.kr
ISBN 979-11-7401-049-0 93500

정 가 17,000원